GUIDE BELLES LETTRES

Collection dirigée par Jean-Noël Robert

DES CIVILISATIONS

DU MÊME AUTEUR

AUX ÉDITIONS LES BELLES LETTRES

Eo Romam. Promenades dans la Rome antique, 1980.

Les Plaisirs à Rome, 1983 (3e éd. 2005).
Poche Payot, 1994 (2e éd. 2000).

La Vie à la campagne dans l'Antiquité romaine, 1985.

Les Modes à Rome, 1988.

De Rome à la Chine. Sur les routes de la soie au temps des Césars, 1993, (3e éd. 2002).

Éros romain. Sexe et morale dans l'ancienne Rome, 1997.
Poche (Hachette), 1998.

Caton ou le citoyen (biographie), 2002

COLLECTION « GUIDES BELLES LETTRES DES CIVILISATIONS » :

Rome, 1999 (5e éd. 2005).

COLLECTION « CLASSIQUES EN POCHE »
Introduction, notes et commentaire de :

Tite-Live, *Ab Vrbe condita*, I, 1998.

Cicéron, *Pro Milone*, 1999.

Cicéron, *De Senectute* (*Cato Maior*), 2003.

JEAN-NOËL ROBERT

LES ÉTRUSQUES

2e tirage revu et corrigé

LES BELLES LETTRES

DANS LA MÊME COLLECTION

Rome	par Jean-Noël Robert
La Chine classique	par Ivan P. Kamenarović
La Grèce classique	par Anne-Marie Buttin
L'Islande médiévale	par Régis Boyer
L'Inde classique	par Michel Angot
L'Empire ottoman, XVe-XVIIIe siècle	par Frédéric Hitzel
La Mésopotamie	par Jean-Jacques Glassner
L'Espagne médiévale	par Adeline Rucquoi
La France au Moyen Âge	par Marie-Anne Polo de Beaulieu
Les Khmers	par Bruno Dagens
La Russie médiévale	par Jean-Pierre Arrignon
Venise au Moyen Âge	par Jean-Claude Hocquet
Le Siam	par Michel Jacq-Hergoualc'h
Les Mayas	par Claude-François Baudez
Les Étrusques	par Jean-Noël Robert
Les Gaulois	par Jean-Louis Brunaux
La Birmanie	par Guy Lubeigt
L'Amérique espagnole	par Oscar Mazin
Le Viêtnam ancien	par Anne-Valérie Schweyer
La Perse antique	par Philip Huyse
Carthage et le monde punique	par Hédi Dridi
Le Japon d'Edo	par François & Mieko Macé
Byzance	par Michel Kaplan
La Palestine à l'époque romaine	par Caroline Arnould-Béhar

À PARAÎTRE

L'Asie centrale de Tamerlan
Le Yémen antique
Les Aztèques
La Corée
Pétra et les Nabatéens
Le Tibet

95, bd Raspail, 75006 Paris.

ISBN : 978-2-251-41027-2

Je dédie ce petit guide à Héléna, Aurélien, Valentin, Jérémy... et à tous ceux qui, l'heure venue, recueilleront l'héritage lumineux de l'Antiquité. Puisse-t-il éclairer leur esprit et ennoblir leur cœur.

www.lesbelleslettres.com

Pour consulter notre catalogue
et être informé de nos nouveautés
par courrier électronique

Crédits des illustrations

Picard, A.Hus, *Les Étrusques et leur destin*, Paris, 1980. p. 20, 287, 294 ; F.H. Massa-Pairault, *La cité des Étrusques*, Paris, 1996. p. 226, 231

Hachette, J. Heurgon, *La vie quotidienne chez les Étrusques*, Paris, 1961. p. 171, 249, 314

Fayard, W. Keller, *Les Étrusques*, 1992, p. 91, 124, 122, 163, 135, 160, 240, 252, 256, 266, 278, 273, 284, 287 ; D. Briquel, *La civilisation Étrusque*, 1999, p. 91, 108, 103, 104, 120, 163, 174, 176, 201, 203, 204, 246

AECR, M. Pallotino, *Histoire de la première Italie*, Université de Strasbourg, 1993, p. 37, 78

Albin Michel, G.A. Mansuelli, *L'art étrusque*, Paris, 1965, coll. L'Art dans le monde, p. 234, 246, 248, 252, 254, 282, 296, 315

La documentation française, D. Briquel (dir.), *Les plus religieux des hommes*, XIIe rencontres de l'école du Louvre, Paris, 1992, p. 147, 159, 243

Colin, J.P. Thuillier, *Les Étrusques*, Paris, 2003, p. 199

École française de Rome, J.P. Thuillier, *Les jeux athlétiques dans la civilisation étrusque*, 1985, p. 261, 263, 264, 265, 266

Grupo ed. Giunti, M. Cristofani, *Dizionario della civiltà etrusca*, Florence, 1985, p. 103, 116, 123, 296, 297, 311, 314

Ed. de l'Erma di bretschneider, Rallo, *Le Donne in Etruria*, Roma, 1989, p. 96, 97, 122, 123, 299, 301, 306, 312, 316

Cornell University Press, Scullard, *Etruscan cities and Rome*, 1967, p. 65

Dorset Press, Macmanara, *Everyday life of the etruscans*, New York, 1973, p. 113, 182, 185, 190, 228, 240

De chaleureux remerciements à J.-Cl. F. pour son assistance technique précieuse et toujours fidèle.

« Et tout dura quelques instants et tout fut éternel, sous terre... » D'un mot, Gabriele D'Annunzio retrace la vie, brève, sous le ciel de Toscane, et la longue mort qui la prolonge dans les tombeaux de Volterra. Les Étrusques y poursuivaient une existence ignorée jusqu'à ce que des découvertes inopinées et l'enthousiasme des archéologues ressuscitent un peuple oublié. Alors les sépultures révélèrent la vie étrange de ces hommes et de ces femmes que les autres civilisations antiques elles-mêmes semblent n'avoir jamais vraiment comprise. Pour elles, comme pour nous, les Étrusques paraissent un peuple étranger, c'est-à-dire différent. Il se dégage de leur monde comme un parfum de mystère. Mais celui-ci n'est dû qu'à notre ignorance et à notre imagination frustrée. Plutôt qu'un mystère, parlons d'un mirage dont les flous tremblements s'estompent tandis que nos connaissances progressent pour rendre sa place à une civilisation qui fut, au VIe siècle avant notre ère, l'une des trois plus puissantes de la Méditerranée, avec la Grèce et Carthage.

Pourtant, le cheminement de la recherche historique est long et laborieux, souvent incertain, toujours humble. Les Étrusques ne nous ont pas transmis de littérature ; leur langue nous reste largement inconnue. Ils se sont très tôt nourris de l'influence grecque et Rome leur imposa sa loi pendant les derniers siècles de leur histoire. Les textes qui nous parlent d'eux, presque tous grecs ou latins, offrent la vision déformée d'auteurs étrangers jugeant tout à l'aune de leurs propres références. Ainsi les Grecs les dépeignent-ils comme des débauchés et des pirates redoutables, quand les Romains les considèrent « les plus religieux des hommes ». Ces divergences d'appréciation s'expliquent par les différences des mentalités entre ces peuples. Le génie étrusque, par

COMMENT UTILISER CE GUIDE ?

Il est, certes, possible de lire ce livre chapitre après chapitre, pour découvrir un panorama de la société étrusque ; mais il est aussi conçu pour que le lecteur puisse y trouver rapidement (et en extraire) des informations précises sur un sujet qui l'intéresse. Il est donc conseillé :

– de se reporter au sommaire : *chaque chapitre est divisé en rubriques (avec des renvois internes) qui permettent de lire, dans un domaine choisi, une notice générale. En outre, les autres rubriques du chapitre complètent l'information. Au début de chaque chapitre, une introduction situe le sujet dans une* *perspective différente, illustrant l'évolution de la société et des mentalités étrusques ;*

*– **d'utiliser l'index** à partir duquel, sur une notion générale, un terme technique, voire un personnage, il est possible de réunir, à travers l'ensemble du livre, plusieurs données complémentaires.*

***Une bibliographie choisie** permet, dans un premier temps, de se reporter à des ouvrages récemment parus pour y commencer une recherche. Tous offrent, sur le sujet qu'ils traitent, une bibliographie plus ou moins riche.*

Enfin, les tableaux de synthèse, les cartes et graphiques pourront aider à visualiser et mieux retenir les informations désirées. (Cf. table des cartes, plans et tableaux en fin de sommaire.)

exemple, est fondamentalement étranger à la mentalité grecque. Les Toscans sont pénétrés de la *disciplina etrusca* qui leur enseigne les éléments d'une révélation délivrée par les dieux. Ils y puisent les clés de l'explication du monde quand les Grecs, eux, ont recours à la philosophie et à la physique pour cet exercice. Le Grec analyse les phénomènes naturels, l'Étrusque interprète le langage de la foudre et déchiffre l'avertissement de l'éclair. Le processus mental est autre. Le Grec s'exerce à un rationalisme que Rome relaiera et nous transmettra ; l'Étrusque se montre plus proche de la nature, plus en phase avec elle, moins logique mais plus sensible et plus spontané. Ce n'est pas un hasard si l'irrationnel des religions à mystères a trouvé en Étrurie un terreau favorable, si l'Orient, avec sa démarche d'esprit magique et initiatique, a séduit les Toscans au point que la légende, depuis Hérodote, leur assigne une origine orientale.

L'art étrusque (essentiellement funéraire) exalte ce goût de la vie, cet élan vital et naturel, cet hymne au plaisir de vivre, sans doute naïf mais sans arrière-pensée, jusqu'à l'exubérance parfois. L'Étrurie fait entendre une autre musique que celle de la Grèce, héritée des plus anciennes traditions de la Méditerranée préindo-européenne. Au-delà des influences, au demeurant inévitables et fécondes, il existe bien une identité étrusque.

Aujourd'hui encore, le Florentin dédaigne la comparaison avec un Romain ou un Napolitain. Il se revendique toscan, quand il ne se dit pas étrusque, comme pour souligner sa différence. Sa terre, aux riches reflets d'un vert tendre et argenté, est irriguée d'une eau abondante qui la nourrit. Sa richesse tient dans sa générosité, dans sa diversité ; une lumière douce irise un paysage subtil dont le raffinement a également pénétré le tempérament des hommes. Pour les habitants actuels de la terre sereine des Étrusques, la

Toscane est autre, mais tient lieu de blason à l'Italie tout entière, à laquelle, au fond de leur cœur, elle se résume.

Orgueil d'un peuple qui n'a pas peu compté dans l'épanouissement glorieux de la Rome antique et qui a distillé, en d'autres temps, l'esprit de finesse de la Renaissance en insufflant, pour la seconde fois de son histoire, un nouvel essor au monde occidental. Un creuset, donc. Une terre bénie des dieux où s'harmonisent la nature et le génie des hommes.

SOMMAIRE

SOMMAIRE

Les peintures des tombes révèlent un art de vivre raffiné, un goût de la fête et une étonnante appétence pour la vie. Un otium etruscum.

Différents des autres peuples méditerranéens, les Étrusques furent parfois incompris et accusés de mœurs débauchées. Mais les témoignages que nous possédons sur leur vie privée révèlent plutôt un peuple cultivé, créatif et mené par un ardent désir de jouir de la vie.

ANNEXES

TABLEAUX, CARTES ET PLANS, ILLUSTRATIONS

Tableaux

Cartes et plans

Illustrations

SOMMAIRE

L'ÉTRURIE

MUGELLO
QUINTO
FAESULAE
Sieve
M. Falterona
Auser
Ombrone
PISA
Arno
FLORENCE
CASENTINO
OMBRIENS
PANZANO
Esa
Elsa
Arno
Tibre
CASAGLIA
VOLATERRAE
CASTELLINA CHIANTI
ARRETIUM
VADA
CERRETA
MONTERIGGIONI
SIENNE
Cecina
MONTESCUDAIO
MURLO
ASCIANO
MARCIANO
POMARANCE
BROLIO
CORTONA
CASALE
S. FRANCESCO
BETTOLLE
Ombrone
L. Trasimeno
S. VINCENZO
MASSA MARITTIMA
CASTELLUCCIO DI PIENZA
MONTEPULCIANO
CHIANCIANO
PERUSIA
CASTEL S. MARIANO
BETTONA
Bruno
CLUSIUM
POPULONIA
SARTEANO
CETONA
CITTA d. PIEVE
Orcia
VETULONIA
RUSELLAE
M. Amiata
Chiana
L. Prile
Paglia
TODI
Ombrone
Albegna
AQUAPENDENTE
SATURNIA
ORVIETO
SOVANA
TORRE S. SEVERO
MAGLIANO
POGGIO BUCO
BOLSENA
TELAMON
Tibre
Nera
MARSILIANA
Fiora
VISENTIUM
L. Bolsena
SABINS
ORBETELLO
BOMARZO
COSA
VULCI
Arrone
VITERBO
TUSCANIA
M. Cimini
I. GIGLIO
M. Argentario
MONTALTO
NORCHIA
L. Vico
Marta
FALERII
VETRALLA
BLERA
S. GIULIANO
NEPET
TARQUINII
LUNI
S. GIOVENALE
SUTRIUM
CAPENA
GRAVISCAE
LUCUS FERONIAE
Mignone
ALLUMIERE
TOLFA
L. Bracciano
M. TYRRHENIENNE
PUNICUM
PYRGI
VEII
CAERE
FIDENAE
ALSIUM
Arrone
ROME
FREGENAE
Tibre
LATINS
ARICIA
ARDEA

L'Étrurie

I
L'HISTOIRE

L'Étrurie a-t-elle une histoire ? Une douzaine de cités confédérées dont le développement ne s'est pas opéré simultanément et qui ont poursuivi des destinées différentes, sinon contraires, peut-elle revendiquer une histoire commune et unique ? Sans doute vaudrait-il mieux parler de l'histoire de la civilisation étrusque, celle d'hommes qui usaient de la même langue et qu'unissait une même approche du divin.

De fait, ces cités (au sens grec du terme), à la fois si différentes et si semblables, se réunissaient dans la conscience d'appartenir à une même nation et célébraient chaque année cette belle unité en élisant un *rex Etruriae*, symbole de leurs liens culturels et religieux, au temple fédéral de Voltumna, sur le territoire de Volsinii. Les Romains, d'ailleurs, ne considéraient pas les choses autrement qui, de Caton à Tite-Live, parlaient de la domination étrusque en Italie, sans distinguer la prédominance de telle ou telle cité.

Parlons donc d'histoire de l'Étrurie, ou plutôt des Étrusques, pour proclamer d'emblée notre frustration : les traces en sont fragiles et, en grande partie, effacées. L'archéologie révèle un peuple riche et puissant, mais les textes sont, d'une part, bien peu diserts et, d'autre part, nécessairement étrangers. Si les témoignages étrusques ont disparu jusque dans leur traduction latine, les textes grecs ou latins qui nous sont parvenus sont à la fois très partiels et souvent partiaux. Nous savons pourtant que des étruscologues latins comme Claude ont écrit abondamment sur cette civilisation particulière, mais tout est perdu, hormis quelques passages qui se limitent généralement à évoquer les conflits majeurs opposant les Étrusques aux Romains, aux Grecs ou aux Carthaginois. Avec l'esprit partisan que l'on peut imaginer.

Il faut donc nous contenter d'une histoire brossée à grands traits, qui nous laisse dans l'ignorance de développements internes. Cette frustration ne fut sans doute pas pour rien dans l'entretien du mythe d'un mystère étrusque. Car, à regarder le déroulement des événements d'un point de vue global, nous ne pouvons que nous étonner de **la rapidité avec laquelle cette civilisation est passée d'un état de gestation à celui d'une grande puissance, l'une des trois plus importantes en Méditerranée occidentale, avec la Grèce et Carthage.** Un siècle ou deux, tout au plus. Rien de mystérieux dans ce phénomène, cependant. L'Étrurie est la première civilisation propre à l'Italie, mais elle doit cependant son essor aux rencontres avec les Grecs et les Orientaux, attirés là par la richesse naturelle du sol.

Toutefois, contrairement à ce que disait Caton ou Tite-Live, elle est loin d'avoir dominé toute la Péninsule et, contrairement à ce que l'enthousiasme de certains historiens modernes les porte à croire, elle n'a pas réalisé la première unité italienne. Il faudra, pour cela, attendre Rome et les suites de la guerre sociale au dernier siècle avant notre ère. L'hégémonie étrusque fut réelle, mais partielle, et plus culturelle que politique. **L'histoire de l'Italie, à cette époque, reste une histoire tricéphale : Étrusques, Grecs du Sud et peuples italiques à l'aube de leur destinée.**

La belle prospérité de l'Étrurie fut, hélas, de courte durée. Ses richesses devaient attirer les convoitises et la nouvelle puissance romaine ne pouvait ainsi tolérer une rivale qui jouissait de l'autorité que confère l'ancienneté, et à qui, par le fait, elle était tant redevable.

Il reste que l'Étrurie fut le foyer originel qui nourrit la flamme de la civilisation italienne. Comme le relève Jacques Heurgon, il n'est pas indifférent de noter que cette région, vingt-deux siècles plus tard, offrira le même berceau au génie de la Renaissance. De l'aube de l'Antiquité à celle des Temps modernes, comme si la lumière de Toscane avait le privilège de susciter et de ressusciter le souffle de l'esprit humain.

LA QUESTION DES ORIGINES

La question de l'origine des Étrusques n'est plus aujourd'hui au centre des préoccupations des étruscologues, mais elle a mobilisé, jusqu'au cœur de notre XXe siècle, l'énergie de nombre de savants, au détriment sans doute de recherches plus fructueuses et moins hasardeuses sur l'histoire de ce peuple jugé mystérieux jusque dans la question de sa provenance.

Il faut dire que **le débat** moderne s'appuie sur de bien lointaines sources puisqu'il **divisait déjà amplement les historiens de l'Antiquité**. À leur décharge, nous rappellerons le goût des Anciens pour les légendes et leur souci d'expliquer l'origine de chaque peuple par un mythe fondateur et la geste de quelque héros plus ou moins éponyme.

Dès l'Antiquité, trois thèses s'affrontent : l'origine orientale des Étrusques, leur venue des pays alpins du Nord, leur autochtonie.

En réalité, seule la première est la plus ancienne et la plus développée. On connaît surtout **le texte d'Hérodote** (I, 94) qui raconte le stratagème inventé par le roi des Lydiens (en Asie Mineure) pour résoudre les difficultés causées par une grave famine. Il divisa son peuple en deux groupes et tira au sort la moitié qui devait émigrer. À la tête de ceux que le sort avait contraints au départ, il plaça son fils, Tyrrhénos. Ces Lydiens, après une longue pérégrination qui leur fit côtoyer beaucoup de peuples, arrivèrent « chez les Ombriens » où ils fondèrent de nombreuses villes et prirent le nom de leur chef, devenant des Tyrrhéniens. L'histoire de la famine en Lydie, outre qu'elle est probable, semble attestée par divers documents, notamment égyptiens, et s'inscrit dans le cadre de bouleversements provoqués par la crise de l'Empire hittite, à la fin du XIIIe siècle avant notre ère. Les migrations en Méditerranée à cette époque sont connues, et les intentions belliqueuses de certains peuples, les actes de piraterie sont une réalité dans la Méditerranée de l'époque. Les pharaons Minetaph, vers -1230, puis Ramsès III, vers -1190, ont eu à repousser les prétentions de ceux que les documents égyptiens nomment « les peuples de la mer », parmi lesquels se trouvent, au côté des Achéens, des Philistins ou des Sardes, d'énigmatiques Teresh (ou Tursha), en qui certains historiens voient les Tursenoi (autre nom grec des Tyrrhéniens, avec la même racine *Tursa*).

Variante moins connue de l'histoire d'Hérodote, la légende de Tarchon et de Tyrrhénos rapportée par le poète alexandrin Lycophron, dans son *Alexandra* (v. 1245/1249). Ces deux héros, aux noms éminemment étrusques, seraient deux fils de Télèphe, le souverain de Mysie, mentionné par Homère dans l'*Odyssée*. L'association des Mysiens avec les Phrygiens et les Méoniens-Lydiens est notée par Hérodote. Tyrrhénos et Tarchon auraient rencontré Énée et Ulysse en Italie et, si le premier a donné son nom au pays, le second serait le fondateur éponyme de la première cité, Tarquinia.

Cette légende n'est pas étrangère, chez Lycophron, à une troisième variante à laquelle accorde son crédit l'historien Hellanicos de Lesbos (VIe siècle avant notre ère), pour qui l'Étrurie devrait son origine aux Pélasges. Ceux-ci, présents en mer Égée et en Grèce avant les Grecs, selon la légende, auraient traversé l'Adriatique pour poser le pied à Spina, dans le delta du Pô, avant de gagner la Toscane où ils auraient pris le nom de Tyrrhéniens.

Il va de soi que chacune des versions évoquée est infiniment plus complexe dans le détail et ne manque pas de susciter de nombreuses interrogations. Toutefois, **la toile de fond historique de toutes ces variantes demeure la même : le bouleversement que connut l'Orient à la fin du XIIIe siècle et au début du suivant, date à laquelle il faut situer la guerre de Troie.** La réalité des vagues de migrations à travers la Méditerranée, dont l'*Odyssée* se fait l'écho, la force des thalassocraties (notamment celle des Lydiens) qui se développent après la chute de l'Empire hittite, ont accrédité l'idée que les Pélasges-Tyrrhéniens en Italie ne pouvaient venir que d'Orient. De leur présence en Méditerranée orientale, nous possédons plusieurs témoignages, légendaires ou archéologiques.

Légendaire comme l'aventure à caractère moral survenue à des marins tyrrhéniens qui avaient embarqué sans le savoir Dionysos en personne, et qui avaient nourri le dessein de vendre le dieu comme esclave. Mal leur en prit. Dionysos provoqua la terreur chez les marins qui sautèrent à la mer et furent métamorphosés en dauphins (*Hymne homérique à Dionysos*).

Archéologique comme **cette stèle retrouvée dans l'île de Lemnos**, qui porte des inscriptions dans une langue étroitement apparentée à l'étrusque et qui suscite plus d'interrogations qu'elle n'apporte de réponses (cf. la stèle de Lemnos, chap. 7). Car s'il est aisé d'établir la parenté des Tyrrhéniens de Lemnos avec les Étrusques, nous sommes encore incapables de déterminer de façon certaine si les premiers ont émigré vers l'Italie ou si les seconds, déjà installés, ont établi des relations ouest-est.

D'autres éléments fourniront à des historiens contemporains (comme R. Bloch) des arguments en faveur de l'origine orientale des Étrusques. Notamment des ressemblances, frappantes il est vrai, entre les pratiques religieuses asiatiques et étrusques. Babylone offre, par exemple, des similitudes avec les Toscans quant aux techniques divinatoires (examen des entrailles, etc.; cf. la divination, chap. 6). Mais, là encore, rien de résolument probant dans l'étude du détail. Quant à l'argument généralement avancé de l'influence orientale dans l'art étrusque à son apogée, nous savons aujourd'hui qu'il ne tient pas. Ce style, justement appelé « orientalisant » en raison de son origine, correspond à une mode qui a envahi toutes les civilisations méditerranéennes à la même époque, portée par le développement des relations commerciales entre les peuples. Le fait qu'il fleurisse en Étrurie, comme ailleurs, ne peut constituer un signe sur l'origine des habitants de la Toscane.

Il faut bien avouer que les deux autres thèses avancées quant à l'origine des Étrusques ne sont pas plus éclairantes.

C'est Tite-Live qui soutient que les Rhètes, habitant les Alpes, ont une origine étrusque. Retournant cette proposition, des archéologues du XIXe siècle ont voulu voir dans ces populations du Nord l'origine des peuples italiques et étrusques ayant migré vers le sud à la fin du IIe millénaire. Certains appuyaient leur hypothèse d'un argument jugé important : la pratique de l'incinération. Ils estimaient que la culture villanovienne émanait de la civilisation dite des champs d'urnes, négligeant le fait essentiel que cette dernière affichait un caractère indubitablement indo-européen, au contraire de la civilisation étrusque. Ils établissaient également un rapprochement entre le nom des Rhètes (Rhaeti) et celui que les Toscans se donnaient en langue étrusque : Rasenna. Outre le fait que cette thèse ne se fait l'écho d'aucune source antique, il apparaît rapidement qu'elle ne résiste pas à l'analyse moderne des faits. À la limite – et certains s'interrogent sur ce point – une diffusion de la civilisation étrusque du sud vers le nord serait plus plausible que l'inverse.

Quant à **la troisième thèse, celle de l'autochtonie des Étrusques en Italie, elle trouve sa source dans un passage de Denys d'Halicarnasse,** historien grec présent à Rome sous Auguste (I, 25 *sqq.*). Celui-ci prétend que « le peuple étrusque n'a émigré de nulle part et a toujours été là ». Cette remarque a retenu l'attention de plusieurs savants, notamment des linguistes du XXe siècle, pour qui la langue étrusque, puisqu'elle n'est pas indo-européenne, pourrait constituer le témoignage d'un parler indigène antérieur à l'arrivée des populations de langue indo-européenne. Cependant, malgré des arguments forts en apparence (il souligne que l'historien Xanthos de Lydie ne parle jamais d'un chef nommé Tyrrhénos qui aurait émigré en Italie), la thèse de Denys doit être considérée avec circonspection. D'autres passages de son œuvre, hostiles aux Étrusques, réfutent même l'évidence à propos des emprunts que la civilisation romaine fut amenée à faire à sa voisine à l'époque des rois. Il faut replacer cette vision de l'histoire dans la perspective générale donnée par l'historien à l'époque glorieuse d'Auguste : pour lui, Rome est une cité grecque qui a accueilli différents groupes humains venus d'Orient. Les Étrusques, en revanche, ne sont que des barbares, des non-Grecs que Rome eut raison de conquérir. Ils ne peuvent être que des autochtones que n'a pas illuminés la brillante civilisation grecque. On s'aperçoit alors que l'originale vue de Denys répond en fait au souci politique de valoriser Rome, qu'il admire, au mépris d'une quelconque objectivité historique (d'ailleurs peu importante pour un historien de l'Antiquité).

Qu'en pensaient les Étrusques eux-mêmes ? Un rare passage de Tacite (*Annales*, IV, 55) évoque la revendication de l'origine lydienne et du héros Tyrrhénos, mais il s'agit d'un « décret de l'Étrurie » qui daterait de l'an 26 de notre ère... En fait, Massimo Pallottino, au milieu du XXe siècle a bien montré que la question de l'origine des Étrusques ne signifiait rien en elle-même parce **qu'il est évident que ce peuple, comme tous les autres, s'est formé, composé et enrichi au cours des siècles d'apports divers qui l'ont façonné**. Il est aussi absurde d'imaginer qu'il fut tout entier transplanté d'Asie en Italie à un moment donné, que de croire qu'il est originaire de la terre italienne sans avoir accueilli des colons venus d'Orient, comme ce fut le cas partout en Méditerranée. Au-delà des légendes qui, toutefois, gardent souvent la trace d'une mémoire historique, la Toscane a toujours été habitée. Des populations, venues d'Orient et attirées par les richesses de cette terre (minerais, etc.), se sont greffées à ces groupes autochtones, probablement à plusieurs reprises, favorisant ainsi l'éclosion d'une civilisation originale et raffinée qui engendra la culture phare de la première Italie, au contact des colons grecs installés dans le Sud.

La vraie question reste de savoir **à quel moment s'opère cette greffe**. Les historiens ont longtemps daté les débuts de la civilisation étrusque au VIIIe siècle avant notre ère. À bien considérer ce que véhiculent les légendes, les mouvements migratoires en Méditerranée, la rupture représentée par la civilisation villanovienne vers -900 et que met en évidence l'archéologie, **il est possible de dater le début de cette profonde transformation au Xe siècle (voire au XIe).** Ce qui modifie considérablement la perspective des historiens chercheurs sur la formation et les débuts de l'Étrurie.

LA PÉRIODE VILLANOVIENNE

Depuis la découverte à Villanova – un village proche de Bologne –, au milieu du XIXe siècle, d'un type de tombe qui caractérise une culture jugée, par les archéologues, propre aux Étrusques, il est d'usage de **dénommer « villanovienne » la période qui marque la formation et les premiers développements de l'Étrurie jusqu'à la fin du VIIIe siècle**. Il s'agit, en quelque sorte, de la protohistoire du peuple étrusque.

Les tombes mises au jour à Villanova révèlent pour la première fois en Italie **la pratique de l'incinération des morts.** Cette coutume, connue par ailleurs en Europe centrale sous le nom de « culture des champs d'urnes », n'existait pas dans la Péninsule à l'âge du bronze. À cette époque, la Toscane, comme les autres régions, Ombrie, Sabine, Latium etc., était placée sous le régime d'une économie pastorale. Les populations pratiquaient partout l'inhumation. C'est ce que l'on nomme « la culture apenninique ». Celle-ci se prolonge globalement dans toutes les régions où sont parlées des langues italiques d'origine indo-européenne, avec la culture dite des « tombes à fosse », parce que le mort était enseveli dans une tombe, en position allongée avec des objets de la vie courante. Or, sans qu'on en connaisse ni les raisons ni l'origine précise, le rite de l'incinération se développe précisément en Toscane ainsi qu'en certains points de la plaine du Pô et de la Campanie, là où va éclore la civilisation étrusque, comme une signature. Certes, la distinction entre les deux rites n'est pas toujours nettement tranchée et leur coexistence se remarque dans les zones intermédiaires, comme dans le Latium (où cette culture particulière est appelée « latiale »), mais **la répartition apparaît néanmoins clairement comme le signe distinctif d'ethnies différentes, commodément identifiables par leurs cultures : indo-européenne d'une part, et non indo-européenne (c'est-à-dire étrusque) d'autre part.**

Il est donc tentant d'identifier l'apparition de la civilisation étrusque à celle du rite incinérant en Toscane. Cela ne résout pourtant en rien la question de l'origine des Étrusques (cf. la question des origines).

Deux dates importantes sont à retenir en ce qui concerne la formation de la civilisation étrusque : -1200 et -900. La première correspond à l'apparition de cette nouvelle culture (dite protovillanovienne) et, peut-être, à l'arrivée de groupes d'hommes venus d'Orient, sans que rien ne permette de le démontrer. La fin du XIIIe siècle a été marquée par de graves bouleversements, notamment dans l'Orient méditerranéen : la chute de l'Empire hittite, les actes de piraterie et velléités de conquête (en Égypte notamment) des « peuples de la mer », la guerre de Troie ou ce qu'elle est censée symboliser, la chute des palais mycéniens et les conséquences qu'elle connut dans le commerce méditerranéen et, bientôt, les répercussions de la colonisation grecque... S'il y eut jamais des mouvements migratoires d'hommes venus d'Orient pour se greffer à la population de Toscane au point d'en modifier la culture et d'apporter le ferment d'une nouvelle civilisation, c'est déjà en ce début de XIe siècle qu'il faut les situer.

La seconde date, -900, au début de l'âge du fer, après une extension progressive des pratiques incinérantes sur l'ensemble de ce qui sera le territoire étrusque, **marque le début d'une pré-urbanisation qui représente un essor nouveau et l'apogée de la culture villanovienne.** Aucune rupture n'est toutefois à noter avec le siècle précédent. Ce sont les nécropoles qui nous renseignent le mieux sur cette évolution et sur la première organisation des cités. Dans un premier temps, l'habitat est relativement dispersé. Les hommes vivent dans des cabanes ovales ou rectangulaires, généralement de dimensions modestes (par exemple 10 m sur 5), semblables à celles dont on a conservé les traces sur le Palatin et que la tradition attribue à Romulus. Après la crémation, les cendres des morts sont rassemblées dans des urnes en *impasto*, une céramique grossière dont la couleur foncée due à la méthode de cuisson annonce le *bucchero* typique des Étrusques (cf. la céramique, chap. 8). Ces ossuaires sont ensuite placés dans des tombes à puits creusées à même le sol et dont les parois sont tapissées de pierres plates. On remarque une évolution dans la décoration géométrique de ces urnes, de forme biconique, recouvertes généralement d'une écuelle, voire d'un casque lorsque le défunt est un homme. Certains sites, particulièrement dans les zones mixtes où l'inhumation coexiste avec l'incinération, ont livré des urnes reproduisant les cabanes d'habitation, et pour cette raison dénommées urnes-cabanes. Elles permettent une intéressante visualisation des lieux d'habitation (cf. les habitations, chap. 10).

L'étude des nécropoles, et par exemple l'apparition de tombes communes réunissant plusieurs urnes cinéraires sous un même tumulus, a permis d'observer des regroupements d'habitats, c'est-à-dire la manifestation d'une organisation commune dont les liens ne pouvaient être que politiques, économiques et religieux. Ces associations d'hommes s'opèrent soit par la décision de se rassembler sur un même site qui deviendra, par la suite, l'oppidum d'une cité puissante, soit par l'agrégat de villages voisins qui partagent des intérêts communs (comme ce fut le cas, par exemple, à Rome). Ainsi vont se former les villes aux IXe et VIIIe siècles, dont l'unité produira la richesse. Le matériel retrouvé dans les tombes de cette période en témoigne : armes de bronze, casques, boucles de ceinturons, fibules et vases en bronze de diverses formes et de diverses provenances montrent à la fois la richesse de l'aristocratie et l'ouverture de ces nouvelles structures préurbaines sur l'extérieur. D'ailleurs, à la fin du IXe siècle, et surtout au VIIIe, **le développement de la société villanovienne se traduit par un fort mouvement de colonisation à l'intérieur de l'Italie qui va créer les conditions de la rencontre avec la civilisation grecque** (cf. les Étrusques en Italie). La découverte d'établissements villanoviens en Campanie en constitue la preuve, et Capoue figure sans doute le fleuron de cette expansion villanovienne vers le sud.

Parmi les sites où s'observe le regroupement d'habitats dispersés, et qui seront les futurs emplacements des grandes cités (Veies, Caere, Volsinii, Vulci...), prenons l'exemple de Tarquinia, ville emblématique de l'Étrurie. Les fouilles des nombreuses nécropoles réparties sur l'ensemble des collines du site ont révélé l'existence de plusieurs habitats disséminés sur les hauteurs, notamment trois sur le plateau de Monterozzi et trois sur les flancs et sur le sommet du plateau où s'élèvera la future cité. Or, vers -750/-720, l'ensemble de ces habitats fut délaissé au profit du seul plateau où s'édifiera Tarquinia tandis que le Monterozzi devient la nécropole unique de la ville nouvelle. Comme à Rome, le choix d'un lieu unique d'habitation a déterminé celui d'un seul site réservé à l'ensevelissement des morts. L'archéologue Mario Torelli compare les deux célèbres cités et remarque la même regroupement d'habitants environnants, le même synœcisme comme processus de fondation des villes.

Ce phénomène de formation des cités s'observe un peu partout en Étrurie, avec quelques variantes et à des époques différentes, selon l'évolution propre à chaque région. Mais dès qu'il s'accomplit, le synœcisme résulte d'une volonté que traduit une nouvelle organisation politique et sociale, et offre à une nouvelle aristocratie l'occasion d'émerger. Les conditions de vie évoluent avec le progrès économique. On constate, dès le VIIIe siècle, que le rite d'inhumation progresse, signe d'un changement profond. D'ailleurs, à mesure qu'il se constitue, le *nomen etruscum* devient sensible à l'influence extérieure. Ces échanges vont créer les conditions d'un extraordinaire épanouissement culturel, révélant au monde antique le génie propre à ce peuple dont personne ne connaissait l'origine.

LES ÉTRUSQUES EN ITALIE

Le jeu des influences et des confrontations dans la péninsule italienne avant même l'émergence de Rome permet de mettre en évidence **le rôle éminent des Étrusques, non seulement en Italie, mais aussi en Méditerranée occidentale**. On y voit clairement qu'ils y occupent une place prépondérante face aux Grecs et aux Carthaginois. Les relations entre ces trois peuples se compliquent du fait des affrontements avec les peuples italiques.

On peut dire ainsi que les Étrusques ont joué une partie essentielle dans la formation de l'Italie. Dès le IXe siècle, la culture villanovienne (cf. la période villanovienne) en Campanie (et aussi en Émilie et en Romagne) atteste l'expansion étrusque. Au VIIIe siècle, le regroupement de l'habitat dispersé en centres préurbains correspond au début des influences orientales qui s'affirmeront durablement au siècle suivant. Cette progressive transformation correspond à la colonisation grecque qui marque profondément les territoires occupés par les caractères évolués de sa civilisation (monuments, art figuré, écriture, etc.).

Avec le modèle grec, l'Italie se transforme. Les contacts, notamment commerciaux, des cités de Grande-Grèce avec la Campanie, le Latium (Rome bénéficie de ces influences dès ses origines) et l'Étrurie favorisent l'évolution de ces régions et contribuent à leur développement. Néanmoins, il faut remarquer l'absence de colonies grecques sur le sol étrusque. L'Étrurie, terre fertile et riche en métaux (cf. la métallurgie, chap. 4), avait pourtant tout pour séduire les colons grecs. Mais les cités étrusques qui se constituent sont déjà fortement organisées et se révèlent elles-mêmes des puissances colonisatrices. Elles rivalisent à parité avec les Grecs sur le sol de l'Italie. C'est sans doute au VIIe siècle que la thalassocratie étrusque (cf. l'apogée) atteint son apogée, avant l'arrivée des Phocéens à Marseille.

La Campanie va donc constituer le terrain de rencontre des deux expansions, étrusque et grecque. Ce qui signifie qu'au pouvoir maritime affirmé, les Étrusques ont ajouté une domination terrestre (qui, d'ailleurs, s'exerce également vers le nord) et que celle-ci les a conduits à occuper le Latium, entre le Tibre et la Campanie. Et, par conséquent, Rome, traditionnellement à partir de -616, peut-être un peu avant (cf. les Étrusques à Rome).

Le VIIe siècle est encore le temps où Carthage (fondée, selon la tradition, en -814) prétend également s'affirmer en Méditerranée occidentale. Selon Diodore de Sicile (V, 19 *sqq.*) – mais le texte est douteux –, la colonie phénicienne prétend interdire le passage aux Étrusques vers une île fabuleusement riche de l'Atlantique.

Avec le VIe siècle, se renforce la présence grecque : Cnidiens et Rhodiens, installés dans les îles Éoliennes dès -580, entendent couper la route de la Sicile aux Étrusques. **Peu à peu, des zones commerciales sont délimitées et les trois puissances en présence sont amenées à s'affronter dès que l'équilibre précaire ainsi institué est menacé** par les velléités de l'un ou l'autre camp, quand il ne s'agit pas d'alliance de deux d'entre elles contre la troisième. L'histoire nous a conservé la mémoire de certains de ces conflits (cf. l'apogée), mais il est sûr qu'il dut s'en développer d'autres.

Ces tensions commerciales, attisées par les rivalités, correspondent au moment où se mettent en place des lignes de commerce régulières entre les colonies grecques et l'Ionie – principalement entre Milet et Sybaris. L'arrivée en Italie d'artistes et d'artisans ioniens (pour ne rien dire des philosophes comme Pythagore qui débarque de Samos en -530) et leur installation en divers points de la Péninsule, notamment en Étrurie, vont considérablement influer sur les mœurs. On connaît l'influence, jugée moralement néfaste, de Sybaris ou l'engouement suscité par l'enseignement du maître de Crotone. **Cette période marque le plus haut degré de raffinement de la civilisation étrusque** et la prospérité des grandes cités comme Caere, Tarquinia, Vulci, Populonia... en même temps que celles de Grande-Grèce (Tarente, Crotone, Sybaris, Locres...) et de Campanie (Cumes). La situation de Rome est plus stratégique que jamais, et les cités étrusques se disputent la domination de ce passage obligé sur la route terrestre vers le sud. Les peintures de la célèbre tombe François, à Vulci, en témoignent (cf. les Étrusques à Rome).

Mais les feux brillants de ces raffinements éblouissent et dissimulent la réalité d'un déclin qui est engagé pour les Étrusques. Déjà, en -545, la victoire sur les Phocéens à Alalia laisse les Étrusques exsangues, et à l'orée d'une situation plus douloureuse encore. Les Carthaginois se sont alliés aux Étrusques contre les Phocéens parce qu'ils ont des vues sur la Sardaigne, partiellement colonisée par les Phéniciens depuis le VIIIe siècle. Ils laissent donc Alalia à leurs alliés et obtiennent la mainmise sur cette grande île. À la même époque, ils s'imposent également en Sicile occidentale et entament contre les Grecs installés là un combat qui ne cessera qu'avec la première guerre punique. Ils s'appuient, à plusieurs reprises, sur leurs alliés étrusques avec qui ils concluent des traités d'amitié. Les lamelles de Pyrgi en témoignent (cf. les lamelles d'or de Pyrgi, chap. 7). Mais ce fameux traité de Pyrgi semble également montrer que Carthage impose une sorte de protectorat en Étrurie, ou, à tout le moins, qu'elle exerce sur le roi de Caere une réelle influence politique.

Carthage signe également un traité d'alliance avec Rome à la fin de ce VIe siècle (Polybe, III, 22) par lequel le commerce romain en mer Thyrrhénienne se trouve limité avec la Sardaigne, et sous haut contrôle vers la Sicile ou l'Afrique. Puis elle s'attaque à Cumes (en -525), provoquant une réaction de panique dans les puissantes colonies grecques du Sud qui préfèrent s'allier à la cité campanienne.

À ces troubles venus de l'extérieur, et non sans liaison avec eux, il faut ajouter les bouleversements politiques internes que connaissent les colonies grecques dès la fin de ce VIe siècle, et dont les soubresauts ne manquent pas de se répercuter dans le monde étrusco-italique. La transformation de plusieurs régimes monarchiques ou oligarchiques en régimes tyranniques à coloration plus ou moins démocratique provoque des conflits très durs entre cités. C'est ainsi que Crotone attaque et détruit, en -510, Sybaris qui avait vécu semblable mutation. À Rome, qui avait déjà connu d'importantes réformes avec Servius Tullius, la chute de Tarquin le Superbe, qui se présentait comme une réplique du tyran grec, n'est certainement pas sans lien avec celle de Sybaris. La tradition date de -509 l'expulsion de Tarquin, même si l'archéologie montre que cette date est probablement trop haute.

Avec la chute de Tarquin, prend fin également l'offensive de la coalition étrusco-italique en Campanie. Cumes, sous la conduite du tyran Aristodémos, reprend l'offensive et, avec l'appui des Latins, vainc le roi de Chiusi, Porsenna, qui avait pris Rome (contrairement à ce que dit la légende). Mais Aristodémos tombe à son tour, vaincu par l'oligarchie. Cumes se retire et laisse un Latium déséquilibré, en proie aux prétentions des Èques et des Volsques. C'est là que se situe l'épisode du dictateur Spurius Cassius soutenu par les Étrusques et éliminé par l'oligarchie, en -485, parce qu'on le soupçonne d'aspirer à la royauté. Un destin nouveau s'ouvre alors pour Rome.

En revanche, les villes maritimes de l'Étrurie (Caere, Vulci...) entament leur déclin. Celles de l'intérieur connaissent une progression (Chiusi, Volsinii, Veies qui semble jouir d'une certaine influence sur Rome, sa voisine). Cette situation nouvelle, en grande partie consécutive à la chute de Sybaris, laisse Carthage libre d'agir sur mer. Le monde grec se trouve donc face aux Perses en Orient, et à Carthage en Occident. C'est Syracuse qui inflige aux Carthaginois une première défaite à Himère, en Sicile, en -480. Quelque temps après, en -474, son nouveau tyran, Hiéron, après avoir rassemblé une coalition grecque, défait devant Cumes les Étrusques, alliés déjà bien affaiblis des Carthaginois. Syracuse y gagne jusqu'au contrôle de la mer Tyrrhénienne.

Quant aux Étrusques, ils sont condamnés à se replier à l'intérieur de leurs frontières originelles, et c'est probablement de cette défaite qu'il faut dater le moment où ils ont définitivement abandonné Rome.

L'APOGÉE

A la fin du VIIIe siècle, qui marque aussi le terme de la période villanovienne, **l'Étrurie prend son envol et va connaître, jusqu'en -474, date de sa défaite près de Cumes, un essor économique et politique sans précédent**. Cette époque, et particulièrement le VIe siècle, marque le beau temps des Étrusques, celui où ils vont asseoir leur domination au-delà de leurs frontières traditionnelles, au nord, en Campanie et sur mer, celui où les progrès techniques et le développement démographique les poussent à s'imposer en Méditerranée, face aux Grecs et aux Carthaginois, celui où les contacts avec la Grèce et l'Orient mobilisent leur propre génie créateur dans l'élaboration d'un art luxuriant qui signe le raffinement de leur civilisation.

Au début du VIIe siècle, toutes les conditions sont réunies pour que l'Étrurie entre dans l'histoire et y trace une voie, certes brillante, mais éphémère. Les structures urbaines, politiques, sociales se mettent en place (cf. formation et évolution des cités, chap. 3). Encore faut-il rappeler que cette Étrurie, qui prend conscience progressivement de son unité ethnique comme le montre l'élection d'un *rex Etruriae* au *fanum Voltumnae*, est divisée en un certain nombre de cités (douze, selon la tradition) qui forment autant de territoires concurrents (cf. les douze cités, chap. 2). Le développement évoqué n'est pas uniforme. Pour des raisons d'accessibilité à la mer qui favorise les échanges, les cités maritimes sont les premières à connaître une rapide expansion, notamment Tarquinia dès le VIIe siècle, suivie de Caere. Vulci, par exemple, située plus en retrait, doit attendre le VIe siècle pour prendre un véritable essor, et Chiusi la fin de ce même siècle.

Il faut également situer l'histoire de ce développement de l'Étrurie dans le cadre des mutations que connaît à cette époque la Méditerranée, et particulièrement dans la perspective de l'installation des colonies grecques dans le sud de l'Italie. **C'est des contacts nombreux et inévitables avec les commerçants et artistes grecs, des influences de certaines cités alliées, comme Sybaris ou Tarente, mais aussi des affrontements avec d'autres, notamment des Ioniens, que se dessine et se forge le caractère original des Étrusques.** Les Eubéens, les premiers, ont établi un comptoir à Pithecusses, en -770 (= Ischia), et une colonie à Cumes, vers -735. Les colons grecs, qui cherchaient à commercer, trouvèrent non loin de là les établissements villanoviens étrusques de Campanie. C'est cette région riche qui établit le trait d'union entre Étrusques et Grecs de Grande-Grèce, initiant la première interpénétration entre les deux cultures. Pour renforcer ces liens et conforter leur implantation dans le Sud, les Étrusques sont conduits à être omniprésents dans le Latium afin de rendre sûre la route qui relie la Toscane à la région de Capoue. Ce qui ne signifie pas qu'ils ont occupé le Latium. Le maintien de la ligue latine ou le traité entre Rome et Carthage (vers -509) dans lequel Rome s'exprime pour tous ses alliés (Polybe, III, 22) interdisent de parler d'occupation étrusque, même si, nous le savons, Rome elle-même connut des rois étrusques à partir de -616 (cf. les Étrusques à Rome). Mais la richesse du matériel étrusque retrouvé dans la région (par exemple à Préneste) y montre l'empreinte profonde de la présence étrusque. En Campanie, les conflits qui s'exacerbaient avec certaines colonies grecques qui ne supportaient pas la rivalité imposée par l'essor des Étrusques se soldèrent, pour ceux-ci, par un premier échec de leur armée contre Cumes, en -524, premier avertissement avant la défaite face à la coalition grecque de -474.

• L'influence de l'Orient

Les deux grands « siècles d'or » (selon le juste mot d'A. Hus) de la prospérité étrusque, et particulièrement le premier d'entre eux, **sont définis comme caractérisant une période « orientalisante ».**

L'adjectif « orientalisant » fait référence aux nombreux motifs d'inspiration orientale que l'on voit fleurir dans l'art étrusque, sur les vases, les peintures, les statues, les bijoux... (cf. chap. 8). L'ouverture de l'Étrurie sur l'extérieur a favorisé la multiplication des échanges. Le commerce s'est développé, apportant sur les rivages tyrrhéniens de nombreux objets finis venus de Phénicie, d'Asie Mineure, d'Égypte... dont le répertoire fantastique (fauves, sphynx, griffons...) a fait rêver les artistes étrusques qui se sont appliqués à les reproduire. Bien plus, à cette époque, de nombreux artistes font leur tour de Méditerranée, s'installant ici et là, fondant des écoles, formant des élèves. Ils emportent avec eux des motifs qui fascinent un peu partout, diffusant ainsi tout autour du bassin méditerranéen une véritable mode qu'il ne faudrait pas limiter à l'Étrurie. Peut-être peut-on dire que les Étrusques, avec leur sensibilité imaginative et leur sens du mouvement, ont figuré parmi les meilleurs élèves de ces maîtres orientaux.

Le premier de ces emprunts, sans doute le plus important, celui qui signifie l'entrée des Étrusques dans l'histoire, **est l'art de l'écriture**. Certes, l'alphabet a été enseigné par les commerçants grecs dans un but économique, quand le développement du commerce a nécessité de dépasser l'âge du troc pour consigner les comptes sur des tablettes (cf. l'alphabet, chap. 7), mais sa maîtrise constitue bien un art, réservé à quelques-uns, les scribes, dont le statut social est parmi les plus respectés.

Nous possédons au moins un exemple célèbre de ces maîtres orientaux venus faire souche en Étrurie et dont le travail a contribué à galvaniser le dynamisme toscan. Il s'agit de Démarate, riche négociant de Corinthe, chassé de sa patrie par l'arrivée au pouvoir du tyran Cypsélos et arrivé à Tarquinia vers -650. Celui qui est connu comme le père du futur roi de Rome Tarquin l'Ancien, s'est installé en Étrurie avec sa famille et, selon Pline l'Ancien (*H.N.*, XXXV, 152) accompagné de divers artistes notamment spécialisés dans le travail de la terre cuite. On comprend que le commerce était intimement lié à la diffusion des pratiques artistiques et quelle influence culturelle pouvaient exercer ces émigrés venus s'exiler en Toscane.

L'afflux de ces richesses et le développement sur place de ces arts orientaux raffinés s'expliquent aussi parce que l'évolution des structures sociales et politiques le permet. **Ces siècles d'or correspondent, en effet, à l'émergence d'une riche et puissante aristocratie**, à la domination insolente de ces fameux « princes d'Étrurie », rois ou condottieri, qui se font édifier des palais semblables à ceux que l'archéologie nous a révélés à Acquarossa (près de Viterbe) ou à Murlo (au sud de Sienne), avec de somptueuses décorations intérieures et extérieures et des acrotères de terre cuite comme on a pu en retrouver aussi sur les temples (cf. urbanisme et architecture, chap. 8). Ces mêmes grands seigneurs font ériger à leur gloire posthume ces immenses et magnifiques tumulus dont témoignent les nécropoles de Caere (cf. l'architecture funéraire, chap. 8) où ils font ensevelir avec eux les précieux insignes de leur pouvoir et les marques de leur richesse comme ces extraordinaires bijoux en or dont les secrets de fabrication demeurent encore difficiles à percer de nos jours (cf. les matières précieuses, chap. 8).

• Thalassocratie et/ou piraterie

À cette époque, ces riches personnages sont souvent les mêmes qui, dans le même temps, conduisent une armée et se livrent au grand négoce à travers la Méditerranée pour le plus grand bénéfice de leur gloire et de leur fortune personnelle. La puissance des Étrusques sur les mers est unanimement reconnue des Anciens. Tite-Live en parle à plusieurs reprises : « avant l'Empire romain, l'Empire toscan s'étendait au loin sur terre et sur mer » (V, 33, 7) ; l'Étrurie, « puissante sur terre, l'est encore plus sur mer » (I, 23, 8). Diodore évoque les puissantes « forces navales » des Toscans et leur « maîtrise des mers » (V, 40). Et il est exact qu'ils ont montré leur savoir-faire dans la construction navale (cf. la marine, chap. 3). Mais on aurait tort d'imaginer une flotte de guerre dont le seul but serait d'assurer la domination des Étrusques sur un vaste empire maritime. **Les batailles navales qu'ils ont été conduits à livrer sont toujours la traduction d'un conflit économique**, l'exacerbation d'une rivalité entre pays qui cherchent à conserver leurs avantages commerciaux. Le caractère militaire des bateaux n'est là que pour assurer la protection de la flotte marchande. Ainsi a-t-on retrouvé des produits étrusques en Afrique (à Carthage), et du sud de l'Espagne aux îles grecques, à la région d'Antioche et à l'Égypte, sans qu'il soit, d'ailleurs, toujours sûr qu'ils y aient été apportés par des navires étrusques (cf. le commerce, chap. 4).

De la notion de négoce sur les mers à celle de piraterie, il n'y a aucune réelle différence dans l'Antiquité. L'une est jugée positive, l'autre négative, et cette seconde accusation est portée par les rivaux en affaires qui usent, évidemment, de la même piraterie pour

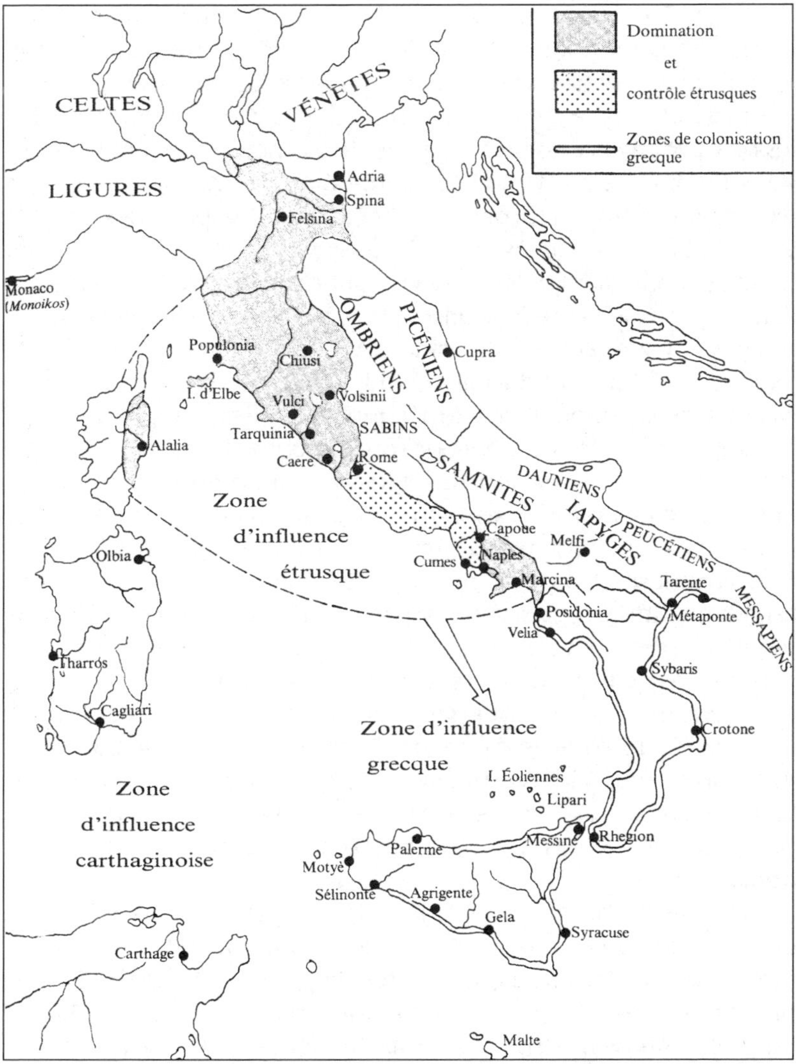

Zones d'influence des Étrusques vers la fin du VIe siècle

affirmer leur supériorité économique. C'est pourquoi les Grecs ont abondamment qualifié les Étrusques de pirates (Strabon [V, 3] prétend qu'ils « vivent de piraterie ») mais n'avaient, dans cette pratique musclée, aucune leçon à recevoir de quiconque. Dans l'Antiquité – et jusqu'à une époque récente ! – la piraterie se développe à l'état endémique en Méditerranée. Les aristocrates et les riches sont des commerçants, même s'ils ne s'embarquent pas nécessairement eux-mêmes, et les commerçants sont des pirates, pour se défendre des autres ou pour agresser les concurrents et ravir des marchandises, voire pour effectuer des razzias sur le littoral, piller les biens et enlever les personnes qu'ils revendront comme esclaves dans un autre pays. Ulysse lui-même n'a pas hésité à mener une expédition contre les Cicones de Thrace pour s'emparer des femmes et du bétail (*Odyssée*, IX, 39-66). C'est pourquoi les villes ne sont qu'exceptionnellement édifiées en bord de mer, et généralement, à l'arrière, sur une hauteur fortifiée. On se souvient que l'*Hymne homérique à Dionysos* accusait les pirates tyrrhènes d'avoir embarqué le jeune dieu à Chios et d'avoir voulu le violer, séduits par sa beauté. Mais Dionysos les punit en les métamorphosant en dauphins. Il n'est pas impossible que cette légende (qui, notons-le au passage, évoque la présence des marins étrusques dans les îles grecques) symbolise le souvenir des efforts des commerçants toscans pour s'emparer d'une part du marché du vin dans la région (selon M. Gras). D'ailleurs, il n'est pas sûr que la piraterie ait toujours présenté un aspect négatif. On pourrait évoquer son rôle dans le contrôle et la régulation des trafics et aussi sa fonction protectrice des navires de commerce. De toute manière, elle est universellement pratiquée en Méditerranée, en quelque sorte consubstantielle au commerce antique. Et lorsque le tyran de Rhegion (Reggio di Calabria), Anaxilias, fortifie sa base sur Skyllaion, ce n'est pas seulement pour la protéger contre les pirates étrusques (Strabon, VI, 1, 5) mais aussi pour contrôler le passage et, probablement, prélever les droits de douane.

Ainsi les nombreux affrontements sur mer entre les Étrusques et les autres peuples peuvent-ils être considérés, selon leur importance, soit comme de simples actes de piraterie, soit comme des batailles navales. La différence tient à l'enjeu, mais les motifs restent les mêmes. L'histoire nous a conservé le souvenir de quelques-uns de ces conflits, rapportés par les Grecs. Ils nous semblent plus nombreux et plus spectaculaires que les guerres internes entre cités étrusques, mais il faut prendre garde à notre ignorance : les événements historiques propres à l'Étrurie ne nous sont rapportés par aucun document et, pour le peu que nous ayons, nous sommes incapables de les déchiffrer. Cependant, à l'intérieur du pays, des guerres aussi ont éclaté : ce que nous savons des frères Vibenna et de Mastarna le prouve (cf. les Étrusques à Rome).

Quelques exemples de conflits contre les Grecs au VIe siècle montrent que la redoutable puissance maritime des Étrusques, pourtant unanimement saluée, n'a pas toujours emporté la partie, ou de justesse. Vers -580, des Rhodiens et des Cnidiens tentèrent de s'installer à Lilybée, en Sicile. Ils en furent chassés. Les Cnidiens occupèrent alors Lipara, puis la totalité des îles Éoliennes dans une position qui leur permettait de surveiller le détroit de Messine où commerçaient les Étrusques (Diodore, V, 9, 4). Ceux-ci les harcelèrent au point, dit-on, qu'ils durent diviser leur société en deux parties, l'une qui travaillât la terre et l'autre qui les défendît contre « les pirates » étrusques. Il dut y avoir plusieurs affrontements navals. Pausanias (X, 11, 3) parle de l'un d'eux au cours duquel cinq trières liparéennes vinrent à bout de vingt trières étrusques.

Autre conflit, celui qui se termina par **la célèbre bataille navale dite d'Alalia**, vers -540/-535 (Hérodote, I, 166 *sqq.* ; Diodore, V, 13 ; Strabon, V, 2, 7). L'origine en remonte à l'arrivée en Méditerranée occidentale des Phocéens qui fondèrent Marseille en -600. Ils établirent des relations avec le royaume de Tartessos, en Andalousie, dont les minerais et les produits agricoles constituaient la chasse gardée des Carthaginois. D'autre part, ces mêmes Phocéens s'installèrent à Alalia (= Aleria, côte est de la Corse) en -565 et vinrent inquiéter les Étrusques dans leur sphère d'influence, se livrant à des actes de piraterie chez les peuples voisins et perturbant les relations entre Étrusques et Carthaginois. Ces deux dernières nations conclurent une alliance et vinrent attaquer les Phocéens avec soixante navires chacune. Ce qui ne signifie pas que toutes les cités étrusques s'impliquèrent dans l'action : seules certaines participèrent, à la tête desquelles se trouvait Caere, tandis que d'autres, comme Vulci, semblent être restées neutres, sinon favorables aux Phocéens. Ceux-ci, qui avaient engagé également soixante unités navales, furent vainqueurs, selon Hérodote, mais « à la cadméenne », c'est-à-dire en réalité vaincus. Ayant perdu quarante navires et les vingt autres étant devenus inutilisables, ils préférèrent quitter la Corse avec femmes, enfants et biens. La région repassait sous le contrôle des Étrusques et des Carthaginois : les premiers s'assuraient le monopole de la Corse et les seconds de la Sardaigne. En fait, cette guerre n'a sans doute eu qu'un impact local, et non l'importance qu'on lui a accordée parce qu'il s'agit d'un des rares conflits un peu mieux connus des historiens. Il n'en reste pas moins que cette semi-défaite avec une flotte anéantie sonne comme un premier avertissement grave pour la thalassocratie étrusque.

Ce conflit montre également que la seule cause d'affrontement est d'ordre économique, et que la défense des enjeux passe par des traités d'entente et des alliances d'intérêts, comme celui que Rome passe avec Carthage en -509 (ou -508). Aristote (*Politique*, III, 9, 1280a) évoque également les traités qui lient Carthaginois et Étrusques, en particulier la cité de Caere. Les fouilles de Pyrgi, le port de Caere, ont permis de mettre au jour les célèbres lamelles d'or dont deux sont rédigées en étrusque et la troisième en punique (cf. les lamelles d'or de Pyrgi, chap. 7). Il s'agit de la dédicace faite par Thefarie Velianas, tyran de Caere, dans le sanctuaire de Pyrgi vers -500. Le texte honore la déesse punique Astarté, l'homologue de l'Uni étrusque. Le fait que Caere accueille une déesse étrangère et lui dédie un temple n'est pas exceptionnel en soi, mais traduit, sinon un acte d'allégeance comme l'ont pensé certains, du moins la concrétisation d'une alliance. Celle-ci s'avérait d'autant plus précieuse à une époque où la menace grecque se précisait, et où, l'équilibre des puissances devenant précaire, la prospérité économique des uns comme des autres se trouvait menacée.

La défaite navale des Étrusques devant Cumes en -474 consacra la fin de leur puissance en Méditerranée. Déjà, sur terre, à deux reprises, en -524 et après -509, les forces étrusques s'étaient heurtées à celles du tyran Aristodémos, qui avait réussi à résister (cf. les Étrusques en Italie). Les prétentions commerciales des Tyrrhènes sont considérées comme un danger pour les Grecs, notamment de Sicile. Diodore (XI, 51) avance encore la thalassocratie des Étrusques comme la justification de l'intervention de Syracuse. De même que le tyran Gélon a, en -480, écrasé, à Himère, les Carthaginois qui avaient des visées sur la Sicile grecque, son frère et successeur, Hiéron, répond à l'appel de Cumes contre la marine étrusque. Cependant, le déroulement des événements et les véritables enjeux du conflit restent obscurs. Quelles cités étrusques sont engagées, c'est-à-dire assez fortes pour armer une flotte ? Capoue joue-t-elle un rôle ? Quel élément nouveau peut justifier une telle intervention ? Les réponses restent floues. Il semble que Caere ait été la principale maîtresse du jeu du côté étrusque, sans doute aidée par Tarquinia ou Vulci. Quant à l'élément déstabilisant, il pourrait bien résider dans l'importance accrue prise par le commerce athénien en Campanie. Peut-être les Étrusques veulent-ils se repositionner dans la région au détriment de Cumes et en tenant compte des nouvelles donnes économiques. Rêvent-ils d'hégémonie et de stabilité en s'imposant aux Grecs ? Le sort de la bataille en a décidé autrement.

Les Étrusques, affaiblis, se retirent progressivement de Campanie où ils sont fragilisés, et de Rome même. Ils se replient à l'intérieur de leurs frontières naturelles. Syracuse a pris la main. Le probable désir de réorganiser l'équilibre campanien était, de toute façon voué à l'échec si l'on tient compte de l'émergence des peuples sabelliques. Ceux-ci, unis au sein de la ligue campanienne, s'emparent de Capoue en -424, et de Cumes en -421.

LES ÉTRUSQUES À ROME

Nous savons aujourd'hui de façon certaine que Rome ne fut pas fondée par les Étrusques, quoi qu'en aient pensé naguère certains historiens. Même s'il est assuré que des Toscans devaient être présents sur le sol romain à l'heure où se réunirent les villages édifiés sur les collines, vers -753, comme se trouvaient là des Grecs, des Sabins, des Latins... Leur présence était d'autant plus inévitable que le territoire étrusque commence juste sur l'autre rive du Tibre et que cet endroit était le seul où le fleuve pouvait se traverser à gué (avec le gué de Fidènes). La cité de Romulus verrouille d'abord un lieu de passage essentiel pour le trafic des hommes, à commencer par le commerce du sel puisque les marais salants situés à l'embouchure du Tibre appartiennent au territoire de Veies.

Pour autant, et dès l'Antiquité, il semble que les Étrusques aient imaginé une légende qui puisse justifier leur présence à la tête de la Ville dès son origine. Nous savons, en effet, que la légende « officielle » de Romulus ne s'est mise en place que progressivement et ne fut véritablement accréditée qu'au IVe siècle. Or Plutarque, dans sa *Vie de Romulus* (II, 4), après avoir rappelé d'autres versions, nous livre le récit étrusque de la naissance de Romulus, selon un historien grec du nom de Promathion. Le roi étrusque d'Albe, Tarchétius, aurait vu un phallus igné miraculeux jaillir de son foyer. Un oracle, également étrusque, l'aurait enjoint d'y accoupler une vierge qui donnerait le jour à un enfant « très illustre ». Devant le refus des filles du roi, c'est une servante qui se sacrifia, et qui enfanta deux jumeaux. Le roi ordonna alors de tuer les nouveaux-nés, mais ceux-ci furent déposés près du fleuve où ils furent nourris par une louve et quelques oiseaux. Recueillis par un berger, ils furent sauvés et, plus tard, attaquèrent et vainquirent Tarchétius.

La version étrusque des origines de Rome tomba dans l'oubli, mais le mythe du héros né d'un phallus igné fut officialisé dans l'histoire romaine pour justifier la naissance de Servius Tullius chez le roi Tarquin.

• De la légende à la réalité

Il faut attendre la fin du VIIe siècle, pour que soit attestée la domination politique d'Étrusques à Rome. Contrôler la principale voie de passage terrestre vers la Campanie (où ils sont implantés : cf. la Campanie étrusque, chap. 2) est une nécessité économique. Ils sont d'ailleurs très présents dans le Latium, soit par le contrôle de quelques points clés, soit par les relations amicales qu'ils entretiennent avec des princes locaux. Nous pouvons même nous étonner qu'ils n'aient pas mis la main sur Rome plus tôt, sans doute en raison de leurs relations avec les Sabins qui y occupent une place prépondérante. Toujours est-il que la date proposée par la légende de l'élection du roi Tarquin pour diriger Rome, en -616, semble correspondre avec la réalité historique.

Pour le reste, **l'histoire des rois étrusques de Rome telle que la rapporte Tite-Live (I, 34 *sqq.*) relève plus d'un récit légendaire** et fantaisiste destiné à minimiser leur rôle ou à les « désétrusquiser » pour leur attribuer des qualités romaines (et même un nom latin, pour Servius Tullius). Point d'intervention extérieure, selon l'historien latin. C'est un exilé volontaire de Tarquinia, nommé Lucumon, fils d'un étranger (Démarate de Corinthe, lui-même émigré), qui serait arrivé à Rome, un beau jour, avec sa femme Tanaquil. Celle-ci, en bonne Étrusque, aurait interprété un prodige annonçant à son mari une glorieuse destinée. Apprécié pour ses qualités personnelles, Lucumon aurait été proposé, puis élu au trône et aurait pris le nom de Tarquin. Un bel exemple d'intégration ! Après un règne au cours duquel Rome se serait embellie et affirmée, le roi est assassiné en -578. Grâce à la présence d'esprit de Tanaquil et à une mise en scène destinée à préserver la succession, c'est son gendre Servius Tullius qui monte sur le trône. Celui-ci, né au palais dans les conditions miraculeuses que nous avons évoquées, se révèle un roi exemplaire qui mène Rome dans la voie de réformes institutionnelles importantes et salutaires. Après son assassinat par sa propre fille, Tullia, et son gendre Lucius Tarquin en -534, c'est ce dernier, fils de Tarquin l'Ancien qui s'empare du pouvoir et se conduit en véritable tyran. La célèbre histoire du viol de Lucrèce est un triste témoignage de ses exactions qui conduisent Collatin et Brutus à le chasser pour instaurer la République, en -509, l'année même de l'inauguration du temple de Jupiter sur le Capitole. La légende veut ensuite que le roi de Chiusi, Porsenna, ait fait le siège de Rome, avant de renoncer à s'emparer de la Ville devant le courage d'Horatius Coclès, de Mucius Scaevola et de la vertueuse Clélie.

Quelques éléments, essentiellement fournis par l'archéologie, nous permettent de formuler quelques hypothèses en faveur de la réalité historique, au-delà de la légende officielle romaine qui doit beaucoup, avant Tite-Live, à Fabius Pictor. Par exemple, nous comprenons que **la domination étrusque n'a pas pris fin en -509 avec le départ de Tarquin et l'échec de Porsenna**. Certes, pour l'orgueil national, il fallait que l'inauguration du grand temple capitolin se déroulât dans une Rome « libérée », mais l'historien Tacite lui-même reconnaît que le roi de Chiusi s'est emparé de la Ville et, d'autre part, le matériel archéologique démontre la présence étrusque jusqu'en -475, c'est-à-dire jusqu'à ce que la défaite de Cumes oblige les Étrusques à se retirer à l'intérieur de leurs frontières, au-delà du Tibre. Peut-être la nature du pouvoir s'est-elle modifiée après -509, mais les Étrusques – probablement de Chiusi – restaient aux commandes.

Autre exemple, étonnant : celui de **la vraie personnalité de Servius Tullius**. Divers documents complémentaires nous permettent d'entrevoir la réalité d'un roi que la légende se plaît à nous présenter comme le fils d'une esclave ou d'une princesse captive, né au palais et choisi pour gendre par Tarquin. Tant il est vrai que l'influence des réformes qui lui sont attribuées imposait qu'il parût le plus « romain » possible. Le premier document est un extrait des Tables de Lyon qui conservaient gravé un discours de l'empereur Claude. Il se trouve que Claude était féru d'étruscologie et avait écrit vingt livres sur le sujet. Sa première femme était issue de la haute société étrusque et il avait certainement puisé dans les archives des grandes familles des informations qui ne nous sont pas parvenues – non plus, du reste, que son travail sur les Étrusques. Or, dans son discours lyonnais, l'empereur évoque Servius Tullius, « intercalé entre Tarquin l'Ancien et son fils ou petit-fils (*i.e.* Tarquin le Superbe) ». Selon une source étrusque, il le présente comme « le fidèle compagnon » d'un certain Caelius Vibenna. Il aurait été chassé d'Étrurie et, parvenu à Rome, se serait emparé du mont Caelius, qu'il aurait ainsi nommé en souvenir de Vibenna. Puis, « ayant changé de nom, car en étrusque il s'appelait Mastarna, il prit le pouvoir royal pour le plus grand bien de l'État ». Quelques extraits d'autres auteurs évoquent également cet épisode : l'un parle d'un « lucumon » de Vulci, Caelius Vibenna, qui, à la tête d'une armée, se serait installé à Rome, plus ou moins par la force, un autre rend compte de cette arrivée des Vulciens, mais conduits par Mastarna et par Aulus Vibenna, frère de Caelius.

Or le nom des frères Vibenna ne nous est pas inconnu. On le retrouve sur plusieurs représentations figurées (miroirs, urnes) et sur le pied d'une coupe de *bucchero*, datée précisément du milieu de ce VIe siècle et offerte comme ex-voto dans le sanctuaire de Portonaccio à Veies. Mais **le plus intéressant témoignage se situe à Vulci, dans la tombe François** (du nom de son découvreur), datée du IVe siècle. L'une des fresques représente une série de combats victorieux menés par les Vulciens contre différents ennemis : *Laris Papa} {nas Velzna{* (= de Volsinii), *Pesna Arcmsnas Sveama{* (= de Sovana)... et *Cneve Tar{ unies Ruma{* (= Cnaeus Tarquin de Rome). Les attaquants sont les lieutenants de Caile Vibenna, parmi lesquels Aule Vibenna et Mastarna que l'on voit délivrer son chef dont les poignets sont entravés. Il s'agit à l'évidence de la commémoration d'exploits des Vulciens lors de combats qui les ont opposés à d'autres chefs étrusques, d'Étrurie... et de Rome. (Sur l'interprétation symbolique de l'ensemble des fresques de la tombe François, cf. la peinture, chap. 8 ; les aristocrates, chap 3).

Voilà donc opéré le rapprochement entre Mastarna de Vulci et le roi Servius Tullius qui semblent n'avoir fait qu'un. Certes, beaucoup de questions demeurent en suspens : qui était réellement Caelius Vibenna, un général agissant pour le compte du roi de Vulci ou le chef d'une bande privée, l'un de ces condottieri comme il semble en avoir existé un certain nombre à cette époque ? Vibenna (ou son frère) a-t-il été roi de Rome à un moment donné ? Qui était Mastarna, dont le nom (macstar-na) est à rapprocher du latin *magister :* un officier étrusque, un dictateur ? Qui était le Tarquin de Rome tué par les Vulciens puisque des deux Tarquins connus, aucun ne porte le prénom de Cnaeus dans la légende romaine ?...

Mais, au-delà des incertitudes, nous voyons se profiler le cours de l'histoire de la Rome étrusque d'une manière bien différente de celle décrite par Tite-Live. Il apparaît d'abord que **durent se succéder sur le trône romain plus de rois étrusques que les trois seuls mentionnés**, ce qui, d'ailleurs, est logique pour une durée globale de plus de cent ans ! Peut-être faut-il envisager une dynastie de Tarquins dont l'un se serait prénommé Cnaeus.

D'autre part, les événements violents peints sur les parois de la tombe François montrent que la succession des Étrusques à la tête de Rome ne s'est pas déroulée dans le climat pacifique relaté par la légende. Ce que confirme, par ailleurs, le siège établi par le roi de Chiusi, Porsenna. Et ce qui n'a rien de surprenant si l'on se rappelle l'importance de la situation de Rome pour une domination économique. Sans doute faut-il envisager ainsi la période de l'occupation étrusque de la Ville : Rome dut être aux mains de trois cités étrusques, représentées par un ou plusieurs rois (ou condottieri), Tarquinia (les Tarquins), Vulci (Mastarna-Servius Tullius) et Chiusi (Porsenna), avec sans doute un retour de la dynastie tarquinienne entre la domination de Vulci et celle de Chiusi. Or ce schéma correspond à l'ordre chronologique dans lequel les principales cités étrusques ont connu leur apogée. Au VIIe siècle, Tarquinia est la plus riche, avec Caere qui la dépasse au VIe siècle. Puis Vulci au milieu de ce même siècle prend son essor, avant Chiusi dont la puissance se développe à la fin du siècle. Ceci ne signifie pas que d'autres cités de second plan, mais néanmoins importantes à la même époque, comme Veies toute proche, n'aient pas exercé une influence significative à Rome : la décoration du temple de Jupiter par des artistes veiens le prouve.

• Les témoignages de la présence étrusque

La présence de commerçants toscans à Rome bien avant le règne de Tarquin ne fait guère de doutes, mais **la domination étrusque va profondément transformer la Ville** dans tant de domaines qu'il serait trop long d'en dresser une liste exhaustive. C'est même par l'observation des mœurs étrusques à Rome que nous pouvons comprendre comment les Toscans vivaient chez eux, vu parfois le manque de témoignages *in situ*.

L'influence la plus spectaculaire s'exerce **dans le domaine de l'urbanisation**, au point que Denys d'Halicarnasse appelle Rome « une ville étrusque ». La science des ingénieurs hydrauliciens a permis le drainage du sol marécageux du Forum, son empierrement, la création du premier égout (Cloaca Maxima, qui fonctionnait encore au milieu de notre XXe siècle), la recomposition du paysage urbain (ouverture de la Via Sacra), l'aménagement du Capitole et la construction du temple de Jupiter sur le modèle des temples étrusques, l'édification de monuments en pierre recouverts de tuiles, leur décoration par des terres cuites colorées dont on a retrouvé des restes dans tous les sites importants du centre (Forum, forum Boarium, Capitole, Velia...), un assèchement de la vallée Murcia pour l'aménagement du Circus Maximus, l'ouverture des rues au Forum, dont le fameux Vicus Tuscus (la rue des Toscans) avec sa statue du dieu Vertumnus (divinité emblématique du *fanum Voltumnae*, symbole de la confédération des cités étrusques)...

Les rois étrusques ne se sont pas seulement contentés de réaménager le paysage urbain dans une configuration qui souligne **la symbolique du pouvoir**, notamment en organisant l'axe triomphal du *rex* depuis le lieu des célébrations ludiques (le Grand Cirque) jusqu'au Capitole par la Voie Sacrée à travers le Forum, **ils ont aussi légué les signes du pouvoir, instauré certaines cérémonies** (triomphe, jeux publics), établi le calendrier et surtout, avec Servius Tullius, accompli **une importante réforme institutionnelle**, réinventant de nouvelles structures sociales et militaires. À côté de l'assemblée curiate est ainsi créée une assemblée centuriate qui regroupe les citoyens sur une base censitaire, consacrant le pouvoir des *gentes* les plus riches (cf. les aristocrates, chap. 3). Les citoyens y sont classés selon leur fortune en degrés qui forment la *classis*, c'est-à-dire l'armée, avec divers niveaux d'équipement.

À ces transformations fondamentales s'ajoutent **nombre d'apports d'ordre juridique et culturel** qui vont durablement s'ancrer dans les mœurs et coutumes des Romains, au point parfois qu'ils en oublieront l'origine (par exemple le port de la *bulla* protectrice pour les enfants). Le plus important de ces emprunts est sans doute **l'alphabet,** que les Étrusques ont eux-mêmes reçu des Grecs. Des inscriptions étrusques retrouvées ici et là, dont la plus ancienne est un graffito du VIIe siècle, découvert au forum Boarium, confirment l'activité étrusque. Cependant, et malgré la prégnance de la présence toscane, les Romains n'ont pas utilisé la langue étrusque et se sont servis de l'alphabet pour transcrire leur propre langue, ce qui montre que jamais l'occupation ne fut assez profonde pour étouffer le caractère latin. Le *Lapis niger*, au cœur du Forum, le démontre.

Ce qui ne signifie pas, malgré les efforts des Romains eux-mêmes pour la minimiser, que l'occupation étrusque n'ait pas été réelle et son empreinte profonde.

LE DÉCLIN ET LA ROMANISATION

Si le terme de « déclin » s'applique globalement à l'annonce d'un processus qu'inaugure, pour les Étrusques, la perte de leur puissance maritime au lendemain de la défaite de Cumes (-474), il peut encore sembler inapproprié localement à l'évolution de certaines cités de l'intérieur. **L'Étrurie du ve siècle a de beaux restes, elle est loin d'être diminuée dans tous les domaines.** Les cités de la plaine du Pô se développent et s'affirment en attendant le coup fatal que leur porteront les Celtes ; des ports comme Spina pratiquent d'importants échanges avec les Grecs par l'Adriatique (cf. l'Étrurie padane, chap. 2). Certaines cités de l'intérieur proches du Tibre dont l'essor a tardé parce qu'elles n'avaient pas les facilités des cités maritimes, connaissent enfin un développement économique et culturel remarquable : des œuvres aussi achevées que la Chimère d'Arezzo ou le Mars de Todi témoignent de la grande maîtrise classique de leurs artistes. Ce sont, par exemple, les villes de Volsinii, qui abrite le *fanum Voltumnae*, ou de Chiusi, dont le roi Porsenna prit Rome. **L'Étrurie reste une riche terre agricole qui forme l'un des plus précieux greniers à blé pour les Romains** avant leur mainmise sur la Sicile au IIIe siècle. La richesse agricole de ces terres parfaitement irriguées en fait d'ailleur un objet de convoitise pour la puissante voisine qui comprend l'intérêt d'y établir des colons.

Au sud, leur défaite devant Cumes et la perte progressive de la Campanie n'ont pas débarrassé les Étrusques des Syracusains dont les prétentions vont croissantes. Dès -453, le tyran sicilien envoie ses pirates en expédition contre les comptoirs étrusques de la Corse avec laquelle les Toscans poursuivaient de fructueux échanges, et surtout contre les centres miniers de l'île d'Elbe, perturbant la jouissance du fer des cités côtières, si utile à leur économie. Quelques années plus tard, en -415, Athènes, rompant avec son ancienne alliée, déclare la guerre à Syracuse sous la conduite d'Alcibiade. Thucydide nous conte (VII, 7, 53) que les Athéniens allèrent solliciter les Tyrrhènes « où certaines villes s'offraient d'elles-mêmes à participer à la guerre ». Ils procurèrent du ravitaillement et envoyèrent trois navires à cinquante rames. Ce qui est peu et montre bien la limite des moyens utilisés pour ce qui devait apparaître comme une possibilité de vengeance contre les Syracusains. Il semble que l'un des généraux étrusques fut un membre de la célèbre famille des

Spurinna, si l'on suit un des *elogia* retrouvés à Tarquinia (cf. la littérature profane, chap. 7). La défaite d'Athènes rejaillit sur leurs partenaires étrusques qui s'en montrèrent encore plus affaiblis.

En -384, dernier coup des Syracusains passés sous le pouvoir de Denys, le tyran envoie ses hommes en expédition le long des côtes étrusques, jusqu'à l'île d'Elbe et à Populonia, sous le prétexte de détruire les pirates, mais en réalité, nous dit Diodore (XV, 14, 3), « pour piller un temple célèbre, renommé pour la richesse des offrandes qui lui avaient été faites, qui se trouvait dans un port de la cité étrusque d'Agylla, appelé Pyrgi ». Il s'agit, en effet, du sanctuaire le plus important de l'Étrurie, avec le *fanum Voltumnae*, celui où furent découvertes les fameuses lamelles d'or (cf. les cités de l'Étrurie méridionale, chap. 2). Mais ces actes de piraterie, pour douloureux qu'ils fussent, étaient ponctuels et sans doute de moindre importance en regard du long et profond travail de sape provoqué par les guerres successives contre Rome.

• Rome contre Veies : la guerre de cent ans

Veies est la première ville à en découdre avec son ambitieuse voisine. Le conflit, qui débute en -455, se déroule en trois phases principales et s'achève en -396 par la chute de la cité étrusque au terme d'un siège de dix ans que les belligérants n'ont pas manqué de comparer au siège de Troie. Les détails de cette longue guerre sont assez bien connus mais il nous faut cependant formuler deux réserves : d'une part, le récit des combats est rapporté par les historiens romains (Tite-Live qui s'appuie sur Fabius Pictor) qui n'hésitent pas à magnifier l'action des Romains sur un ton épique, et, d'autre part, il convient de ramener cet affrontement à son véritable enjeu, qui engage plus à l'origine les intérêts personnels de la *gens* des Fabii que ceux de Rome tout entière.

Le prétexte de la guerre tient dans la revendication par la puissante *gens* Fabia, soutenue par plusieurs milliers de ses clients (certains historiens avancent le chiffre de cinq mille), de la petite ville de Fidènes. Celle-ci, il est vrai, a une population latine, mais est placée sous la protection de Veies et tient à le rester. Or Rome, à cette époque, a étendu son hégémonie sur le Latium et argue que Fidènes, en tant que ville latine, doit passer sous son autorité. Le vrai motif est ailleurs : c'est à Fidènes que se situe le seul gué (avec celui de Rome) qui permet de traverser le Tibre et ouvre une voie commerciale vers le sud ; là passe l'ancienne route du sel et détenir ce lieu de passage est l'assurance de percevoir des droits substantiels dont profite la cité veienne ; enfin le territoire de la puissante *gens* Fabia jouxte celui de Fidènes. On comprend dès lors l'intérêt privé de ces riches aristocrates romains qui peuvent user de leur situation au pouvoir pour donner l'apparence d'une cause d'État à cette entreprise d'appropriation : il y eut toujours un Fabius pour occuper un siège de consul de -485 à -479 !

Les hostilités sont ouvertes en -485 par le consul Quintus Fabius. **La première guerre est auréolée des exploits des membres de la *gens* Fabia** dont trois cent six tombent dans une embuscade veienne près du Crémère (un petit affluent du Tibre) en -477. La famille des Fabii en est quasiment anéantie. A deux reprises, les Veiens sont venus jusque sur le Janicule affamer les Romains. Devant pareil désastre, une trêve de quarante ans est conclue sans que le sort de Fidènes ait changé.

Mais en -438, à la suite de la mort violente à Fidènes de deux ambassadeurs romains, la guerre reprend. Les prétentions de Rome sur la petite ville des bords du Tibre demeurent inchangées : la présence d'une avancée « veienne » sur la rive « romaine » du Tibre lui paraît une menace inacceptable. Le chef romain Cornélius Cossus se couvre de gloire en tuant le roi de Veies, Lars Tolumnius, et reçoit l'honneur d'en déposer les dépouilles opimes dans le temple de Jupiter Férétrien, sur le Capitole. Après quelques revers de fortune de part et d'autre, Fidènes est prise par les Romains en -425 qui accordent aux Veiens une trêve de vingt ans. La cité étrusque, qui a perdu un point stratégique sur le Tibre, est affaiblie.

Cette défaite y provoque une crise politique entre les aristocrates et des éléments populaires. Ceux-ci obtinrent de relancer le conflit. Tite-Live prétend que la crise se dénoua par le rétablissement de la royauté. En fait, il dut s'agir de l'instauration d'une tyrannie prenant appui sur les dirigeants de la plèbe, ce qui expliquerait le manque de solidarité des autres cités étrusques, dominées par les aristocraties locales. L'historien romain précise que les autres membres de la confédération étrusque (au *fanum Voltumnae*), pourtant sollicités à trois reprises, en -405, -404 et -397, refusèrent tout appui au « roi » de Veies. Cette dernière phase du conflit, traditionnellement datée de -406 à -396, est présentée par Tite-Live comme l'épopée troyenne de Rome, le siège de Veies figurant son siège de Troie. C'est dire l'inexactitude du récit. On sait quel rôle y joua le vieux dictateur Camille, et le prodige du lac Albain (cf. Tite-Live, livre V). Mais **plu-**

sieurs éléments montrent que les Étrusques étaient également conscients du parallèle entre le cycle troyen et les guerres menées par Rome contre leurs cités. Cependant, ils usent de la légende à l'inverse des Romains : pour eux les Troyens sont les Romains ! Sur les murs de la tombe François de Vulci, en regard de la mort de « Tarquin le Romain » due aux coups des hommes de Vibenna et de Mastarna, figure une représentation du sacrifice des prisonniers troyens. Pour Vel Saties, propriétaire de la tombe, présenté en triomphateur à la suite d'une victoire qu'il dut remporter contre les Romains lors de la guerre qui opposa Tarquinia à Rome entre -358 et -351, le message est clair : l'ennemi romain ne mérite pas un autre sort que celui des prisonniers troyens. Ainsi se forgent les légendes.

En attendant, **Rome vient d'écraser sa première victime étrusque, Veies.**

Dans la réalité, loin de l'atmosphère magico-religieuse du récit livien, les Veiens furent massacrés ou vendus en esclavage. La déesse Uni fut « évoquée », c'est-à-dire amenée à Rome et installée dans un temple sur l'Aventin. Rome a considérablement accru son territoire et la puissance de Veies a vécu. Elle a même étendu sa domination sur les territoires de Capène et, partiellement, de Faléries. Tout l'équilibre de la région s'en trouve modifié, et les plus puissantes cités comprennent qu'il va falloir choisir entre une collaboration avec Rome (ce que fit Caere), ou tenter de s'opposer aux ambitions de la dangereuse capitale des Latins.

• Le raid gaulois

Les Gaulois ne sont pas des inconnus pour les Étrusques. Au début du IVe siècle, voilà près de deux siècles que certaines tribus ont infiltré les populations de la plaine du Pô, attirées par la fertilité des terres et par son vin qu'ils ont appris à apprécier dès le Ve siècle. Progressivement, Insubres, Boïens et Sénons, venus du nord, ont envahi l'Italie du Nord. Les Celtes se sont intéressés aux riches cités de l'Étrurie padane qu'ils ont peu à peu déséquilibrées, puis occupées. Le coup de grâce est porté par les Sénons qui, au début du IVe siècle, ont réduit à merci dix-huit cités étrusques du Nord, avant de s'intéresser à l'Étrurie centrale. La tradition veut que Melpum (= Milan) soit tombée aux mains des Celtes le jour de la chute de Veies.

Vers -390, les Sénons descendent vers la vallée de la Chiana, semant la terreur, forçant la résistance d'Arezzo et établissant le siège de Chiusi. Une légende, rapportée par Tite-Live (V, 33), impute la responsabilité de l'intrusion étrangère à un marchand de vin, un certain Arruns, qui aurait invoqué l'aide gauloise pour se venger du roi de la cité, coupable d'avoir séduit sa femme. Il aurait servi de guide aux Gaulois pour traverser les Alpes ! La réalité est probablement moins poétique. Chiusi appelle Rome à l'aide. Les guerriers celtes effraient autant par leur type d'armement que par leur détermination sauvage. L'armée romaine est vaincue sur l'Allia et **les Gaulois descendent jusqu'à Rome, qu'ils prennent sans coup férir malgré la légendaire indignation prêtée aux oies du Capitole pour sauver l'honneur romain.** La prise de Rome, datée par l'annalistique en -390, eut plus vraisemblablement lieu en -386. Les nouveaux venus s'approprient des terres en Étrurie et certains groupes celtiques s'installent dans les Apennins, comme en témoigne par exemple le magnifique bronze, dénommé le Mars de Todi, dédié en ex-voto dans un sanctuaire de cette ville par le chef celte Ahal Trutitis. La présence de Celtes en Étrurie padane est, quant à elle, mieux établie puisque Denys de Syracuse signe avec eux des traités d'alliance et obtient la cession de certains points fortifiés sur la côte adriatique au nord d'Adria.

• La fin de l'indépendance des cités étrusques

Plus d'un siècle sera encore nécessaire à Rome pour tenir l'ensemble de l'Étrurie sous sa coupe, et le manque d'union entre les cités est un facteur important de sa réussite. Caere, par exemple, peut-être en raison de sa proximité avec la ville de Romulus, a préféré jouer la carte de l'alliance. Cette entente entre les deux villes est si étroite qu'au moment de la prise de Rome par Brennus et ses Gaulois, Caere accueille les Vestales et les *sacra* romains. Les nobles de Caere reçoivent en récompense un droit de citoyenneté romaine partiel. Il faut dire que les raids syracusains et le pillage du sanctuaire de Pyrgi poussent les Cérites à rechercher le soutien d'un puissant allié.

Tarquinia, en revanche, se sentant menacée, se ligue avec quelques cités voisines contre Rome qui s'était assuré les points de passage de Sutrium et de Nepete, manifestant ainsi des visées sur l'intérieur de la Toscane. Mais son action se solde par un échec en -382. L'offensive reprend à l'initiative des Tarquiniens, aidés seulement des habitants de Faléries et, pendant quelque temps, de ceux de Caere, en -358. Les autres cités, Vulci, Volsinii ou Chiusi, refusent de participer. **La guerre, qui dure sept ans, se révèle l'une des plus cruelles de l'époque.** Ainsi, en -358, Rome semble battue et Tarquinia se livre à un gigantesque sacrifice humain sur le forum de sa capitale en mettant à mort trois cent sept prisonniers romains (un de plus que les trois cent six Fabii exécutés au début du conflit entre Veies et Rome). L'acte revêt, certes, un caractère religieux, mais est d'autant plus cruellement ressenti par les Romains que leur armée est placée sous la conduite d'un Fabius. La vengeance attendra cinq ans, quand Rome, vainqueur à son tour, exécute trois cent cinquante-huit captifs tarquiniens sur son propre forum. C'est donc par un désastre que se termine ce conflit pour la grande cité étrusque, dont le territoire est ravagé. Rome lui octroie une trêve de quarante ans. Caere est punie pour sa défection passagère : elle doit payer un tribut, fournir des hommes à Rome et accepter une administration romaine. C'en est fini de son indépendance.

Pendant cette guerre atroce, du côté de Tarquinia, nous retrouvons le nom d'un membre de la famille Spurinna, Aulus, fils de Vel} us, qui, selon un des *elogia* retrouvés sur le forum de la ville, semble avoir participé aux combats. De même, le fameux général Vel Saties, de Vulci (tombe François), qui vécut à cette époque, semble bien avoir remporté un triomphe au cours du conflit, sans doute au début, ce qui pourrait signifier que les Vulciens auraient quand même offert à Tarquinia l'appui de leurs troupes. Mais nous devons nous contenter ici d'hypothèses.

Pendant quelques décennies, le calme règne à peu près, mis à part quelques révoltes locales dont nous savons peu de choses. La dernière phase de l'affrontement débute en -311. Plusieurs cités coalisées (Volsinii, Cortone, Pérouse, Tarquinia et même les Falisques) tentent de reprendre aux Romains la ville de Sutrium, devenue colonie romaine. L'échec est cuisant : soixante mille tués. Une autre bataille, qui aurait été livrée au lac Vadimon et jusque sous les remparts de Pérouse, aurait connu un aussi lourd échec. Survient alors un allié de poids : le général samnite Gellius Egnatius qui arrive en Étrurie à la tête d'une armée en quête d'une alliance avec Volsinii et Chiusi. Il faut rappeler qu'à la même époque se déroulent les guerres samnites qui ont laissé aux Romains quelques cuisants revers (les Fourches Caudines, par exemple). Aux Étrusques et aux Samnites, se joignent les Ombriens, les Sabins et les Celtes. **Plusieurs affrontements en divers points se soldent par de lourds échecs pour la**

coalition jusqu'au choc ultime, en -295, à Sentinum, en territoire celtique (dans les Marches) qui consacre la puissance romaine. On compte jusqu'à cent mille morts (Tite-Live, X, 32, 1, et Diodore, XXI, 6, 1). D'autres combats perdus obligent, en -294, Volsinii, Pérouse et Arezzo à accepter le joug romain et, en -293, c'est au tour de Falériens de se soumettre. Roselle est anéantie.

Dix ans plus tard, à la faveur des difficultés rencontrées par les Romains en Lucanie et au Bruttium, la coalition renaît, plus active, dans le sud de l'Étrurie. Mais Rome en vient à bout une nouvelle fois grâce à Quintus Marcius Philippus (en -281) et à Tibérius Coruncanius, en -280, qui célèbre son triomphe sur les cités de Volsinii et de Vulci. Les villes sont contraintes à la reddition les unes après les autres, non sans quelques soubresauts. Généralement, les aristocrates comprennent que leur intérêt économique et politique réside dans une allégeance à Rome. Dans le nord et le centre de l'Étrurie, Rome se contente de s'approprier les richesses et d'affirmer sa domination par des traités, sans toucher au territoire. Pour les cités maritimes comme Tarquinia, Vulci ou Roselle, il en va autrement : fondation de colonies et confiscation de la moitié des terres sont souvent le prix à payer pour signer une entente. Il est vrai que la rupture du traité entre Rome et Carthage impose aux Romains de se protéger par l'installation de colonies sur la côte de la mer Tyrrhénienne.

La dernière ville à tomber aux mains des Romains est Volsinii, en -265. Le cœur religieux de l'Étrurie (siège du *fanum Voltumnae*). Protégée de bons remparts, la ville ne manquait pas d'atouts pour survivre, mais une révolte de la plèbe qui réclamait une redistribution de la propriété agraire pousse les classes aristocratiques à faire appel à Rome. De ce moment date la célèbre prophétie de Vegoia sur le bornage des champs (cf. les prophètes, chap. 6). Les Romains établissent alors devant la ville un siège long et difficile. Enfin prise, Volsinii est saccagée, les révoltés exécutés et la population déplacée sur les rives du lac Bolsena où une ville nouvelle est édifiée. Le vainqueur, Marcus Fulvius Flaccus, ne manque pas de se faire représenter en triomphateur, à Rome, dans le temple de Vertumnus (l'équivalent latin du dieu fédéral étrusque Voltumna), sur l'Aventin.

L'exemple de Volsinii montre qu'au-delà des luttes pour l'indépendance, l'Étrurie a connu, simultanément, des révoltes internes à caractère politique et social. La présence romaine a donc coïncidé pour elle avec une période de profonds bouleversements. D'autre part, ces luttes grandement meurtrières la laissent exsangue ; les terres sont dévastées. Mis à part quelques révoltes locales et ponctuelles, elle ne peut que se laisser passivement intégrer par la puissance romaine.

• L'intégration

Il fallut laisser aux cités étrusques meurtries le temps d'une longue convalescence. On peut considérer **qu'elles retrouvèrent leur équilibre au début du IIe siècle avant notre ère**, après les troubles provoqués par les révoltes serviles (la dernière, en Étrurie, date de -196), et le scandale des Bacchanales (-186). Mais, à cette époque, la romanisation avait déjà fait son œuvre : lente réorganisation des territoires dans le respect de la religion et des coutumes locales, ouverture de voies de communication pour permettre la circulation des armées et des commerçants, installation de colons facilitant l'assimilation des règles administratives...

L'intégration n'est pas brutale, mais progressive. On le constate par exemple en ce qui concerne la langue : l'étrusque reste parlé un peu partout pendant plus d'un siècle et les cités passent les unes après les autres au latin entre la fin du IIe siècle et le cours du Ier, quand ce n'est pas au début de notre ère, comme à Volterra. Les coutumes funéraires, elles, ne se romanisent qu'au début de l'Empire. Dans le même temps, nous savons que certaines spécificités de la vie étrusque, notamment dans le domaine religieux, seront adoptées par la société romaine et perdureront plusieurs siècles (cf. prêtres et haruspices, chap. 6).

Dès le courant du IIIe siècle, la richesse de l'Étrurie, notamment agricole, a repris le dessus. Le pays est amené (sans doute sous la contrainte) à soutenir l'effort de guerre des Romains, par exemple lorsque Rome prépare, en -205, l'expédition de Scipion en Afrique : cette aide ne consista pas en hommes, mais en matériels. Les terres, divisées en latifundia, sont la propriété des riches qui y emploient, au IIe siècle, de véritables légions d'esclaves. On connaît le constat réprobateur de Tibérius Gracchus qui, ayant traversé l'Étrurie, s'était étonné d'avoir vu les campagnes désertes. Non pas désertées puisque cultivées par les seuls esclaves, mais désertes de petits paysans libres, d'où sa proposition de réforme agraire.

L'intégration est totalement réalisée après la guerre sociale (de -90 à -88), quand les peuples alliés (*socii*) obtiennent ce pour quoi ils se sont battus : le droit de citoyenneté romaine, c'est-à-dire l'égalité des droits entre eux et les citoyens romains. Même si, pour l'Étrurie, le détail du processus reste complexe, il n'en demeure pas moins qu'au lendemain de l'octroi de cette citoyenneté, l'Étrurie est romaine et son territoire divisé en six tribus rurales. L'histoire interne de l'Étrurie, à partir de cette date, se confond avec celle de Rome : par exemple le combat que Catilina mène, depuis le territoire étrusque, contre le pouvoir romain, ou la guerre de Pérouse qui oppose Octave et Antoine (en -41/-40).

Cette situation nouvelle n'empêchera jamais l'Étrurie de **représenter, pour les Romains, un modèle culturel et la référence d'une civilisation raffinée** qui leur inspirera toujours le respect et l'admiration dus à un illustre parent.

CHRONOLOGIE

(Sont signalés entre [ ] quelques événements majeurs qui n'impliquent pas directement les Étrusques)

. *Les prémices*

IIIe millénaire-XVIIe siècle : Bronze ancien
XVIe-XIVe siècle : Bronze moyen. Civilisation apenninienne et début des influences mycéniennes
XIIIe siècle : époque de la migration légendaire du Lydien Tyrrhénos
XIIIe-XIIe siècle : Bronze récent. Progression des influences mycéniennes
XIIe-Xe siècle : protovillanovien. Diffusion de l'incinération
Début du comput des siècles étrusques au XIe siècle

. *Le développement de l'Étrurie*

IXe/VIIIe **siècle : période villanovienne**. Début des cultures de l'âge du fer
[814 : fondation de Carthage
Début de la colonisation grecque en Italie et en Sicile :
775 : fondation de Pithécusses (à Ischia)
753 : fondation de Rome

750 : fondation de Cumes
730 : fondation de Syracuse
710 : fondation de Sybaris, de Crotone et de Tarente]

. L'apogée

VIIe-VIe siècle : l'apogée de la civilisation étrusque
VIIe siècle : expansion étrusque en Italie centrale (fondation d'Arezzo, Pérouse, Cortone)
VIIe-début VIe siècle : période dite orientalisante.
Alliance des Etrusques et des Carthaginois : thalassocratie (Méditerranée occidentale)
616-509 : règne des rois étrusques à Rome :
616-578 : règne de Tarquin l'Ancien
578-534 : règne de Servius Tullius
534-509 : règne de Tarquin le Superbe
VIe siècle : expansion étrusque en Campanie et dans le nord de l'Étrurie (?)
560 : après la fondation de Marseille (600), les Phocéens s'installent en Corse
550 : alliance étrusco-carthaginoise contre les Grecs
540/535 : victoire navale sur les Phocéens (Alalia, en Corse)
524 : fondation de Marzabotto et de Spina
victoire d'Aristodème de Cumes sur les Étrusques (et certains peuples italiques) (?)
510 : destruction de Sybaris par Crotone
510-500 : apogée du travail de Vulca, coroplathe à Veies (temple d'Apollon)
509 : date légendaire de l'expulsion des rois par les Romains (révolte de Brutus)
508-506 : Porsenna, roi de Chiusi, occupe Rome
506 : les Romains défont les Étrusques à Aricie (?)
504 : victoire d'Aristodème de Cumes et des Latins sur un fils de Porsenna à Aricia
499 : victoire de Rome sur les Latins au lac Régille

. Les revers

Ve siècle : le repli des Étrusques sur leur territoire originel
[480 : victoire des Grecs sur les Carthaginois à Himère et sur les Perses à Salamine]

477 : premiers conflits entre Veies et Rome (?)
474 : défaite navale des Etrusques devant Cumes contre la coalition grecque (menée par Gélon de Syracuse)
426 : Rome s'empare de Fidènes
423 : prise de Capoue par les Samnites (fin de l'Empire étrusque en Campanie)
[414-412 : conflit entre Grecs et Carthaginois en Sicile]
406 : début du siège de Veies par les Romains
vers 400 : début des invasions gauloises en Italie (?)

. *La perte de l'autonomie*

IVe-début IIIe siècle : conquête romaine de l'Étrurie
396 : prise de Veies par les Romains. Les Gaulois s'emparent de Melpum (= Milan)
390/388 : les Gaulois assiègent et incendient Rome
386 : alliance de Rome et de Caere
384-383 : raid de Denys de Syracuse contre Caere
383 : prise de Sutri par les Romains
358 : début de la guerre entre Rome et Tarquinia (alliée à d'autres cités) : victoire de Tarquinia
353 : victoire de Rome sur Caere
351 : victoire de Rome sur Tarquinia
prise de Felsina par les Gaulois. Début de la formation de la Gaule cisalpine
[321 : défaite de Rome contre les Samnites : épisode des Fourches Caudines]
310 : conquête de l'Étrurie intérieure (Arezzo, Cortone, Pérouse) au-delà de la forêt ciminienne
308 : soumission de Tarquinia (qui signe une trêve de 40 ans)
301 : soulèvement contre les Cilnii (à Arezzo)
295 : défaite des Etrusques, des Gaulois et des Samnites face à Rome, à Sentinum.
Soumission de Volsinii, Arezzo, Pérouse
293 : soumission des Falisques
283 : défaite des Étrusques et des Boïens contre Rome (au lac Vadimon)
280 : traité d'alliance de Rome avec Volsinii, Arezzo, Pérouse, Vulci, Roselle, Vetulonia, Populonia
273 : annexion par Rome du territoire de Vulci
265 : prise et destruction de Volsinii (transfert de la population)

. *L'intégration à l'Empire romain*

Fin IIIe siècle : la romanisation de l'Étrurie

[264-241 : première guerre punique]

245 (?) : fondation de la colonie romaine de Pyrgi (ou 300 ?)

241 : destruction de Faléries. **Construction des viae Aurelia et Amerina**

225 : victoire à Télamon des alliés romains et étrusques sur les Gaulois
Construction de la via Clodia

[218-201 : deuxième guerre punique]

205 : les Etrusques contribuent à l'expédition de Scipion contre Carthage

196 : révolte des esclaves en Étrurie

189 : fondation de la colonie latine de Bologne

183 : fondation des colonies romaines de Parme et de Modène

181 : fondation des colonies romaines de Graviscae et Saturnia

177 : fondation de la colonie romaine de Luni et de la colonie latine de Lucques

154 (ou 125) : **construction de la via Cassia**

133-121 : réformes agraires des Gracques, qui ne touchent pas au territoire étrusque

91 : marche sur Rome des Etrusques hostiles aux lois de M. Livius Drusus

88 : à l'issue de la guerre sociale, les villes étrusques reçoivent le droit de cité romaine

82 : Sylla sanctionne Arezzo et Volterra par des confiscations de territoire après la guerre civile (les Etrusques s'étaient rangés derrière Marius)

42 : guerre de Pérouse : pendant la guerre civile opposant Antoine et Octave, la ville est tenue par les hommes du premier, et détruite par ceux du second

40 : l'Étrurie devient la VIIe région romaine

II

LE TERRITOIRE DES ÉTRUSQUES

De quelle Étrurie parle-t-on ? Les témoignages des Anciens, grecs et romains, nous ont transmis l'image d'un pays fort, envisagé dans sa globalité territoriale, et à la tête d'un empire qui force le respect des autres peuples antiques. Caton, déjà, tranchait péremptoirement : « presque toute l'Italie était sous l'autorité des Étrusques » (Servius, *ad Aen.*, XI, 567). Thucydide, d'après Denys d'Halicarnasse (I, 25), notait : « Le nom de Tyrrhénie était alors célèbre par toute la Grèce, et l'Italie occidentale, tout entière dépossédée des appellations génériques de peuples qui la composaient, reçut ce nom ». Tite-Live écrit que « le renom de l'Étrurie remplissait terres et mers d'un bout à l'autre de l'Italie » (I, 2), et justifie ailleurs cette puissance par le fait que les deux mers qui bordent l'Italie lui doivent leur nom : « les Italiens appellent l'une la mer toscane (= tyrrhénienne), l'autre la mer Hadriatique, du nom d'Hatria (= Adria), colonie des Étrusques »... (V, 33).

Cette Étrurie-là existe-t-elle ? Certainement dans le regard des étrangers qui la considéraient globalement et qui restaient impressionnés de son histoire glorieuse. Certainement encore dans l'esprit d'Auguste qui, en -27, désigne sous le nom d'*Etruria* la septième région administrative de l'Italie. Mais cette Étrurie-là ne correspond à aucune réalité politique. **Il n'y eut jamais d'État étrusque, ni, d'ailleurs, d'Empire étrusque qui eût supposé l'existence d'un territoire dominé et administré par un État centralisé**. L'Étrurie est une confédération de douze cités-États indépendants (et souvent rivaux), à l'image de ce que furent les cités grecques. Peut-être les Étrusques avaient-ils néanmoins la conviction d'appartenir à une même entité ethnique, puisqu'ils se réunissaient chaque année dans le sanctuaire fédéral de Voltumna pour élire un *rex* ou un *praetor Etruriae* dont l'autorité devait être plus religieuse que politique. Même si les représentants des cités rivalisaient âprement pour obtenir cette haute distinction (ce qui laisse supposer qu'un certain pouvoir s'ajoutait au prestige de la fonction), il apparaît que le « chef » de l'Étrurie symbolisait surtout **la conscience d'appartenir à un même peuple** et ne traduisait pas une allégeance des autres cités à celle de l'élu pour l'année.

Si l'on veut délimiter le territoire étrusque, ce n'est donc pas d'un point de vue politique qu'il faut se placer, mais bien en considérant la culture et la civilisation. **Partout où, en Italie, est pratiquée la langue étrusque, partout où l'archéologie a fourni le témoignage de l'art et des modes de vie étrusques, il est possible de dire que nous sommes en terre étrusque.** Tel est bien le cas de l'Étrurie centrale, et de ses deux prolongements, l'un au sud, en Campanie, l'autre au nord, sur la rive droite du Pô et, sur la rive gauche, jusqu'à Mantoue. On pourrait y ajouter des implantations en Corse et dans les îles Lipari. Mais tous ces appendices, même s'ils furent parfois importants (comme en Campanie), n'eurent qu'une subsistance plus ou moins longue dans le temps et furent généralement imprégnés plus ou moins fortement de leur contexte (par exemple par les Grecs du sud de l'Italie). C'est pourquoi le principal territoire des Étrusques reste l'Étrurie centrale, que nous appellerons aussi « Étrurie intérieure ».

Celle-ci ne correspond pas à la région actuelle de Toscane qui inclut le nord de l'Arno, comme d'ailleurs la *Regio* délimitée par Auguste, mais exclut l'est de l'ancienne Étrurie (Pérouse se situe désormais en Ombrie), et surtout le sud, du lac Bolsena à Rome. Or, cette dernière région constitue précisément le cœur de l'ancienne terre étrusque. Pour en tracer rapidement les contours, on peut la dire circonscrite au nord par l'Arno, à l'est par le lac Trasimène et les marches de l'Ombrie, et, au sud, par le Tibre qui marquait sa frontière avec Rome et les cités latines. Sans qu'il soit possible de parler d'unité, autre que culturelle et linguistique, au sein de ces limites.

LE PAYSAGE

Il n'est plus douteux que le pays a façonné les hommes à son image. La beauté luxuriante des cités du sud se devine dans le sourire serein des sarcophages ; les gestes gracieusement expressifs des personnages peints des tombes de Tarquinia épousent la souple rondeur des collines ; les couleurs qui éclatent sur les murs emportent jusque dans le monde des morts la magnificence harmonieuse des paysages multicolores, témoins de la richesse agricole dont les Anciens se sont plu à proclamer la splendeur. L'art figuré traduit l'empathie avec le monde d'un Sud ouvert sur l'extérieur par ses côtes hospitalières. À l'intérieur, le pays des montagnes, plus difficilement accessible, avec ses forêts impénétrables et ses escarpements, s'exprime dans le caractère plus dur, plus renfermé de ses habitants. Au nord, les marécages insalubres de la Maremme expliquent l'habitat plus dispersé et le tempérament plus âpre d'hommes qui durent mériter leur implantation au prix d'un effort sans cesse renouvelé pour assainir et fertiliser leur terre.

Car le pays étrusque est étonnamment varié, diversement riche, mais point uniformément facile à domestiquer. **L'Étrurie est d'abord un pays de collines et d'eau.** Et de montagnes, sur une bonne moitié du territoire, à l'est. On compte à peine 10% de plaines, le reste étant dévolu au moutonnement des collines, principalement de grès, de calcaire et d'argile vers le nord, de tuf volcanique et de lave au sud, partout entrecoupées de vallées et de profondes ravines. C'est pourquoi les hommes n'éprouvèrent aucun mal à **édifier leurs centres urbains sur des hauteurs et des promontoires**, et, dans les régions maritimes, toujours à plusieurs kilomètres à l'intérieur des terres, afin d'assurer leur sécurité, n'abandonnant aux pirates et envahisseurs éventuels que leurs installations portuaires.

Les cités fortifiées dominent généralement un cours d'eau qui sert aussi de principale voie de communication. En fait, deux fleuves importants encadrent à peu près le territoire étrusque : le Tibre et l'Arno. Deux rivières, la Paglia et la Chiana (dont la vallée constitue une voie de pénétration très usitée), forment deux affluents du Tibre. Les autres cours d'eau, plutôt modestes, comme la Cecina (près de Volterra), la Bruna (à Vetulonia), l'Ombrone, la Fiora ou la Marta (qui arrosent respectivement les terres de Roselle, Vulci et Tarquinia), descendent des collines et se jettent dans la mer. De nombreux lacs ponctuent encore le pays, tels ceux de Bolsena et de Bracciano qui occupent les cratères d'anciens volcans.

Il faut considérer que le paysage antique était beaucoup plus boisé qu'il ne l'est aujourd'hui, et le climat plus humide. La richesse en bois était telle que l'Étrurie constitua pour Rome une réserve longtemps inépuisée. Les bois étrusques étaient réputés pour la construction de bateaux et les villes de Volterra, Chiusi et Pérouse suffirent à fournir les arbres nécessaires à la construction de la flotte romaine pendant la seconde guerre punique. Déjà, en -310, les forêts du mont Ciminius étaient jugées aussi denses et impénétrables que le seront plus tard les forêts de Germanie pour l'armée romaine (Tite-Live, IX, 35-36). Par la suite, la marine romaine fut d'ailleurs basée à Luna, jugée plus proche de la matière première étrusque et ligure nécessaire à la construction et aux réparations. À haute époque, les Toscans livraient aux Carthaginois les sapins du nord des Apennins, et Théophraste vantait la qualité des hêtres étrusques.

Dès que l'on descend dans les vallées qui s'étagent jusqu'au fleuve, dans cette région du haut Tibre, par exemple, ce ne sont que bosquets qui coiffent les terres à blé au sol compact et aux mottes grasses, les prairies « émaillées de fleurs »... dont « l'heureuse disposition... réjouit le regard ». Pline le Jeune (*Lettres*, V, 6, 7-13), qui possède dans ce cadre enchanteur une superbe villa, ne se lasse pas de parcourir des yeux cet ensemble harmonieusement composé, ce **« tableau d'une grande beauté »** :

« Représentez-vous un immense amphithéâtre, tel que la nature seule peut en faire. Une plaine largement ouverte et spacieuse est ceinte de montagnes qui portent à leur sommet de hautes futaies antiques ; le gibier y est abondant et varié. D'en haut les taillis descendent avec les pentes. Là, au milieu, de grasses collines couvertes d'une couche de bonne terre ne le cèdent pas en fertilité aux champs situés dans les plaines les plus unies, et la plus riche moisson y mûrit plus tard, il est vrai, mais non moins bien. »

Sur la côte, la situation est moins riante. Pline le Jeune, dans la même lettre, note : « l'air est mauvais et chargé de miasmes dans la partie de la côte qui forme immédiatement le rivage ». **Depuis l'époque de la conquête romaine, la malaria s'est progressivement installée.** Caton en signale déjà la présence dans la région de Tarquinia. Au nord, la Maremme est réputée pour son insalubrité et il fallut toute la science et l'ingéniosité des agronomes et hydrauliciens étrusques pour drainer les terres et rendre l'air respirable. Cela vaut pour la plus grande partie de l'Étrurie, et l'on comprend ce que la richesse du paysage doit à la sueur de ses habitants (cf. l'hydraulique, chap. 4). Néanmoins, les zones côtières sont les plus touchées, et quand commence le déclin des cités maritimes, l'insalubrité reprend ses droits, stérilisant les terres. C'est pourquoi la prospérité se déplace vers les cités de l'intérieur, et pourquoi, à l'époque impériale, on pouvait juger Arezzo, Cortone ou Pérouse comme les villes les plus importantes d'Étrurie.

LES DOUZE CITÉS

Les auteurs anciens (Denys d'Halicarnasse, Tite-Live, Servius, *et alii*) parlent, certes, des Étrusques comme d'une entité, mais **évoquent une nation réunissant douze peuples, douze cités.** Le mot est à prendre dans son acception grecque : une cité est un État indépendant, avec sa capitale et son territoire qui réunit autour de la ville un certain nombre de petits centres. Les archéologues ont retrouvé quelques bornes inscrites (*tular*, en étrusque) qui ont servi à délimiter les cités et qui montrent l'importance de la notion de frontière dans l'esprit étrusque. Une notion tout aussi importante dans la mentalité des Romains, qui l'ont peut-être héritée de leurs voisins toscans.

Cependant, il est évident que ces cités ne sont pas nées ainsi définies une fois pour toutes à l'aube de l'époque villanovienne. **Elles se sont constituées plus ou moins rapidement et leur tracé a pu fluctuer au cours des siècles.** Il n'est pas rare que certains centres assez importants (comme Murlo), situés à la frontière de plusieurs cités, aient gardé longtemps leur autonomie avant de se ranger sous l'autorité d'une capitale plus importante. Certaines cités ont pu aussi se disputer des petits centres (par exemple miniers) prospères qui ont appartenu tantôt à l'une, tantôt à l'autre cité (ce fut notamment le cas de la limite entre Caere et Tarquinia, qui fut modifiée à plusieurs reprises). Enfin, pour des raisons simples et multiples dues à l'évolution historique et économique de chaque peuple, il est clair que les cités dominantes aux VIIe et VIe siècles ne sont pas celles qui seront les plus puissantes trois siècles plus tard (cf. formation et évolution des cités, chap. 3).

La superficie et la densité de la population de ces territoires sont diverses. P. Brunt a pu établir que **la population globale de l'Étrurie au IIIe siècle, devait atteindre environ 275 000 personnes** (il s'agit des hommes libres), et il estime que le nombre d'habitants des villes les plus grandes (Veies, Caere ou Tarquinia) n'a jamais dû dépasser 30 000. Ces chiffres, modestes relativement à la superficie totale de l'Étrurie, montrent que la puissance des Étrusques tient moins à leur nombre qu'à leur degré de civilisation.

LE TERRITOIRE DES ÉTRUSQUES

Il reste à tenter de dresser la liste des douze cités à un moment donné de l'histoire de l'Étrurie, par exemple à l'époque orientalisante, particulièrement florissante. Il apparaît rapidement qu'il y a plus de candidates que de places ! Ce qui conduit à s'interroger sur le nombre douze : ne s'agirait-il pas, en fait, d'un nombre symbolique, par exemple pour calquer la ligue étrusque (qui dura sans doute quatre ou cinq siècles) sur la ligue ionienne et sa dodécapole ? À moins qu'il faille établir un rapport entre le nombre de cités et celui des mois de l'année ? Mais que savons-nous du calendrier étrusque ? (cf. le calendrier, chap 5). Toute hypothèse, y compris en rapport avec des données religieuses, reste invérifiable. Ce qui est sûr, c'est que la constitution de chaque cité correspond à un effort d'urbanisation de sa capitale qui affirme ainsi son ascendant sur le territoire qu'elle prétend dominer, confortant le pouvoir de sa classe dirigeante.

Les principales cités, à commencer par les plus importantes et les plus anciennes, sont : Tarquinia, Caere, Veies, Vulci, Volsinii, Chiusi, Volterra, Vetulonia, Populonia, Cortone, Arezzo, Pérouse. Cette dernière, cependant, se situe en territoire ombrien, même si son caractère étrusque est indéniable. Peut-être faut-il ajouter Roselle, proche de Vetulonia, et qui a pris son essor quand sa voisine a décliné. À moins qu'elle lui ait succédé ? D'autres sont importantes, comme Fiesole, mais certains historiens se refusent à l'ajouter à la liste.

Avec l'évolution du territoire sur la domination romaine, il n'y a donc rien d'étonnant à ce que la liste des cités de l'ancienne ligue étrusque ait été remaniée et que leur nombre soit passé de douze à quinze.

LES CITÉS DE L'ÉTRURIE MÉRIDIONALE

C'est dans le Sud que bat le cœur ancien et traditionnel de l'Étrurie. Là s'étagent, au nord du Tibre, les quatre cités ancestrales qui ont façonné la civilisation étrusque dans ce qu'elle contient de subtil et de grand. Elles ont forgé le nom étrusque et insufflé à la nation ses rêves de puissance et de gloire : Tarquinia, Caere, Veies et Vulci. Plus à l'intérieur, et dans un deuxième temps, Volsinii a concrétisé cette ambition en consacrant au dieu Voltumna un sanctuaire fédéral, comme une promesse d'unité impossible à réaliser.

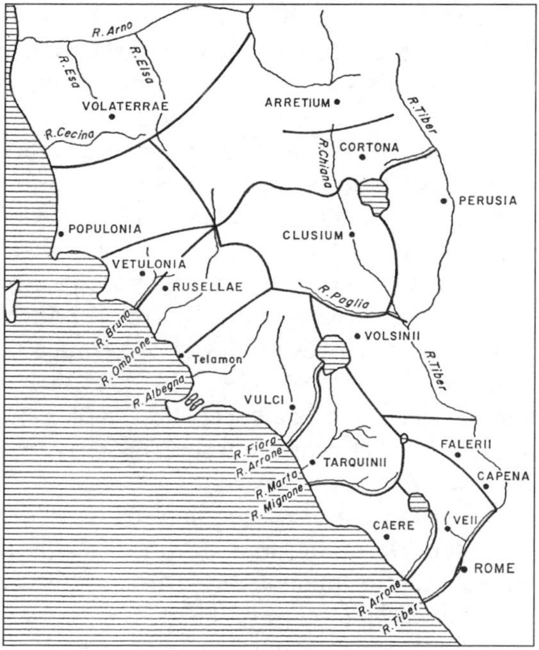

Les limites territoriales des cités étrusques

TARQUINIA

Tarquinia est la cité la plus importante de l'Étrurie, considérée par les Étrusques comme **le foyer originel de leur nation.** Son nom, Tarc(u)na/Tarcnal (en latin Tarquinii), pourrait correspondre à un pluriel qui désignerait les multiples habitats des origines. **La cité est une des plus anciennes, et sans doute la pionnière des relations commerciales et culturelles avec la Grèce.** Sa réputation se fonde sur son rayonnement artistique, économique et religieux.

Nous lui connaissons deux héros fondateurs, Tarchon, selon Hérodote, et Tagès, l'enfant à l'apparence d'un vieillard, tout droit jailli d'un sillon pour révéler aux habitants de cette terre la *disciplina etrusca* (d'après Cicéron, *De Divinatione*, II, 23 ; cf. les prophètes, chap. 6).

La région est riche et la prospérité déjà grande à l'époque villanovienne. Les travaux de la fondation Lerici ont permis la découverte de plus de six mille tombes dont certaines renferment les plus beaux spécimens de la peinture antique.

Si les limites du territoire sont assez clairement définies au nord et au sud, elles sont moins nettes à l'est et au sud-est : des conflits avec la cité de Caere pour le contrôle des richesses minières des monts de la Tolfa expliquent cette fluctuation de la frontière, certains centres ruraux tarquiniens au VIIIe siècle passant à Caere du VIIe au Ve siècle avant de revenir à Tarquinia au IVe siècle.

La destinée prospère de la cité se confirme avec **la fondation du port de Gravisca à la fin du VIIe siècle**, qui consacre son ouverture sur le monde grec. Les marchands ioniens affluent, ainsi que des réfugiés politiques, comme Démarate, parti de Corinthe pour fuir la révolution des Cypsélides (en -657) et qui est, légendairement, le père du premier roi étrusque de Rome, Tarquin l'Ancien (cf. Les Étrusques à Rome, chap. 1). Les immigrés ont érigé à Gravisca un sanctuaire à Héra et à Aphrodite (vers -570), et une dédicace à Apollon, rédigée en dialecte d'Égine, constitue la plus ancienne inscription grecque sur le sol étrusque, attestant la présence grecque en ce lieu à haute époque.

Cette prospérité nouvelle provoque une soif de domination qui pousse la cité à étendre son autorité sur un territoire assez vaste, englobant plusieurs centres mineurs (Acquarossa, Tuscania, etc.) et formant une véritable *chora*, comme les cités grecques, dominée par une ville puissante. Les maigres restes de la ville montrent qu'à l'intérieur des remparts, les rues semblent avoir été tracées selon le plan en damier, conformément au rite de fondation étrusque. Et la ville conservera toujours son prestige, même après la conquête romaine, comme le montrent les *elogia* du Ier siècle, découverts au forum (cf. La littérature profane, chap. 7).

On peut considérer que l'unification du territoire est la conséquence de l'ouverture du port franc de Gravisca et de la richesse du port dont résulte celle de l'aristocratie de la ville. **C'est donc de la mer que vient cette première phase de la prospérité de Tarquinia** (sur l'évolution de la cité et ses conflits avec Rome, cf. le déclin et la romanisation, chap. 1).

CAERE

Caere constitue, avec Tarquinia, **la cité la mieux connue et l'une des toutes premières par son importance**. La capitale se dresse sur une colline de tuf, à une douzaine de kilomètres de la côte et à 45 km au nord de Rome.

Les Grecs la nommaient Agylla, et la présence d'un trésor des Cérites à Delphes suffit à prouver l'étroitesse de ses relations avec le monde grec. La ville, en étrusque, se nomme Zaire, Zeri, Zisra, Ceisra..., et s'étend sur une superficie de 170 ha. Le site est occupé depuis l'époque villanovienne (IXe siècle) et **doit son essor au commerce avec les Phéniciens et les Grecs dès le VIIe siècle.** À la fin du IVe siècle, sa population est estimée à vingt-cinq mille habitants.

Le territoire de Caere jouxte celui de Tarquinia au nord, et la frontière a pu être légèrement déplacée au cours des siècles en raison de la rivalité entre les deux cités pour les richesses des monts de la Tolfa (alun et métaux), celui de Veies et des Falisques au sud-est. La rivalité avec Veies s'attise surtout au Ve siècle à cause des salines exploitées près de l'embouchure du Tibre, les seules de la région pendant longtemps, et sources d'un revenu important. Caere préfère même s'allier avec Rome contre Veies, puis plus tard, contre Tarquinia, pour servir ses intérêts commerciaux.

De fait, **Caere est surtout une cité maritime**, et qui doit sa prospérité à la protection de son accès au commerce par mer. Elle possédait vraisemblablement des comptoirs en Corse et l'on sait la part qu'elle prit à la bataille d'Alalia, en -540 (cf. l'apogée, chap.1). Les temples de Pyrgi (cf. ci-dessous) et les lamelles d'or qu'on y a retrouvées (cf. Les lamelles d'or de Pyrgi, chap. 7) témoignent également de **ses rapports avec les Carthaginois**. C'est d'ailleurs en raison des traités et des liens qui unissent Caere aux Puniques que Denys de Syracuse fit de cette cité sa cible en -384 (sur ses rapports avec Rome, cf. le déclin et la romanisation, chap. 1)

Les nécropoles ont livré des tombes qui comptent parmi les plus belles du monde étrusque. On y voit d'immenses tombes à chambre, recouvertes d'un tumulus, et qui ont remplacé les tombes à fosse dès le VIIe siècle. Les plus célèbres, comportant les peintures les plus anciennes sont la tombe des Animaux peints, celle des Lions peints, celle des Boucliers, celle des Chapiteaux (ces deux dernières datent du VIe siècle). Le IVe siècle nous livre quelques grandes tombes gentilices, comme celle des Reliefs. La tombe Regolini-Galassi, qui abrita les restes d'une femme de la haute société, est l'une des plus riches et l'on connaît le trésor qui y fut découvert.

- Pyrgi

Des trois ports de Caere, Pyrgi (qui signifie « les tours »), Alsium et Punicum, le premier est le plus remarquable. Une magnifique voie en terre battue, large de 10 m et longue de 13 km, le reliait à la capitale de la cité. Poumon économique principal de Caere, il continua d'assurer sa fonction après le pillage de Denys (en -384), puis quand il devient colonie romaine (au IIIe siècle avant notre ère), et encore après les épidémies de malaria qui sévirent entre -190 et -170.

Les fouilles du site ont permis de mettre au jour les restes d'un des plus grands et des plus prestigieux sanctuaires de l'Étrurie méridionale. L'aire sacrée couvrait 6 000 m^2. L'ensemble comprenait deux temples (dénommés A et B) et une aire sacrée (C), sans compter quelques édifices annexes. **C'est dans un puits de l'aire C**, qui constituait un sanctuaire indépendant, **que furent découvertes les célèbres lamelles d'or** (cf. Les lamelles d'or de Pyrgi, chap. 7). Cette aire abritait encore un édifice d'une vingtaine de salles réservées aux prostituées sacrées, et dont parle Servius, d'après Lucilius.

Le plus ancien des deux temples (dénommé B) date de la fin du VIe siècle. De type grec, avec une seule *cella*, quatre colonnes frontales et six latérales, il était richement décoré. Ses frontons évoquaient principalement le mythe d'Héraclès. Le temple A, construit vers -460, apparaissait plus important encore. Son plan adoptait les caractéristiques du temple étrusque et comprenait trois *cellae*. Sa décoration, également polychrome, évoquait les épisodes des Sept contre Thèbes. Le musée étrusque de la villa Giulia, à Rome, présente une reconstitution de ce temple A.

Ce grand sanctuaire était dédié notamment à Uni-Thesan (Leucothée), identifiée à la déesse punique Astarté, comme le prouve la dédicace du temple évoquée sur les lamelles d'or.

Veies

La cité de Veies longe le Tibre jusqu'à la mer sur sa rive droite. Le Janicule en fait donc partie. La ville elle-même se situe à 16 km de Rome. La situation de ce territoire devait susciter les rivalités, tant de la cité voisine de Caere que de Rome. Si le port de Veies reste inconnu, nous savons qu'il dut jouer un rôle important, ne serait-ce qu'en raison de sa proximité avec les marais salants qui ravitaillaient aussi bien le Latium que le pays falisque.

L'archéologie révèle un habitat important à l'époque villanovienne et un effort d'urbanisation dès la fin du VIIIe siècle. **La richesse des temples atteste de celle de la cité : celui de la Piazza d'Armi et celui de Portonaccio datent du VIe siècle**. De ce dernier, nous avons conservé les célèbres sculptures de terre cuite qui représentent la légende d'Apollon de Delphes disputant à Hercule la biche sacrée. Les archéologues ont encore retrouvé trace des remparts (du Vᵉ siècle) et d'un réseau de canaux (ceux qui ont permis aux Romains d'investir la ville). La campagne est également parcourue par les canaux de drainage, signe du savoir-faire des hydrauliciens étrusques (cf. l'hydraulique, chap. 4). Parmi les tombes mises au jour, signalons la célèbre tombe Campana et celle des Canards, qui est la plus ancienne tombe peinte que nous puissions voir.

Tite-Live a relaté **la longue guerre qui opposa Rome à Veies, et le siège de dix ans (de -406 à -396) à l'issue duquel les Romains prirent la ville par la ruse.**

Capène et Faléries

Les populations de Capène et de Faléries sont d'origine italique par la langue, mais culturellement étrusquisées depuis le VIᵉ siècle. Elles se rangèrent d'ailleurs aux côtés des Veies pour lutter contre Rome.

En fait, le territoire de Capène se situe au carrefour des cultures comme l'atteste le sanctuaire de la déesse Féronia (*lucus Feroniae*), déjà florissant au VIIᵉ siècle (mais saccagé par Hannibal en -211), où se rencontrent Latins, Falisques, Sabins et Étrusques.

Faléries, la capitale du territoire falisque (à 55 km de Rome), est un centre économique et artistique très dynamique (son école de céramistes est l'une des plus renommées en Italie centrale au IVᵉ siècle). Dès le VIIᵉ siècle, elle entretient des relations avec la Grèce (un potier grec vient même s'y installer) et la légende, colportée par Caton, veut que la ville ait été une colonie d'Argos. Détruite par Rome en -241, Falerii Veteres est supplantée par une ville nouvelle, située à 5 km, Falerii Novi, où les Romains déportent la population.

Dans les environs de Faléries se trouve Fescennium où se serait développé l'esprit satirique, d'après Horace qui y situe l'origine des vers fescennins (*Épitres*, II, I, 139-146). Cette forme de poésie satirique pourrait être la source du théâtre italien, et notamment étrusque (cf. La littérature profane, chap. 7).

LE TERRITOIRE DES ÉTRUSQUES

VOLSINII

La cité de Volsinii (en étrusque : Velsna/Velsnal ; en latin : Volsinii), est l'une des plus prospères et importantes cités de l'intérieur, même si son sort a beaucoup dépendu de l'évolution des cités côtières comme Vulci et Tarquinia.

Elle est enchâssée entre les territoires de Tarquinia, Vulci, Chiusi et Faleries. Cependant, nous savons peu de choses de son histoire, et tout d'abord de la situation exacte de sa capitale. S'élèverait-elle sur l'emplacement d'Orvieto où les archéologues ont retrouvé les traces d'une ville fortifiée importante entre le VIIe et le IVe siècle ? Les fouilles ont révélé l'existence d'une dizaine de temples, dont celui, fameux, du Belvédère (V^e^/IIIe siècle), et de plusieurs nécropoles qui attestent d'un développement similaire à celui des cités voisines, du moins jusqu'au IIIe siècle. Certains historiens préfèrent situer Volsinii sur le site même de Bolsena (à 20 km), sur la hauteur qui domine la ville romaine où, après la conquête, les Romains édifièrent une nouvelle ville pour y transférer les habitants. Les fouilles témoignent de l'existence d'un site ancien et conviendrait mieux à l'histoire de la déportation de la population.

Volsinii tire aussi son importance de la présence (très probable) sur son territoire du sanctuaire fédéral étrusque, le *fanum Voltumnae*, dont l'existence est attestée entre -434 et -389, et où, chaque année, les représentants des cités se réunissaient pour élire le *rex Etruriae*. À ce jour, il n'a pu être encore localisé.

Volsinii fut la dernière cité à tomber aux mains des Romains, en -265 (cf. le déclin et la romanisation, chap. 1).

VULCI

Vulci, établie sur un plateau qui domine une région de Maremme, est **l'une des villes les plus grandes de l'Étrurie**, et ses ambitions, comme son destin, ont largement dépassé les limites de son territoire.

Elle se nomme Velc, Velcl ou Velci en étrusque, Volcii en latin. Son développement est brillant dès l'époque villanovienne, notamment grâce à ses relations maritimes avec les îles (principalement la Sardaigne). Les importations grecques, dès la fin du VIIIe siècle, trahissent le goût de l'aristocratie locale pour le luxe. **Elle accueille, comme Tarquinia, des artisans et des artistes grecs** (peintres, céramistes). Les immenses nécropoles retrouvées montrent que la période de la plus grande prospérité se situe dès la fin du VIIe siècle jusqu'au Ve. Cet essor est principalement dû à l'édification d'un ou plusieurs ports, malheureusement difficile(s) à situer aujourd'hui.

Au VIIe siècle, la puissance de la ville, dont **la densité de population sera à peu près constante de l'époque villanovienne au Ier siècle de notre ère**, lui permet d'asseoir son autorité sur un vaste territoire et d'inclure nombre d'*oppida* prospères sur lesquels règne une aristocratie puissante. Les terres sont riches et, aux revenus du commerce maritime, Vulci ajoute ceux de l'exploitation agricole. **La défaite de Cumes (-474) accentue encore l'intérêt de Vulci pour l'arrière-pays, jusqu'à la prise de la ville par Rome, en -280**, sous l'autorité de Tibérius Coruncanius, qui enleva aussi Volsinii.

La similitude entre la culture campanienne et celle de Vulci permet de penser que la cité étrusque s'est intéressée très tôt (dès l'époque villanovienne, et aussi aux VIe et Ve siècles) aux cités du Sud ; elle a probablement participé aux affrontements contre les Grecs en -524 et -474. Sur la route du Sud se trouve aussi la ville qui détient le passage du Tibre, Rome. Les peintures de la tombe François (IVe siècle, l'une des plus belles de Vulci, avec par exemple, la tombe des Chars, celle d'Isis, du VIIe siècle, ou celle des Guerriers, du VIe siècle) aident à comprendre quel rôle Vulci a pu jouer dans le destin de Rome (cf. Les Étrusques à Rome, chap. 1).

L'exportation des produits de sa métallurgie de luxe vers le nord montre aussi l'intérêt de Vulci pour l'Étrurie padane et son débouché sur l'Adriatique. Ces offensives commerciales, tant au nord que vers le sud, montrent la puissance d'une cité qui innova souvent dans le domaine artistique. On y trouve, par exemple, un modèle de tombe, dite *a cassone* (VIe/Ve siècle), avec antichambre à ciel ouvert, qui est propre à la région (cf. l'architecture funéraire, chap. 8). En ce sens, Vulci peut apparaître comme la grande rivale de sa voisine, Tarquinia.

LES CITÉS DE L'ÉTRURIE SEPTENTRIONALE

Les cités du nord de l'Étrurie, moins maîtrisées, aux limites souvent floues ou fluctuantes, ouvertes sur les plaines padanes, laissent une impression d'inachèvement. **D'une part, nous trouvons les cités côtières**, dont le débouché maritime a permis un développement plus rapide, mais qui furent plus exposées aux crises internationales. **D'autre part, celles de l'intérieur, montagneuses, moins accessibles**, qui ont dû attendre un peu plus longtemps que leurs voisines la pénétration jusqu'à leurs villes des richesses gréco-orientales. En revanche, elles se montrèrent moins directement sensibles aux fluctuations de l'histoire. Si Chiusi a connu, la première, une prospérité favorisée par la route de la vallée de la Chiana, d'autres, comme Cortone, Pérouse ou Arezzo, ne s'épanouirent pas avant quelques siècles, même si toutes avaient déjà connu un important développement à l'époque villanovienne.

Roselle

La ville de Rusellae (en latin, le nom étrusque reste inconnu) domine la vallée de l'Ombrone dont elle contrôle le trafic. Les frontières de son territoire, qui jouxte les cités de Vulci, de Chiusi et de Vetulonia, restent mal définies. La capitale elle-même n'est connue des archéologues que depuis une cinquantaine d'années. Les fouilles ont révélé les vestiges d'un habitat qui remonte au VIIe siècle, et montré qu'à partir de la fin du VIe siècle, les maisons sont édifiées en briques crues sur une assise de pierres sèches.

La première période de la prospérité de Roselle remonte au VIe siècle et coïncide avec le déclin de Vetulonia, dont elle est sans doute la cause. Ses artisans céramistes et métallurgistes sont réputés, mais la cité fonde son essor également sur les revenus de la terre et sur le contrôle du trafic sur le fleuve. La richesse terrienne permet à **certains seigneurs locaux, comme ceux de Murlo** (aux confins des territoires de Roselle et de Chiusi), **de conserver leur autonomie jusqu'à la fin du VIe siècle.**

Vetulonia

De son nom étrusque Vatluna/Vetluna (en latin : Vetulonia/Vetulonii), la ville se dresse sur un promontoire qui domine le lac Prelius de ses 300 m, à une quinzaine de kilomètres de la mer. Occupée dès l'époque villanovienne, **elle a livré des joyaux du travail du métal qui fit sa renommée** : les mines de cuivre voisines de Massa Maritima y sont pour beaucoup, et l'or et l'argent importés inspirent aux artisans **des modèles de joaillerie du plus haut**

niveau. Le commerce, en revanche, ne semble pas avoir joué un grand rôle dans son développement. Son port, sur l'Ombrone, reste mal connu.

La tombe du Licteur a révélé un faisceau datant environ de -600, le seul exemplaire trouvé dans la région. Il authentifie la tradition selon laquelle **Rome aurait emprunté à Vetulonia les insignes du pouvoir de ses rois et magistrats que détaille Tite-Live** : faisceaux, chaise curule, toge de pourpre et trompette de guerre.

Populonia

Son nom étrusque (Pupluna/Fufluna) révèle **la place importante tenue par le culte dionysiaque** (Fufluns) dans cette ville. Populonia se distinge des autres cités étrusques par plusieurs caractères remarquables : d'abord, elle est **la seule ville située au bord de la mer**, sur une falaise de près de 300 m de hauteur, il est vrai, avec cependant une ville basse et un petit port qui concentre le principal de son activité commerciale ; ensuite, **il s'agit du plus grand centre métallurgique de l'Étrurie** et son activité exceptionnelle explique qu'elle ait décliné moins rapidement que les cités du sud de l'Étrurie ; enfin son territoire, peu étendu, devait se limiter à la domination des mines de cuivre de Campiglia, exploitées dès le VIIIe siècle.

Les artisans se distinguent par **une exceptionnelle production de bronze, puis de fer** (surtout à partir de -650). Les plaques de revêtement de la tombe des Chars qui représentent des scènes de chasse et des animaux obtenus par damasquinage avec incrustation de fer dans le bronze (car le fer est, à l'époque, considéré comme un métal précieux) témoignent d'un savoir-faire remarquable.

La ville entretient d'étroites relations avec la Corse et l'île d'Elbe d'où le fer est livré non affiné. Plusieurs quartiers sont réservés au travail du fer et la production est si intense que les scories recouvrent une surface de plusieurs hectares, au point que l'Italie moderne les a utilisées pour son industrie sidérurgique à partir de la Première Guerre mondiale. Les productions sont ensuite exportées, par mer, vers la Campanie et vers Marseille. Populonia travaille également le cuivre des mines de Campiglia. Vers l'intérieur, elle exporte un peu de céramique et, surtout, des monnaies que l'on retrouve jusque dans le Latium (cf. la métallurgie, chap. 4).

LE TERRITOIRE DES ÉTRUSQUES

Volterra

Sise à une cinquantaine de kilomètres du nord-est de Populonia, l'étrusque Vela} ri (en latin, Volterrae), sur un promontoire abrupt qui se dresse au carrefour de deux vallées, est à la tête d'un vaste territoire, mal maîtrisé semble-t-il. La ville est plus pauvre et petite que Populania et **sa vocation est surtout agricole.** Son port, à une trentaine de kilomètres, n'a joué qu'un rôle secondaire, et le matériel, de l'époque villanovienne à l'époque archaïque, est peu important. Les habitants ont même négligé le cuivre de la vallée de la Cecina. Il apparaît clairement que la tradition, qui fait de Populonia une colonie de Volterra, ne recouvre aucune réalité historique.

La cité ne se réveille qu'au IVe siècle et, à partir du IIIe siècle, semble mieux administrer son territoire. **Elle joue un rôle dans les luttes de la République romaine et fournit, comme sa voisine Roselle, des céréales et du bois à l'armée romaine.** Les plus belles tombes mises au jour datent de cette période.

Il est clair que la ville a peiné à établir l'unité de son territoire, avec des centres ruraux, assez peu développés, mais à l'esprit parfois indépendant. **L'exemple de Murlo est intéressant** : l'aristocratie locale a résisté avant de faire allégeance, puis de s'intégrer à la cité de Chiusi. Sa richesse lui a permis de garder longtemps une marge d'autonomie, favorisée encore par sa situation à la frontière de plusieurs cités.

Chiusi

Chiusi (en étrusque Clevsin/Camars ; latin Clusium), perchée sur une hauteur escarpée, domine la vallée de la Chiana. Le territoire de la cité, voisin de celui d'Arezzo (au nord), de Vulci et de Roselle (au sud-ouest), reste assez mal délimité, notamment à l'est. Des inscriptions attestent qu'une partie de sa population a émigré vers Trasimène et Pérouse. **La tradition antique en faisait un avant-poste étrusque en territoire italique**. Dès le VIe siècle, Murlo fut annexé (dans la région de Sienne).

C'est une région agricole peuplée dès le VIIIe siècle et dont la période de plus grande prospérité se situe de la fin du VIe au IVe siècle, même si elle demeure productive jusqu'au Ier siècle avant notre ère. **Elle touche à son acmé, semble-t-il, avec le roi Porsenna qui assiège et prend Rome à la fin du VIe siècle.** Cette domination montre à la fois l'intérêt de la cité pour les régions de la rive gauche du Tibre qui ouvrent la route intérieure vers la Campanie, et les moyens dont elle dispose pour satisfaire ses ambitions. De même, l'archéologie a livré des témoignages de son intérêt pour les cités du Nord et les débouchés offerts par les ports de l'Adriatique.

Si la ville elle-même n'a livré que quelques restes de remparts et du réseau de canaux souterrains, il ne fait pas de doute qu'elle a connu une prospérité croissante. Les premières nécropoles (VIIe et VIe siècles) montrent **la persistance du rite de l'incinération** (à un moment où elle a disparu dans les cités maritimes) **et l'usage des canopes** (grandes jarres enfermant l'ossuaire et le matériel funéraire). Vers -600 apparaissent les premières tombes à chambre. Vers -570, la ville s'ouvre au monde par le commerce, comme le prouvent les beaux vases de cette époque (notamment le célèbre vase François). Chiusi devient **un centre artistique renommé, notamment pour sa production de sculpture sur pierre** (cippes, urnes) et sa céramique typique : le *bucchero pesante* (cf. la céramique, chap. 8). À l'aune des quelques œuvres qui nous sont parvenues, il nous est possible de mesurer l'abondance et la richesse de l'ensemble de sa production.

Arezzo, Cortone, Pérouse

Les trois cités forment l'arc nord-est du territoire étrusque ; certains témoignages considèrent même Arezzo et Pérouse comme des colonies conquises sur les Ombriens. Cités de l'intérieur de la Péninsule, elles ont laissé moins de traces spectaculaires que leurs voisines maritimes. Leur vocation est essentiellement agricole. Néanmoins, elles ont fourni quelques œuvres marquantes et on y a retrouvé quelques belles tombes intéressantes.

Arezzo, qui s'élève à la jonction de la vallée de la Chiana et de l'Arno, **est un lieu de passage important vers Fiesole et l'Étrurie padane. C'est la patrie de Mécène**, le célèbre ministre d'Auguste, dont Horace et Properce font le descendant de rois étrusques. Sa famille, les Cilnii, est une des plus importantes de la cité au IVe siècle. Les Ve et IVe siècles en sont probablement les siècles d'or, comme l'attestent les tombes mises au jour. **Du Ve siècle date le célèbre bronze dénommé « la chimère ».** Aux IIIe et IIe siècles, l'école de coroplastie, avec ses terres cuites inspirées de l'école de Pergame, connaît un réel renom. Sa céramique, connue sous le nom d'« arétine », remporte un vif succès et s'exporte au bout du monde : on en a même retrouvé en Inde.

Cortone, qui domine la vallée de la Chiana, est ceinte de remparts datés du Ve siècle. La production mise au jour révèle l'influence de Chiusi dont elle aurait pu être une colonie. Il s'agit pourtant d'une cité qui, dans l'Antiquité, et en raison de la confusion entre son nom et celui de Crotone, en Grande-Grèce, **a joui d'une réputation de légende** : on la disait fondée par les Grecs, qu'Ulysse serait venu y mourir, et même que Pythagore s'y serait établi pour enseigner. Là encore serait né Dardanos, l'ancêtre d'Énée.

Pérouse, perchée sur une colline à quelques kilomètres du lac Trasimène, **est une ville rurale à qui le destin a réservé un rôle majeur dans la haute vallée du Tibre** à partir du IVe siècle (comme l'attestent quelques tombes). Entourée des cités de Volsinii, Chiusi et Cortone, bordée par le Tibre à l'est, elle n'a pas livré de matériel important, mais on y a retrouvé de beaux bronzes importés de Vulci, de Caere (au VIe siècle) et de Chiusi (au Ve siècle).

Les trois cités, que Tite-Live (IX, 37, 12) présente, en -310, comme les trois villes « à peu près les plus importantes d'Étrurie », ont connu un second souffle après la conquête romaine.

Fiésole

Florence n'a jamais été une ville étrusque. En revanche le territoire de Fiésole (en étrusque : Visul ; en latin : Faesulae) témoigne d'un peuplement important dès l'époque villanovienne, sans doute considérée comme **un relais sur la route de l'Étrurie padane**. La ville elle-même paraît remonter au VIe siècle. Elle produit des cippes et des stèles réputés, inspirés du travail des artisans de Chiusi et de Volterra. La région est animée de petits villages au bord des rivières, à la vocation d'abord agricole. La menace gauloise, aux IVe et IIIe siècles, consacre le déclin économique de ces petits centres, alors qu'ils tiraient leur richesse du passage des convois vers le nord.

Une particularité locale pose question : la présence dans la région de ***tumuli* monumentaux** le long des routes commerciales. Certains archéologues pensent que ces tombes à l'architecture spécifique (à tholos) auraient été introduites par les Mycéniens (avant -1000) dont on sait que l'influence était réelle en Italie du Sud et s'étendait jusque dans le Latium et le sud de l'Étrurie. Si cette hypothèse devait être retenue, il resterait à savoir si cette influence s'est opérée en provenant de l'Étrurie méridionale, ou si elle manifeste une pénétration de la culture mycénienne par le nord et la vallée de l'Arno.

LA CAMPANIE ÉTRUSQUE

La plus ancienne expansion étrusque hors de ses frontières traditionnelles intéresse la Campanie, également convoitée par les Grecs pour sa richesse naturelle. **Il n'est cependant pas possible de savoir avec certitude à quel moment les Étrusques s'y sont installés**, s'ils sont arrivés par la mer (et peut-être par le sud, dans la région de Salerne) ou par voie terrestre (et, dans ce cas, en occupant d'abord la partie septentrionale). Quelques témoignages antiques nous livrent des informations contradictoires et très approximatives. Le plus sérieux reste Strabon (V, 4, 3), pour qui les Grecs de Cumes auraient chassé les Osques établis dans la région avant d'être eux-mêmes expulsés par les Étrusques. Ceux-ci « y fondèrent douze cités, dont ils appelèrent la capitale Capoue », et auraient, à leur tour, été délogés par les Samnites parce qu'ils n'auraient plus su se défendre, amollis par « leur genre de vie mol et sensuel », la *truphè* (cf. la *truphè*, chap. 10).

Ce résumé très tranché de l'histoire de la présence étrusque en Campanie résiste mal aux données archéologiques. Plusieurs découvertes ont révélé des traces de cette présence dès l'époque villanovienne, au VIIIe siècle (et peut-être même au IXe siècle), et ont permis d'établir que le peuplement étrusque est continu depuis cette période jusqu'au Ve siècle. Les célèbres batailles contre Cumes (en -524) et contre Hieron de Syracuse, sur mer (en -474), ne traduisent vraisemblablement que les affrontements principaux entre deux communautés qui n'ont dû cesser de rivaliser pour leur implantation au service de leurs intérêts commerciaux. Après leur défaite de -474, les Étrusques, affaiblis par la perte de leur voie d'accès maritime et par les difficultés d'une voie terrestre de plus en plus maîtrisée par Rome, ont progressivement perdu de leur capacité de résistance, au point de ne pouvoir s'opposer aux Samnites. Peut-être aussi s'étaient-ils amollis, comme les en accuse Strabon, en cédant aux délices de Capoue. Mais cette condamnation morale ne constitue pas la principale raison de leur déclin en Campanie.

De quelle nature était l'implantation étrusque dans cette région ? Il est difficile de le dire. **La dodécapole campanienne n'est sans doute qu'une reconstitution forgée sur le modèle de celle de l'Étrurie intérieure.** Les villes citées (Nula [= Nola], Nuceria, Herculanum, Pompei, Calatia, Sorrente, Marcina, Stabies [?], Suessula [?]...) ne méritent certainement pas l'appellation de

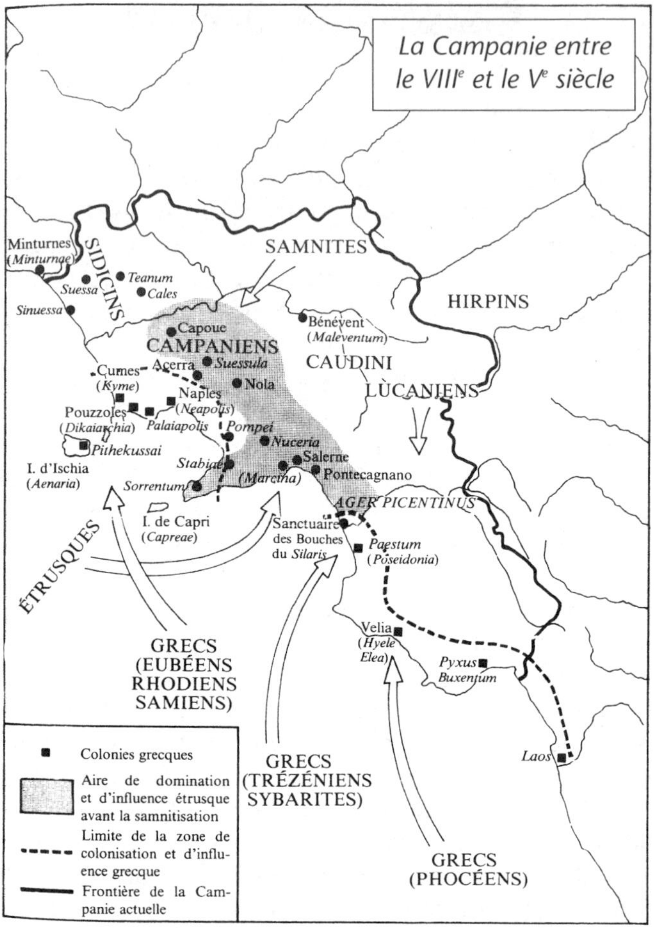

La Campanie entre le VIIIe et le Ve siècle

« cités », c'est-à-dire de villes au centre d'un territoire qui dépend d'elles et formant un État indépendant. Aucune ne possédait de monnaie propre (sauf de petites villes comme Velsu, Velcha ou Irna). Sans doute bien peu pouvaient se dire proprement étrusques. Toutes, en revanche, ont pu connaître, à un moment donné de leur histoire, **une domination culturelle, économique et, probablement, administrative étrusque**. Ainsi le matériel archéologique montre-t-il une nette prépondérance étrusque à Pompéi entre -530 et -475, entre deux phases de domination grecque.

Une ville, cependant, mérite le titre de cité et bénéficie d'une fondation étrusque, la capitale régionale : **Capoue**. Son nom étrusque, Capue, pourrait provenir de celui de la famille qui l'a fondée (Capna, selon J. Heurgon), mais, suivant une source antique, la ville se serait d'abord appelée Volturnum (cf. les dieux, chap. 6). Les Anciens ne s'accordent pas plus que les historiens modernes sur la date de fondation : Velleius Paterculus rappelle que les propositions s'échelonnent de -800 à -471. Cette dernière date, attribuée à Caton, résulte certainement d'une erreur de calcul et l'on voit mal comment les Étrusques auraient édifié une ville après leur défaite de -474. Depuis la découverte d'un matériel qui remonte à l'époque villanovienne, la date haute fait des adeptes. Mais d'autres historiens font remarquer qu'une implantation, certes indéniable, au VIIe siècle, ne signifie pas que les Étrusques aient eu les moyens de cette fondation, et suggèrent de reporter celle-ci dans la seconde moitié du VIe siècle, à un moment, nous l'avons vu, où la présence étrusque se renforce considérablement en Campanie.

De toute manière, **la colonisation de la Campanie par les Étrusques semble beaucoup plus une intervention culturelle et commerciale que l'exécution d'un plan politique**, et davantage le fait de quelques aventuriers que la décision concertée de cités toscanes. Au contact des Grecs de Grande-Grèce, les Étrusques devaient trouver les éléments propres à leur épanouissement et une atmosphère religieuse, pour ne pas dire mystique, qui nourrissait leur propre sensibilité et correspondait à leur mentalité. C'est de Cumes qu'Apollon ou Héraclès (Hercle) trouvèrent le chemin de l'Étrurie, et la légende attribuait encore à la sibylle de cette ville l'origine des fameux livres sibyllins, recueil d'oracles dans la rédaction desquels les Étrusques jouèrent un rôle certain. Certains Anciens allaient jusqu'à affirmer la nationalité étrusque de Pythagore, confondant Cortone et Crotone, et Jamblique affirmait que le philosophe avait trois disciples étrusques. Diogène Laërce, dans sa *Vie de Pythagore*, attribue au sage de Crotone un frère qui se serait appelé Tyrrhénos. Toutes ces allégations sont évidemment erronées, mais elles montrent le souci des auteurs antiques de trouver une justification à une communauté de pensée qui apparaissait évidente entre la philosophie pythagoricienne et la mentalité étrusque. Il n'est d'ailleurs pas impossible que le Crotoniate ait enseigné des disciples étrusques et que sa philosophie ait ainsi pénétré certains milieux intellectuels toscans. Nous savons que **les Étrusques ont accueilli des courants mystiques répandus en Campanie, comme l'orphisme et le dionysisme**, et que les mystères de Dionysos, venus en Étrurie grâce à une prêtresse campanienne, pénétreront ensuite à Rome pour y causer le fameux scandale de -186.

L'ÉTRURIE PADANE

À en croire Tite-Live, les Étrusques auraient dominé l'Italie jusqu'aux Alpes et auraient fondé une dodécapole dans la plaine du Pô, réplique de celle que nous connaissons dans l'Étrurie intérieure (cf. l'introduction du chap. 2). La réalité est bien différente, même si la présence étrusque dans le nord de l'Italie est bien attestée depuis le IXe siècle et l'époque villanovienne. La tradition évoque une conquête militaire qui remonterait au VIe siècle. Là encore, il faut corriger une vision trop martiale de l'occupation des plaines du Nord, même si le peuplement étrusque s'est effectivement renforcé dès le VIe siècle.

Les cités présentées comme les fleurons de cette dodécapole ne sont souvent étrusques que partiellement et attestent surtout **d'une présence économique et culturelle** : ce sont notamment **Felsina (aujourd'hui Bologne), Spina, Adria, Mantoue, Parme, Melpum (sur l'emplacement où les Gaulois établirent Milan).** Il faut y ajouter le cas intéressant pour nous de **Marzabotto**. Quoi qu'en disent les témoignages des Anciens, aucune de ces villes, sauf une, ne mérite le titre de cité parce que aucune ne semble avoir administré et fédéré autour d'elle un territoire.

Felsina (Felzna en étrusque) est sans doute la seule à mériter l'appellation de cité, même si elle n'était pas, comme le prétend Pline, la première de l'Étrurie. Elle conserva son nom étrusque jusqu'en -196, c'est-à-dire jusqu'à l'implantation de la colonie romaine de Bononia.

La fondation de Marzabotto comme établissement colonial à une trentaine de kilomètres de Felsina, vers -500, souligne l'essor économique de la région. La ville nouvelle, édifiée quasiment sur un terrain vierge (il n'existait qu'un petit village à proximité, datant de l'époque villanovienne), semble avoir appartenu à la zone d'influence économique de Felsina.

Le plan d'ensemble de Marzabotto est particulièrement intéressant en ce qu'il suit les rites de fondation établis par la *disciplina etrusca* (cf. les livres sacrés, chap. 6). Sur l'Acropole (au nord-ouest) se dresaient trois temples dont deux comprenaient trois *cellae*. La partie réservée à l'habitation s'élevait sur un plan à damier dans la pure tradition religieuse, de part et d'autre d'une rue principale, axée nord-sud, de 16 m de large, coupée à angle droit de trois rues larges de plus de 5 m chacune. D'étroites ruelles, utiles par ailleurs pour l'écoulement des eaux, délimitaient des îlots d'habitation (*insulae*). Nul ne sera surpris que les archéologues aient retrouvé un système d'évacuation des eaux et un réseau de canaux de distribution de l'eau à partir d'une vaste citerne (cf.l'hydraulique, chap. 4).

Marzabotto apparaît comme **une petite ville ouvrière où, notamment, fut développée l'industrie du bronze.** On y a retrouvé nombre de bijoux (fibules, bracelets), boîtes et vases (situles, œnochoés, patères, etc.) qui démontrent qu'il s'agit avant tout d'un centre commercial, industriel et, comme partout dans cette région, agricole.

Spina ne fut réellement mise au jour que dans le courant du XXe siècle. Ville riche, ouverte sur la mer, elle peut être considérée comme **la Venise de l'Antiquité** : construite sur pilotis, selon un plan en damier, parcourue de canaux qui lui tiennent lieu de rues, elle fut d'abord un *emporium* grec, fondé au VIe siècle, où les Étrusques s'implantèrent à des fins commerciales dès le Ve siècle. Il ne s'agit pas d'une cité, ni même d'une ville étrusque, mais d'un comptoir commercial extrêmement prospère grâce auquel les Grecs trouvèrent les moyens de conquérir des marchés dans l'Italie du Nord tandis que le port offrait aux Étrusques des débouchés sur l'Adriatique en un temps où la mer Tyrrhénienne devenait moins aisément praticable. **À Spina, la collaboration des Grecs et des Étrusques se révéla fructueuse** si l'on en juge par les richesses des milliers de tombes mises au jour et par la présence d'un trésor élevé à Delphes par ses habitants, selon la tradition. Mais il ne s'agit pas d'une colonie étrusque ; juste d'un comptoir où deux peuples s'enrichirent mutuellement, autant culturellement qu'économiquement. Contraints à l'isolement progressif du fait de la poussée gauloise, ses habitants se sont logiquement tournés vers la mer où ils se sont taillés une réputation de pirates redoutés.

Les autres villes étrusques citées par les Anciens, comme Modène, Parme ou Melpum, ne durent sans doute leur existence qu'aux liens économiques qu'elles entretenaient avec des centres comme Felsina ou Marzabotto. Melpum, selon Pline, aurait été détruite par les Gaulois le jour même de la chute de Veies, en -396.

Jamais les Étrusques ne s'imposèrent au nord du Pô, chez les Vénètes, mais ils y exercèrent une influence culturelle dont l'archéologie fournit des témoignages. **Mantoue** (Man} va en étrusque), selon une légende rapportée par Strabon, devrait sa fondation au fils de Tyrrhénos, Tarchon, déjà fondateur proclamé de Tarquinia et Cortone. **Virgile était fier d'en être originaire** et la sensibilité étrusque coule indéniablement dans ses vers. Son nom n'est pas rare en Étrurie et son surnom, Maro, désigne un titre de magistrat en Ombrie et en Étrurie. Peut-être l'un de ses ancêtres avait-il occupé cette magistrature.

Au total, l'Étrurie padane n'a donc rien à voir avec l'Étrurie intérieure. La présence étrusque, de Spina à Parme ou Mantoue, ne traduit que les prolongements, parfois bien réalisés à une certaine époque, de l'influence culturelle et économique (surtout commerciale) des cités de l'Étrurie centrale.

Noms étrusques [ou romains] des principaux sites et leur dénomination actuelle (du nord au sud)

Melpum	Milano
Mantus / Man} va	Mantova (Mantoue)
[Spina]	Spina
Felsina	Bologna
Misa/Misna	Marzabotto
Visul	Fiesole
[Arretium]	Arezzo
Curtun	Cortona
Vela} ri	Volterra
Fufluna	Populonia
Clevsin/Camars	Chiusi
[Perusia]	Perugia (Pérouse)
Vatluna/Vetluna	Vetulonia
[Rusellae]	Roselle
Vel{ (i)/Velcl	Vulci
Velsna(l) = [Volsinii]	Orvieto (?) Bolsena
Tar{ una/Tar{ nal	Tarquinia
[Gravisca]	Porto Clementino
[Falerii Veteres]	Cività Castellana
Z aisrie/Z isra (Caere)	Cerveteri
[Pyrgi]	Santa Severa
Vei (?)/[Veii]	Veio (Veies)
Ruma	Roma
[Praeneste]	Palestrina
Vulturnum/Cape/Capna	S. Maria Capua Vetere

III

L'ORGANISATION POLITIQUE ET SOCIALE

Nos connaissances concernant la société étrusque et son organisation politique offrent un bon exemple des incertitudes dans lesquelles se débattent les étruscologues. Les hypothèses les plus probables sont toujours susceptibles d'être corrigées et il faut bien avouer que, dans ces domaines, notre documentation ne nous procure pas un secours fiable. Les informations principales proviennent de textes latins et grecs dont les auteurs, même quand ils sont bien intentionnés, n'ont pas toujours une compréhension totale de la réalité étrusque. Ils jaugent et décrivent les institutions étrusques à l'aune de celles de leur propre civilisation, faussant nécessairement leur jugement. Ils se contentent par exemple de traduire *lucumon* par « roi » sur la foi de légendes ; mais rien ne nous confirme cette équivalence. Et quand bien même elle serait exacte, elle ne garantit en rien qu'un roi étrusque puisse être identique à un roi grec.

Les inscriptions étrusques, pour leur part, nous livrent un certain nombre de mots dont il apparaît clairement qu'ils désignent des magistratures ou définissent une classe sociale. Nous comprenons approximativement de quoi il s'agit, mais il reste quasiment impossible d'en avoir une confirmation : ainsi, le principal magistrat semble bien être le *zilaθ*, mais quels sont exactement sa fonction et son pouvoir ? Le même flou demeure à propos de l'interprétation de certains monuments découverts par les archéologues. Le palais de Murlo, pour ne prendre qu'un exemple, est-il un palais royal ou celui d'un simple seigneur local ? N'est-il pas plutôt, comme d'aucuns le pensent, un édifice à caractère religieux ? Les identifications, on le voit, se révèlent souvent difficiles.

Ces réserves étant posées, il faut reconnaître que les patientes recherches des savants durant ces dernières décennies ont permis de préciser un certain nombre de points grâce auxquels nous pouvons établir au moins un cadre général des structures politiques et sociales du monde étrusque.

La société étrusque est restée une société de type féodal. Certes, elle a évolué ; des cités se sont constituées, leur mode d'administration a connu une transformation qui leur a permis, après avoir été dirigées par des rois, de connaître le pouvoir des tyrans (au sens grec du terme) avant de devenir progressivement des républiques oligarchiques, suivant en cela une évolution qui ne leur est pas propre en Italie. Mais l'influence des seigneurs ruraux, héritée d'une mentalité archaïque, ne disparaît jamais totalement. **Il est difficile, en Étrurie, de parler de classes sociales. En fait, on distingue deux pôles : les maîtres et les serviteurs**, les aristocrates qui sont aussi les patrons, et ceux qui dépendent d'eux, qu'ils soient des esclaves ou des hommes libres, affranchis ou clients. D'ailleurs les mots qui désignent ces serviteurs ne sont pas toujours clairs : si *le} e* semble désigner l'esclave, si *etera* paraît réservé à un homme libre et client privilégié, *lautni* peut aussi bien s'attribuer à un esclave privilégié qu'à un affranchi, c'est-à-dire un homme libre. De toute manière, tous dépendent d'un aristocrate, à des niveaux différents et pour des fonctions différentes.

On pourrait faire la même observation à propos de l'armée. Même si les Étrusques ont réalisé « la révolution hoplitique », empruntée aux Grecs, et la constitution des phalanges pour une meilleure défense des cités, beaucoup de troupes à caractère privé ont subsisté, au service de riches aristocrates, de condottieri ambitieux, soucieux d'affirmer leur autorité et, éventuellement, d'asseoir leur pouvoir sur des villes et territoires voisins. **La guerre, de ce fait, a conservé longtemps un caractère primitif de razzia**, souvenir d'une époque où les échanges économiques ne se traitaient que par la force et où l'état de guerre était perpétuel. Puis les jeux ont remplacé ces confrontations violentes en permettant aux rivalités entre communautés de s'exprimer (cf. les jeux, chap. 9).

En Étrurie, il faut donc souvent tenir compte de la notion de petits groupes sociaux, de la dimension des *familiae* (c'est-à-dire de tous ceux, libres ou esclaves, paysans et soldats, qui gravitent dans la dépendance d'un riche aristocrate), qui s'assemblent dans les cités ou s'affrontent au gré des événements. Ils donnent de la société une image différente de celle de la société romaine dans laquelle ces clivages s'estompent avec le temps par la volonté fédératrice du pouvoir politique de la République.

On peut d'ailleurs supposer qu'une des raisons du déclin de l'Étrurie tient au fait qu'elle n'a pas réussi à tisser un lien politique et social entre les peuples des cités, comme sa puissante voisine a su le faire. **L'Étrurie a pu prendre conscience d'une identité commune à tous les peuples qui la composent, mais elle n'est jamais arrivée à réaliser cette unité**, pourtant clairement proclamée sur le plan religieux lors des fêtes annuelles du *fanum Voltumnae,* à Volsinii.

FORMATION ET ÉVOLUTION DES CITÉS

Les légendes ne se réduisent jamais à de simples affabulations. Elles signifient et elles témoignent. Celle de Tyrrhénos, le navigateur, qui établi le lien entre l'Étrurie et le monde méditerranéen (notamment mycénien), d'une part, et celle de Tarchon, le fondateur du *nomen etruscum,* d'autre part, reflètent bien deux moments et deux aspects de la formation des cités étrusques. D'abord influencée par la Grèce, puis autonome dans son évolution politique, **l'Étrurie a pris son essor dans la dernière partie de l'âge du bronze avec une nouvelle organisation de l'espace et une valorisation des ressources du sol et du sous-sol.**

Sans doute faut-il imaginer, au IXe siècle, un habitat épars de familles (parents-enfants) regroupées en villages, dont le principal revenu venait de l'élevage et de l'agriculture. Le développement du travail du bronze, et l'importance sociale prise par l'artisan qui accomplissait cette opération magique de transformation des métaux, ont favorisé l'émergence d'une aristocratie qui devait dynamiser les diverses composantes de la société en imposant sur elles sa suprématie.

Nous assistons, d'abord en Étrurie méridionale où la terre est plus facile à cultiver, à **une concentration des habitats villanoviens qui permet aux plus puissants de s'assurer le pouvoir** et de devenir ce que, par commodité, nous appellerons momentanément des « rois ». La possession de la terre, outre la richesse, confère la vraie noblesse. Les rois constituent l'élite de l'aristocratie terrienne. Même le matériel trouvé dans les tombes de guerriers livre des instruments liés à l'agriculture. Quant aux indices concernant l'initiation des adolescents, comme la célébration des rites évoqués sur le fameux vase de Bisenzio, ils confirment le lien étroit qui unit le cycle martial au cycle agricole (cf. les rites de passage, chap. 5). Chez les Étrusques comme chez d'autres peuples méditerranéens, **l'agriculture et la**

guerre constituent les deux activités essentielles des hommes à l'époque ancienne.

L'étape suivante, la formation des principales cités étrusques, se situe dans le courant du VIIIe siècle, plus particulièrement dans sa seconde moitié. **Toutes les cités ne suivent pas le même processus de formation.** On observe, généralement au nord, l'association d'un habitat originellement dispersé, par exemple une suite de villages qui s'étire le long d'un fleuve, ou, au sud, la concentration de la population en une organisation urbaine unique, impliquant une autre organisation des échanges et une nouvelle répartition des pouvoirs. Ce second cas de figure, qui nécessite une entente contractuelle entre les populations de plusieurs villages, se nomme synœcisme. C'est le cas de Tarquinia, dont le héros Tarchon symbolise la fondation, sensiblement à la même époque que celle de Rome. Les nécropoles des différents villages se réunissent en une seule. À Rome, la nécropole unique se situe sur l'Esquilin, et une fête religieuse, le *Septimontium*, est instaurée pour célébrer l'union des villages qui peuplaient les diverses collines aux alentours du futur Forum. Le schéma de ce synœcisme fondateur fut à peu près similaire à Rome et à Tarquinia, et dans d'autres lieux, Caere, Vulci, Veies, malgré d'inévitables différences. À chaque fois, il favorise une organisation politique et sociale nouvelle qui permet à l'aristocratie d'asseoir son pouvoir. Celle-ci peut mieux contrôler les richesses, à commencer par les exploitations agricoles, mieux en concentrer les productions, mieux encadrer la main-d'œuvre et les activités de la population.

Nous sommes, à la vérité, fort peu renseignés sur les institutions politiques qui structurent ces nouvelles cités. Probablement la famille nucléaire, comme au siècle précédent, en est-elle toujours la base. Il existe aussi d'autres regroupements, plus vastes, comme **les curies** (une sorte de rassemblement des pères de famille) qui se répartissent suivant les classes d'âge et fournissent les fantassins, **les tribus** (souvenons-nous des trois tribus de Romulus) qui permettent le recrutement des cavaliers, peut-être un sénat, c'est-à-dire une curie des Anciens, par opposition aux jeunes gens (les *iuniores*) dont la classe d'âge joue un rôle si important dans les premiers siècles. Puis le roi, et le peuple (*populus*). Cette notion de peuple est sans doute récente, et caractérise l'ensemble des hommes armés qui réunit les membres des diverses curies. Elle trouve naissance avec le synœcisme fédérateur. Dans les sources latines, il n'est pas question des douze cités d'Étrurie, mais des douze peuples. À propos de la formule bien connue du titre de « *zila} me{ l rasnal* », d'abord comprise comme celui du *praetor Etruriae*, voire du *rex Etruriae*, l'hypothèse a été avancée que *me{ l rasnal* pourrait équivaloir à *rei publicae*, le *zila}* serait alors celui de *populus*, c'est-à-dire du regroupement des hommes répartis en curies. **Le peuple deviendrait ainsi le synonyme de cité, laquelle n'est que l'espace du *populus* placé sous la protection des dieux**. La formation d'une cité induit celle du peuple, et réciproquement.

Quant au **roi**, sans doute ne faut-il pas s'en faire l'image traditionnelle que l'histoire nous a enseigné à connaître de sa fonction. Loin d'être un monarque absolu, il est le représentant choisi, voire élu (comme Tarquin, à Rome, par le Sénat) par les grandes familles aristocratiques qui occupent le premier rang du pouvoir dans la cité. Il suffit de voir le nombre d'imposants *tumuli* élevés à Caere à cette époque pour comprendre que leurs occupants n'ont pu tous être rois, mais qu'ils ont certainement tous présidé aux destinées de la ville. Le roi devient alors, comme le dit D. Briquel, **« une sorte de *primus inter pares* » qui devait composer avec les grandes familles**. Et ils étaient nombreux, ces « rois », à exercer dans les campagnes leur pouvoir de seigneurs locaux auxquels leurs inféodés venaient présenter leurs devoirs... et apporter une part de leur récolte. Des palais campagnards comme ceux de Murlo ou d'Acquarossa symbolisent leur résidence, avant qu'ils ne soient mis au pas, à leur tour, par les « rois » et gouvernants des grands centres, au nombre de douze ou quinze. Ces assimilations supposent des guerres internes à l'Étrurie, des colonisations qui permettent aux puissantes aristocraties de fortifier leur pouvoir en élargissant leurs possessions et en augmentant leur richesse. Ainsi se constitue une importante classe de serviteurs et de clients. Les riches peuvent alors manifester leur supériorité par l'exhibition de signes extérieurs et ostentatoires, comme les armes travaillées pour les hommes et les parures pour les femmes. Le mariage au sein de sa classe permet aussi à l'aristocratie de renforcer sa suprématie économique.

Ajoutons que **l'urbanisation et l'accroissement des richesses fournissent à une élite l'occasion de tirer un plus grand profit du commerce et de l'artisanat**. C'est le temps où de nombreux artisans grecs viennent, comme Démarate de Corinthe (père de Tarquin l'Ancien), fréquenter les ports étrusques, s'y installer avec des hommes de l'art, et y faire souche. Dans un premier temps, cette expansion économique due au commerce consacre le monopole des grandes cités ; mais, dans un second temps, elle fragilise l'autorité des grandes familles. Elle favorise, en effet, ce qu'A. Hus nomme

« l'apparition d'une sorte de bourgeoisie enrichie par le commerce ». Au VIe siècle, les grandes tombes princières ont quasiment disparu (sauf dans le Nord), et des sépultures plus modestes se multiplient dans de grandes métropoles selon des plans qui évoquent ceux des villes, comme à Caere, Tarquinia ou Vulci.

Il est alors possible que cette « bourgeoisie » enrichie ait connu une forme de pouvoir politique, ou, du moins, ait pesé d'un poids assez grand pour favoriser l'accession au trône de chefs de guerre, véritables condottieri dont les frères Vibenna nous fournissent un célèbre exemple. Ce fut, pour elle, une manière de se révolter contre le pouvoir de plus en plus étouffant de l'aristocratie. Ainsi les nouveaux chefs méritent-ils davantage le nom de « tyran » (au sens grec du terme), comme le fut par exemple Servius Tullius (alias Mastarna), à Rome. Un bon exemple en Étrurie nous est fourni par les lamelles d'or retrouvées à Pyrgi, le port de Caere (cf. les lamelles d'or de Pyrgi, chap. 7). On y lit, dans le texte punique, que le « roi » (*mlk*) Thefarie Velianas, de Caere, aurait dédié le temple B à la déesse Astarté. Or le texte étrusque lui donne le titre de *« zila} »*, autrement dit celui d'une magistrature. Thefarie Velianas est un magistrat (élu ?) qui agit comme s'il détenait un pouvoir personnel, sinon royal. Autrement dit un tyran, une sorte de « roi populaire », avec, en plus, une fonction religieuse. On note qu'à cette époque déjà existe une titulature de caractère républicain. Mais, **en ce VIe siècle, la « royauté » a changé de nature et s'appuie sur une assise sociale élargie**, probablement soutenue par les milieux commerçants, mais dégagée de l'emprise exclusive de l'aristocratie.

L'histoire grecque a montré que le pouvoir des tyrans ouvre la voie à des régimes de type républicain, de l'oligarchie à la démocratie athénienne. C'est-à-dire à une forme de régime dans laquelle un corps de citoyens (plus ou moins nombreux) détient l'autorité et le pouvoir décisionnel qu'il délègue à des magistrats élus. C'est ce qui se produit en Étrurie. Certes, l'idée de République, comme à Rome, reste encore bien imprécise, mais un corps civique se constitue, qui dépasse largement les marges de l'ancienne aristocratie. Les clients de nobles accèdent au droit de s'exprimer. Et, sous la pression des événements, notamment extérieurs, ce corps civique doit s'élargir. Au IVe siècle, la monarchie a totalement disparu. Il ne subsiste que des républiques oligarchiques avec des magistratures électives. Cependant, les institutions étrusques ne connaissent pas la souplesse (relative) de celles de Rome, et les révoltes violentes qui éclatent par exemple à Volsinii sonnent le glas de l'indépendance politique des Étrusques. Les Romains ont su en tirer parti pour imposer l'autorité et la paix romaines.

LES ROIS

Nos connaissances sur les rois étrusques demeurent singulièrement floues. La légende se mêle souvent à la réalité historique et la forme de leur pouvoir a évolué au fil des siècles. La royauté originelle a laissé place à la tyrannie, au sens grec du mot, aux condottieri et chefs de bandes qui n'offrent guère de la monarchie une image traditionnelle. **Les premiers rois eux-mêmes n'étaient sans doute que les chefs de famille les plus puissantes**, choisis (ou élus ?) par leurs pairs pour servir les intérêts de l'aristocratie (cf. formation et évolution des cités).

D'autre part, les seuls renseignements que nous possédions sur ces personnages éminents émanent de la littérature latine et grecque, c'est-à-dire d'auteurs étrangers à l'Étrurie, parfois mal renseignés et généralement peu amènes à l'égard de ces cités dominatrices expédiant sur les mers de si redoutables pirates. Nous ferons exception pour les rois étrusques de Rome sur qui Tite-Live et d'autres nous livrent de précieux renseignements (cf. Les Étrusques à Rome, chap. 1).

Il faut classer les rois que les textes nous amènent à connaître en deux catégories : ceux qui appartiennent à la légende et ceux dont l'existence se trouve attestée. Parmi les premiers, la palme de la notoriété revient à Mézence, roi supposé de Caere, dont Virgile nous dépeint le caractère cruel et injuste. Mézence, « le contempteur des dieux », est célèbre pour le supplice qu'il infligeait à ses ennemis : il faisait lier étroitement un mort au condamné, face contre face, laissant à celui-ci le privilège de périr putréfié vivant. De toute manière, les bien réels massacres (entre autre par lapidation) de prisonniers de guerre, à plusieurs reprises, rappellent que la loi de la guerre n'était pas plus douce en Étrurie qu'ailleurs. Les rois Properce de Veies (dont le nom n'a rien d'étrusque), Morrius, qui compterait Neptune parmi ses ancêtres, ou Thybris, censé avoir donné son nom au Tibre, n'ont pas davantage d'existence réelle. Historiques, en revanche, sont les rois de Rome Tarquin (dont le nom est attesté sur une fresque de la tombe François de Vulci) et Servius Tullius (alias

Mastarna), ainsi que Porsenna, roi de Chiusi, qui s'empara de Rome quoi qu'en dise la propagande romaine, Arruns, également de Chiusi, sur qui l'on veut rejeter la responsabilité de l'entrée des Gaulois en Italie, Lars Tolumnius, de Veies, qui fit tuer les ambassadeurs romains à Fidènes avant de tomber sous les coups du consul Cornélius Cossus (en -438). Bien réels encore le premier étranger à dédier une offrande à Olympie, le « roi des Étrusques » Arimnestos (selon Pausanias), le tyran de Caere Thefarie Velianas mentionné sur les lamelles d'or de Pyrgi ou les membres de la famille des Cilnii, ancêtres de Mécène, à Arezzo. C'est à peu près tout, et c'est peu en regard du nombre de rois qui durent régner successivement dans les nombreuses cités d'Étrurie.

Nous ignorons même avec exactitude le mot qui désigne le roi. À la suite de Servius, nous avons longtemps cru de façon certaine que *lucumon* (*lau{ me, lau{ ume*) était celui-là, mais certains étruscologues le dénient aujourd'hui. Selon eux, il s'agirait d'une invention romaine sous prétexte que Tarquin l'Ancien, premier roi étrusque de Rome se serait appelé, dans son pays, Lucumon. De récentes inscriptions montrent d'ailleurs que ce nom est attesté comme anthroponyme. Mais cet argument rend-il impossible le fait que le mot « *lau{ me* » désigne le roi ? Nous pourrions citer des roturiers qui, sous l'Ancien Régime, en France, s'appelaient Leroi ou Leduc... sans rapport avec leur qualité.

Nous ne savons quasiment rien non plus de leur mode de succession ni de leur rôle exact. L'histoire des Cilnii tendrait à prouver qu'il pût exister des « familles royales ». Pourtant, **rien ne laisse penser à un quelconque système héréditaire**. Ainsi, chacun des rois de Rome monta sur le trône pour d'autres motifs : Tarquin, homme sage, fut choisi par les sénateurs, Servius Tullius est censé avoir été prédestiné (Tanaquil avait su interpréter un signe des dieux) et Tarquin le Superbe a usé de la violence. Il est probable que, dans la cité, l'un des plus puissants aristocrates était désigné par ses pairs, à moins qu'il ne réussît à s'imposer par la force.

Son rôle, à l'évidence, était triple : politique et militaire, économique, religieux. Il avait soin de travailler à la sauvegarde des intérêts de sa classe et agissait en protecteur de la population libre, comme un patron veille sur ses clients. Selon Macrobe, les Étrusques venaient tous les neuf jours saluer leur roi. On imagine qu'il recevait ses sujets comme un seigneur local qui reçoit les dons en nature et rend la justice. En outre, il était investi de pouvoirs religieux, en dépositaire de la science des livres sacrés, conduisant les rituels avec

Personnage royal assis sur le siège curule (argile peinte, Caere, VIe siècle)

Stèle d'Avle Feluske (Vetulonia, fin VIIe siècle)

les prêtres et capable d'interpréter les prodiges, de déchiffrer les présages, voire d'invoquer les dieux pour détourner de sa cité une éventuelle catastrophe.

Nous sommes mieux renseignés sur **les insignes censés signifier la qualité de roi.** Divers auteurs, dont Denys d'Halicarnasse et Florus, en dressent la liste : la couronne d'or, les anneaux d'or, la tunique pourpre brodée d'or et le manteau pourpre brodé « comme ceux que portaient les rois de Lydie ou de Perse » (précise Denys, III, 61, 1), sans oublier la *toga picta* des triomphateurs. Le sceptre surmonté d'un aigle complète la fastueuse image orientale donnée par le souverain. Le trône d'ivoire ou le siège curule lui permettent d'adopter l'attitude que l'on peut voir au Louvre sur les plaques peintes de Caere (le roi y est assis, vêtu d'une tunique blanche à manches courtes qui lui couvre à peine les cuisses, d'un court manteau de pourpre brodé – la trabée – et de souliers au bout relevé, à la poulaine. Cf. le costume et la parure, chap. 10).

Ses déplacements sont annoncés par une sonnerie de trompette (qui rappelle son pouvoir militaire). Il est précédé d'un licteur (le *rex Etruriae* élu au *fanum Voltumnae* pour représenter l'Étrurie en comptera douze censés représenter chacun une des douze grandes cités étrusques). Celui-ci porte un faisceau, verges rassemblées d'où émerge une hache qui peut avoir deux tranchants (la bipenne). C'est un symbole royal important que l'on retrouve en Crète et qui est représenté sur la stèle d'Avle Feluske. L'invention du siège curule et du faisceau est attribuée à la ville de Vetulonia où les fouilles ont permis de mettre au jour un modèle réduit de faisceau en bronze avec une bipenne datant du VIIe siècle. Dans d'autres tombes de la même époque, les archéologues ont également retrouvé des sièges curules.

Cet apparat symbolise certainement une forme de pouvoir absolu. Il est intéressant de noter que **ces insignes du pouvoir sont passés en l'état aux rois romains,** avant même que les Étrusques règnent sur Rome. Nous les retrouvons par exemple dans la liste que dresse Tite-Live des signes du pouvoir romuléen. Les insignes du triomphe (*toga picta, tunica palmata,* char à quatre chevaux, etc.) sont passés à Rome avec la cérémonie elle-même pour honorer un général vainqueur. Vel Saties, sur une paroi de la tombe François de Vulci, est déjà représenté en triomphateur. Puis ces marques, à l'origine royales, sont adoptées par les magistrats des républiques toscane et romaine (faisceau et siège curule des consuls, etc.).

Ainsi les manifestations du pouvoir royal des Étrusques ont-elles perduré, traversant les régimes politiques et les civilisations, comme les signes d'une autorité que les rois étrusques, dont pourtant nous ne savons presque rien, ont su élever jusqu'au symbole.

LES MAGISTRATS

Le pouvoir est aux mains d'une aristocratie jalouse de ses droits et de ses privilèges. C'est dans ses rangs que se choisit le roi, chargé de défendre ses intérêts. C'est parmi ses membres aussi que se recrutent les magistrats des républiques oligarchiques qui, au IVe siècle, se sont généralisées. Encore faut-il se souvenir que certaines magistratures existaient déjà sous les tyrans, et que Thefarie Velianas, roi de Caere, portait lui-même le titre de « *zilaϑ* ».

Nous connaissons les titres de quelques magistratures, sans qu'il soit possible de savoir ce que recouvrent les fonctions qu'ils déterminent, ni s'il existait, comme à Rome, un *cursus honorum* qui guidât la carrière des hommes politiques. Nous comprenons seulement **que chaque magistrature est exercée par un collège d'hommes sans pouvoir préciser le nombre attaché à chacune.**

La plus fréquemment citée et, peut-être, **la plus importante est celle de *zila}*** qui correspond au titre de « *praetor* », à Rome, à l'époque où il désigne la magistrature suprême, avant la création du consulat. On connaît surtout le *zila} me{ l rasnal* qui désigne le *praetor/rex Etruriae* élu au *fanum Voltumnae* pour symboliser l'union des douze principaux peuples d'Étrurie. Le titre est souvent précisé par d'autres fonctions magistrales civiles ou religieuses, comme si le *zila}* était chargé de superviser le travail des autres magistrats. On trouve ainsi le *zila} eterav*, celui des *etera* (cf. les clients), le *zila} marunu{ va*, le *zila}* des *maru*, c'est-à-dire d'autres magistrats appelés « *maru* » (voir ci-dessous), ou le *zila} pur} ne* qui était peut-être le plus important des *zila}*. En effet, une épitaphe de Vulci retraçant la carrière d'Arn} Tute nous apprend qu'il a été sept fois *zila}* et une fois *zila} pur} ne*, comme s'il s'agissait d'une distinction suprême. La valeur n'attendant pas le nombre des années, une inscription de Tarquinia nous cite un *zila}* mort à vingt-cinq ans. Une autre nous relate le beau cursus de Crespe, mort à soixante-trois ans : il fut *marunu{ pa{ anati* (= *maru* de la secte de Bacchus), *zilc } ufi* (= *zila}* pour la première fois), *marunu{ cepen* (= une charge sacerdotale publique), *zila} me{ l rasnas* (= *praetor Etruriae* ou *praetor rei publicae*, suivant les interprétations).

Une autre charge importante, peut-être la plus élevée lorsqu'elle est associée à *zila}*, **est celle de *pur}***, que certains rapprochent de celle, romaine, de *dictator*. *Macstreve* en est une autre, dont le mot est identique au latin *magister*. S'agit-il du maître de cavalerie (*magister equitum*) qui toujours, à Rome, est nommé pour seconder le dictateur ? On remarque que ce nom est proche de celui du héros Mastarna (= Servius Tullius) que l'on disait lieutenant de Vibenna. Se peut-il qu'en réalité son nom ait désigné sa fonction ? Nous l'ignorons.

Le titre de « *maru* » (*marunu, marunu{*), souvent associé à *cepen* (= prêtre) revêt, semble-t-il, un caractère religieux. On trouve ainsi un *maru* de Bacchus (*pa{ atnias maru* et *marunu{ pacanati*). Il pourrait s'agir d'une magistrature équivalant à l'édilité. Un ancêtre de Virgile, qui occupe ce poste, en laissa le souvenir à ses descendants dans le surnom : Publius Vergilius Maro. D'autres noms de magistratures, comme « *cam} i* », restent pour nous totalement obscurs.

L'apparat lié à l'exercice de toutes ces fonctions était presque aussi important que celui qui accompagnait les rois. Les magistrats se déplaçaient en cortège, à pied ou sur des chars attelés de deux ou quatre chevaux harnachés, vêtus de tuniques et toges spécifiques, et couronnés d'or. Les sarcophages et les urnes nous les montrent suivis de leurs serviteurs portant les registres, tablettes à écrire et rouleaux nécessaires à l'exercice de leur tâche, ainsi que de la chaise curule qu'ils déplient pour que le magistrat s'installe en majesté. En avant du cortège, des appariteurs ouvrent le chemin. Ils arborent divers insignes distinctifs, cannes, bâtons, baguettes, auxquels les Étrusques paraissent avoir accordé une certaine importance. Chaque emblème revêt une signification particulière et permet probablement d'identifier le rang du magistrat annoncé. Certains hérauts portent un curieux caducée très long dont les trois branches forment une petite cage avant de se terminer par une tresse. Ce symbole est inconnu à Rome. Des musiciens (trompette, hautbois) peuvent suivre ou précéder le cortège, surtout lors des triomphes.

À n'en pas douter, cet apparat important rehausse le prestige du magistrat et montre que, même sous la République, **les Étrusques entouraient leurs dignitaires de la plus profonde déférence, respectueux des diverses manifestations du pouvoir**. Les Romains hériteront de cette mentalité.

LES ARISTOCRATES

À époque ancienne, la société étrusque ne connaît guère de classes moyennes. J. Heurgon, A. Hus et beaucoup d'étruscologues ont bien mis en lumière cette caractéristique : **le corps social se divise en deux catégories bien distinctes, celle des maîtres et celle des serviteurs.** Le pouvoir est aux mains des chefs des grandes familles qui seront aussi ceux qui, par la suite, s'efforceront de monopoliser les magistratures. Les oligarques sont donc les maîtres de la politique, de l'économie et de la religion. La *gens*, c'est-à-dire la famille au sens large réunissant tous ceux qui se reconnaissent les mêmes ancêtres, forme la base économique du pouvoir, et son chef se comporte comme un seigneur féodal auquel ses clients-vassaux viennent rendre des comptes et payer le tribut. Ces seigneurs grands patrons soulignent leur appartenance à l'élite dirigeante par l'édification d'immenses *tumuli* qui constituent en quelque sorte un « temple » élevé à la gloire de leur *gens*.

Du moins est-ce là la situation jusqu'au VIIe siècle, voire au début du VIe, c'est-à-dire à l'époque de la formation des grandes cités et avant que ne déclinent ou disparaissent les petits centres ruraux au profit des nouvelles puissances urbaines. Car les seigneurs des campagnes demeurent étrangers au monde du commerce qui se développe à partir surtout du VIe siècle et prend une importance considérable dans l'essor économique des familles aristocratiques de la cité qui vont s'assurer la maîtrise des entreprises commerciales. La Sicile d'abord, la Grèce (Corinthe...) puis, au Ve siècle, l'Asie Mineure... **Les importations de marchandises, les mouvements d'artisans étrangers, la création d'ateliers, l'élaboration et la diffusion de produits locaux vont modifier en profondeur la vie des aristocrates,** d'autant que la croissance du monde artisanal conduit à une nouvelle organisation sociale de la cité dans laquelle, comme à Rome, peuvent se constituer des collèges d'artisans (cf. le commerce, chap. 4).

Cet essor économique fondé sur le développement du commerce et l'afflux de la population de la campagne vers la ville ont pour conséquence une évolution en profondeur de la société. L'aristocratie change également, se structure, s'adapte pour conserver sa suprématie, et, surtout, s'élargit. Certains historiens sont tentés de voir se former, dans ces circonstances, une nouvelle classe sociale, à l'origine moins noble, mais enrichie par le commerce et élevée par sa fortune jusqu'aux sphères du pouvoir. Sans doute s'agit-il seulement d'un nouveau visage de l'aristocratie dominante dont l'évolution se justifie par son adaptation à la nouvelle économie et peut se constater à plusieurs signes évidents.

Parmi ces signes, retenons d'abord **l'évolution de l'onomastique**, bien mise en lumière par les travaux de H. Rix. À l'origine, les inscriptions ne portaient qu'un seul nom. À partir du milieu du VIIe siècle, on constate l'apparition du prénom suivi du gentilice. À cette époque, les prénoms sont nombreux et parfois d'origine italique (preuve du brassage des populations). Les gentilices sont formés sur un prénom, ou un nom de lieu, parfois de divinité. Puis, rapidement, apparaît la mention du nom du père pour affirmer la lignée (cf. les noms des Étrusques, chap. 10). On peut noter que cette précision peut être une manière de se démarquer à une époque où se constituent clairement des clientèles (cf. les clients). Il faut aussi souligner que l'acquisition du gentilice dans les cités méridionales coïncide avec l'adoption de l'armement hoplitique et de la tactique du combat en phalanges (cf. l'armée). À la fin du Ve siècle, et surtout au IVe, on constate une nouvelle évolution : le nombre de prénoms diminue, ce qui renforce le rôle du gentilice. En outre, de nouveaux noms apparaissent dans l'inscription, confirmant un net élargissement du corps social et un élargissement du système gentilice à l'ensemble des hommes libres. Le surnom (selon le système romain : prénom, nom, surnom), inconnu à l'origine, fait son apparition et se répand surtout dans le nord de l'Étrurie. **Le grand nombre de gentilices montre bien qu'il n'existait pas un fossé infranchissable entre les aristocrates enfermés dans leurs prérogatives et des roturiers méprisés et sans nom.** Certes, tous ne sont pas des nobles, ni des riches, mais il a dû se développer, comme à Rome, un rapport structurel patron-clients qui a permis à des hommes libres et modestes d'être reconnus au sein de la société et d'y acquérir des droits pour le plus grand bénéfice aussi de l'aristocratie dont ils sont, sinon des serviteurs, du moins des adjuvants. On pourrait dire que les aristocrates les ont, en quelque sorte, récupérés à leur profit.

Scène de procession avec char (palais de Murlo, milieu du VIe *siècle)*

Autre signe de l'élargissement de l'aristocratie, de son ouverture vers l'extérieur : l'accueil qu'elle réserve aux étrangers. Démarate, venu de Corinthe, en est l'exemple emblématique. Son fils prend le gentilice de Tar{ na (= Tarquinius, l'homme de Tarquinia), autrement dit Tarquin, le futur roi de Rome. Il épouse Tanaquil dont il est dit qu'elle vient d'une noble famille. Ce que prouvent d'ailleurs son éducation et sa science des choses religieuses. Des Latins, des Italiques s'installent également en Étrurie. Nous trouvons une Hustileia à Vulci (= Hostilia) ou un Kalatur Hapena à Caere (= Calator Fabius). Les règles de l'hospitalité et les mariages facilitent cette intégration.

Un dernier exemple de l'évolution de l'aristocratie et de son adaptation à la nouvelle économie des échanges au long cours nous est fourni par les peintures des tombes de Tarquinia entre -530 et -470 (en suivant l'analyse de F.-H. Massa-Pairault). La tombe des Taureaux fait allusion au voyage d'Achille vers le Pont, celle des Lionnes au culte dionysiaque, celle du Baron évoque les Dioscures et celle de la Chasse et de la Pêche Aphrodite (déesse à qui, avec Adonis, est rendu un culte dans l'*emporium* de Gravisca, le port de Tarquinia). **Partout se manifeste la profondeur de la pénétration de la culture grecque en Étrurie.**

Les peintures de la période suivante illustrent une nouvelle étape dans cette évolution de l'aristocratie. Sans renier l'influence grecque, elles **exaltent davantage les valeurs de l'éducation, de la famille, de la cité**. Elles témoignent pour une élite qui paraît plus fermée, moins tournée vers l'extérieur, plus séduite par la rigueur du style sévère qui signe les images des vases attiques, très répandus au

Scène d'assemblée (frise architectonique du palais de Murlo)

ve siècle. Cette modification de la mentalité s'explique principalement par les revers étrusques (Cumes, en -474), et le progressif repli à l'intérieur des frontières originelles. Avec le développement du commerce lointain et la grande aventure de l'ouverture sur le monde, les grands propriétaires terriens s'étaient sentis lésés et avaient pu connaître des difficultés pour produire, vu la désaffection du monde rural. Avec les échecs étrusques à l'extérieur, ils reprennent le contrôle. Les aristocrates des campagnes veulent faire entendre leur voix dans la direction des affaires de la cité, au risque de délaisser leurs domaines. L'afflux des populations dans les cités modifie le rapport entre la ville et la campagne, allant jusqu'à créer des difficultés d'approvisionnement. Les grands propriétaires redistribuent leurs terres à leurs clients. Le paysage s'en trouve modifié, ainsi surtout que le rapport de force entre la plèbe et ces clients devenus les nouveaux exploitants agricoles, mais, par ce biais, les aristocrates gardent un certain contrôle sur les campagnes. On peut donc parler à la fois **d'un retour à la terre, d'un certain repli sur des valeurs ancestrales et d'un rétablissement de l'ordre intérieur.**

Au IVe siècle, l'Étrurie se transforme et entame sa romanisation. La société aristocratique semble se refermer sur elle-même. Quelques membres influents se réservent, par alternance, les magistratures électives dans ces républiques oligarchiques qui se sont installées dans toutes les cités. Les aristocrates restent très riches, quelle que soit la situation du pays, et accroissent encore leur niveau de vie jusqu'à un degré de raffinement suprême, justifiant l'accusation de *truphè* (cf. la *truphè*, chap. 10). Les mariages entre grandes familles permettent de concentrer les biens au sein de quelques clans et d'en limiter la circulation ou la dilution en d'autres mains. Le temps est proche des rivalités et des révoltes qui permettront à Rome, appelée à l'aide par ces aristocrates, de rétablir le calme et d'assimiler définitivement son illustre voisine.

LES ESCLAVES

Outre les peintures des tombes, nous ne disposons quasiment d'aucune représentation d'esclaves, et les textes qui en parlent (par exemple Denys d'Halicarnasse) ne nous en proposent que des descriptions très partielles, voire faussées par une conception étrangère. Sur les fresques tombales, l'image de ces serviteurs les plus humbles est flatteuse : il s'agit principalement des serviteurs des banquets funèbres, jeunes échansons nus qui se faufilent entre les lits pour remplir les coupes, accortes servantes vêtues de tuniques claires, cuisiniers et préparateurs nus ou portant un simple pagne (par exemple dans la tombe Golini I à Orvieto ou dans la tombe des Léopards). D'autres, parfois luxueusement habillés, sont musiciens, artistes, mais aussi danseurs, athlètes ou acrobates. Esclaves encore les jeunes gens qui assistent aux jeux, tapis sous les tribunes dans la tombe des Biges et dont certains sont plus occupés à s'octroyer quelques plaisirs privés qu'à suivre l'évolution des coureurs sur la piste. Tout ce petit monde s'anime sous nos yeux, comme toujours dans la peinture étrusque, et ne semble guère souffrir de sa condition servile. Le fait que les esclaves soient représentés sur les fresques pariétales pourrait même laisser penser que les maîtres les tiennent dans une certaine considération, au point de désirer les voir poursuivre leur service dans l'au-delà.

La différence des tâches et des costumes permet de supposer qu'il existait une hiérarchie chez les esclaves. Et il faudrait alors ajouter une liste longue des sans-grade, des arpètes en tout genre qui n'eurent jamais l'honneur d'une représentation ni même, peut-être, la faveur d'un regard : paysans, bergers, aides-artisans, foulons, servantes vouées aux basses besognes, « filles de vaisselle » (comme disait Giraudoux) ou, bien pire, travailleurs enchaînés dans les mines. La dureté de leurs tâches et leur régime de vie expliquent les révoltes qui secouèrent l'Étrurie à plusieurs reprises, notamment en -196.

Nous ignorons par quel mot les Étrusques désignaient l'esclave. Peut-être par celui de « *le} e* », qui semble s'appliquer aux serviteurs de la plus basse condition. Nous connaissons rarement leur nom : peu d'inscriptions concernant les *le} e*, et il est rare qu'il soit précisé, comme c'est l'usage pour les hommes libres, sur les peintures. Parmi les noms connus, voici Apluni (= Apollonius), Atale (=Attale), Ar{ aza (= Arcadius), Evantra (= Evandre), Nicipur (= Nicephore), Tama (= Damas) ou Zerapiu (= Sérapion). Ils disent assez leur origine : la Grèce, l'Asie, l'Égypte...

D'autres sont carthaginois, gaulois, espagnols, sardes... voire d'origine libre mais asservis pour dettes, comme cela existe à Rome dans les premiers temps. En fait, les guerres étrangères, à partir du IIIe siècle, ont permis de ramener à Rome un nombre si considérable d'esclaves que Tibérius Gracchus, vers -137, pouvait dénoncer l'absence d'hommes libres pour travailler la terre étrusque. Les guerres puniques ont fourni plus de 50 000 paires de bras, et, parmi ces Carthaginois, il devait y avoir des hommes rompus aux techniques agricoles professées par Magon dont s'inspireront l'agronome étrusque Saserna et son fils (cf. l'agriculture, chap. 4). Dans la première moitié du IIe siècle, les guerres gréco-orientales menées par Rome permirent l'arrivée en Italie de 250 000 esclaves. L'Étrurie en reçut sa part. Mais déjà, elle était romaine.

Aussi faut-il considérer comme particulièrement pénible la vie des plus obscurs. Leur seul avenir résidait dans l'espoir d'un affranchissement, et donc de devenir *lautni*. Nous ne possédons quasiment aucune inscription concernant les *le} e*, seuls pouvaient espérer que leur nom soit mentionné ceux qui jouissaient d'une certaine considération dans leur condition servile.

LES AFFRANCHIS

Dans la langue étrusque, il est communément admis que le terme de « *lautn* » désigne la famille.

Le mot « *lautni* » qui désigne clairement une catégorie de serviteurs a donc été traduit par le latin « *familiaris* », c'est-à-dire membre de la *familia*. À Rome, la *familia* a un sens élargi : elle regroupe tous les habitants de la demeure, y compris les esclaves. Mais il est clair que les *lautni* ne sont pas assimilables aux *le} e*, obscurs et généralement sans nom. Les *lautni* nous sont connus par des inscriptions, sur leurs urnes cinéraires, qui nous révèlent leur identité. Certaines de ces urnes peuvent être en albâtre, comme celles des aristocrates, ce qui suppose un certain rang, à tout le moins quelque fortune. Ils ont aussi une famille et, parfois, bénéficient d'une tombe qui leur est propre. **Plusieurs inscriptions bilingues proposent une traduction de *lautni* par le latin *libertus* et laissent sous-entendre qu'ils sont des affranchis.**

Cependant, même si, d'une manière générale, il est évident que les *lautni* jouissent dans la *familia* d'une place assez privilégiée, cette traduction du mot par « affranchi » ne semble pas recouvrir l'exacte réalité. On remarque ainsi que les noms des *lautni* dans les inscriptions appartiennent à deux catégories différentes (analysées par H. Rix) : soit ils se composent d'un prénom et d'un gentilice, comme tout homme libre, soit ils ne comportent qu'un nom étranger, ou un prénom (parfois emprunté au *paterfamilias*), éventuellement complété du gentilice (voire du surnom) de son patron au génitif. Il est clair que les *lautni* de cette seconde catégorie ne peuvent être assimilés aux affranchis romains qui, certes, restent liés à leur ancien maître, mais ont reçu la liberté. Ils demeurent donc des esclaves, même s'ils jouissent d'une certaine considération qui leur permet de sortir de l'anonymat.

Ainsi discernons-nous une sorte de hiérarchie parmi les esclaves et serviteurs, et peut-être une forme de progression dans le statut de l'esclave étrusque. Celui-ci a pu bénéficier d'une forme relative de liberté au sein de la *familia*, avant d'être véritablement affranchi. Il se marie, parfois avec une fille de naissance libre, même si ce genre d'union ne recueille pas l'approbation générale (d'après Valère Maxime [IX, 1, 2], le mariage des affranchis avec les filles de leurs patrons pendant les révoltes populaires de Volsinii fit scandale). De toute manière, son fils sera considéré comme un citoyen à part entière, comme c'est le cas à Rome. Lui-même, devenu libre, continue à travailler pour son ancien maître et peut s'élever encore en devenant l'un de ses clients.

LES CLIENTS

Diverses inscriptions, dans les cités du nord comme dans celles du sud de l'Étrurie, mentionnent l'existence **d'une troisième catégorie de serviteurs : les *etera*.** La qualité de leurs tombes et du matériel funéraire retrouvé montre qu'il ne s'agit pas de simples esclaves (*le} e*) ni même d'affranchis (*lautni*), mais **qu'ils appartiennent à une catégorie sociale privilégiée tout en demeurant dans la dépendance d'un patron**. La mention de leur nom s'accompagne presque toujours d'un autre nom au génitif, celui de leur maître, soulignant ainsi leur lien de subordination, mais il s'agit d'hommes libres et jouissant de leurs droits comme l'atteste leur propre gentilice. De surcroît, l'existence de magistrats chargés de les administrer – il est question, dans l'Étrurie méridionale, de *zila} eterav* et d'un *cam} i eterau* – apporte la preuve de leur statut de citoyen libre.

Diverses hypothèses ont été avancées pour traduire le terme d'« *etera* ». La plus intéressante reste probablement celle de J. Heurgon. Les *etera* sont, pour un noble, des compagnons privilégiés qui leur sont tout dévoués, c'est-à-dire ce que l'on appelle à Rome « **des clients** », sans doute, à l'origine, ces éléments étrangers qu'un lien particulier relie à une riche famille. Le personnage évoque le compagnonnage, « la camaraderie militaire » qui existait en Grèce depuis le monde homérique (bien connu des Étrusques), l'*étairos*, comme le fut Mastarna, pour Caelius Vibenna.

Par la suite, il est probable que les *etera* représentent ces hommes d'origine modeste qui se sont placés au service de tel ou tel aristocrate et dont la fidélité se voyait récompensée par l'attribution d'une parcelle de terre à cultiver pour vivre en échange de services à assurer. Et, parmi ces services, les *etera* devaient certainement prêter assistance, les armes à la main, à leur maître, chef de bande et condottiere qui défendait ses prérogatives. Il pouvait aussi bien s'agir d'hommes natifs d'Étrurie que d'étrangers venus s'installer en Toscane et qui avaient besoin d'un patron pour s'intégrer à la société et survivre avec leur famille, selon une pratique connue en Gaule comme à Rome.

Toujours est-il que **les *etera* représentent, si l'on peut dire, l'élite de la société au service des aristocrates**. Certains affranchis rêvent d'ailleurs, une fois libres, de s'élever socialement et de gagner la confiance de leur ancien maître devenu leur patron. La promotion est d'importance. Ainsi voyons-nous un certain nombre d'inscriptions (environ 10 % du nombre de celles qui désignent les *lautni*) faire état d'un statut de *lautneteri*. Le mot associe le statut de *lautni* à celui d'*etera*. Il y a tout lieu de penser qu'il s'agit d'affranchis promus au rang de clients (comme le *cliens libertinus* du tribun de la plèbe P. Rutilius cité par Tite-Live, XLIII, 16, 4).

Pour ne donner qu'un exemple de l'importance de ces *etera*, reprenons l'inscription citée par J. Heurgon (dont l'interprétation paraît plus satisfaisante que celle donnée par H. Rix) :

Se[} re] Venete La[r}] Le} ial clan
La[r}] Venete La[r}] Le} ial etera.

Deux personnages sont mentionnés, qui portent le même nom. Le prénom du premier est *Se} re*, celui du second *Lar}*, l'un est le fils (*clan*) du propriétaire de la tombe, l'autre son *etera*. Tous deux sont cités ensemble, et il apparaît que le rôle du client n'est pas moindre, dans la famille, que celui du fils. Voilà un bel exemple d'ambiguïté pour éclairer le fonctionnement d'une société dans laquelle un serviteur (libre) peut être considéré à l'égal d'un fils d'aristocrate.

L'ARMÉE

Avant de s'abîmer dans les délices de la *truphè* que se plaît à stigmatiser un Théopompe, les Étrusques méritaient un brevet de bravoure, décerné par Diodore de Sicile (V, 40). Ce dernier vante leur remarquable énergie et souligne qu'ils ont su créer une véritable force terrestre. Leurs victoires sur terre et sur mer et la crainte qu'ils inspirèrent longtemps aux Grecs justifient cet éloge de leurs qualités militaires. Encore faut-il se souvenir qu'à une époque ancienne, la guerre pouvait recouvrir divers aspects y compris magico-religieux, et qu'il ne faut pas imaginer les armées étrusques comme, un peu plus tard, nous voyons les redoutables légions romaines imposer leur inexorable loi. **Dans les premiers temps, la guerre revêt**

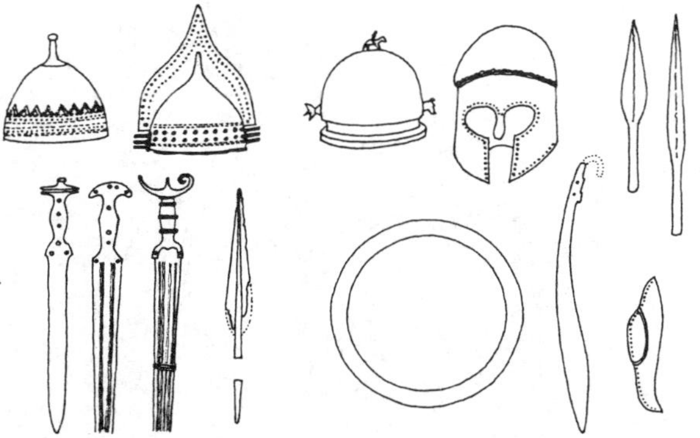

Modèles de casques, glaives, pointes de lance et bouclier (du IXe au Ve siècle)

plutôt un caractère « privé » dans la mesure où il ne s'agit surtout que de querelles de voisinage entre seigneurs, de règlements de comptes, de razzias à une époque où les coups de force tenaient lieu de relations économiques et politiques. Aux IXe et VIIIe siècles, la cité n'existait pas encore et la référence culturelle des potentats étrusques est la guerre de Troie (elle le restera longtemps). Avec elle, c'est l'image mythique du héros, généralement à cheval, qui mène sa troupe dans l'aventure de quelque vengeance ou de son ambition.

La destinée des armées étrusques va changer dans le courant du VIIe siècle avec la formation des cités et les importants changements économiques, politiques et sociaux qui vont s'ensuivre (cf. la formation et l'évolution des cités). **La force des Étrusques fut, dans ces moments de mutation, d'emprunter aux Grecs l'équipement des hoplites et la tactique de combat en phalange,** c'est-à-dire en formation serrée. Les combattants se présentent en ligne, protégés par leur bouclier, ajoutant à la discipline indispensable pour avancer de concert un esprit de solidarité hérité de la

Troupe de guerriers en marche (vase à figures noires, peintre de Micali, VIe siècle)

Scène de combat : le dieu Laran attaque le géant Celsclan (miroir de bronze)

conscience d'appartenir à un corps de citoyens. Le soldat porte un casque, une cuirasse métallique et des jambières ; il est armé d'une lance et d'une courte épée. Surtout, il se protège à l'aide d'un bouclier à peu près rond, d'un mètre de diamètre, appelé à Rome « *clipeus* ». Son armature en bois (ou en osier) est recouverte d'une plaque de bronze ornée de signes distinctifs ou de symboles à valeur apotropaïque (= pour éloigner le mauvais sort). Sur sa face interne, il est équipé, en son centre, d'une poignée, comme les autres boucliers ; mais l'innovation a consisté à n'utiliser cette poignée que pour y passer l'avant-bras tandis que la main s'agrippe après une autre poignée (ou une courroie de cuir) fixée sur le pourtour extérieur. Ainsi le bouclier est-il bien maintenu et assure-t-il une bonne protection du soldat, débordant également devant le combattant situé à sa gauche et assurant ainsi également la protection du voisin immédiat. En Étrurie, cette phalange se trouve bien représentée sur une amphore à figures noires du peintre de

Micali retrouvée à Tarquinia, ou sur l'œnochoé de Tragliatella (cf. les rites de passage, chap. 5).

L'image que ces peintures nous renvoient nous permet d'imaginer l'allure générale des armées qui, par exemple, vinrent attaquer les Romains à plusieurs reprises. Plusieurs tombes (par exemple celle du Guerrier, à Vulci, datant de la fin du VIe siècle) nous ont aussi livré des équipements et des armes d'hoplites, apportant la preuve de cette « révolution hoplitique » par comparaison avec le matériel d'autres tombes antérieures qui témoignent de l'époque où un aristocrate à cheval guidait une troupe à pied. La formation en phalange, alors, n'existait pas.

Il faut souligner le fait que **cette évolution s'inscrit dans le cadre d'une transformation de la société et correspond à la formation des cités**. Sans qu'il soit clairement possible de discerner quel élément, de la cité ou de l'armée, a initié l'autre dans la voie du changement, nous constatons l'évolution d'une société dominée par quelques puissants aristocrates à la naissance des cités. Ce progrès s'accompagne d'un élargissement de l'aristocratie, en même temps qu'il se traduit par un accroissement du nombre de riches en conséquence des nouvelles conditions économiques (cf. le commerce, chap. 4). Le nombre de tombes peintes de Tarquinia, qui n'ont plus rien à voir avec les grands *tumuli* princiers, évoque cet élargissement et fait penser au développement, à Rome, de l'ordre des chevaliers. Les citoyens ainsi rassemblés et qui en ont les moyens, trouvent dans la phalange l'expression de leur solidarité dans la défense de la cité.

Casque à bouton (milieu du IVe siècle)

Dans le même temps nous assistons à une réorganisation politique de la cité. Les curies laissent la place à un système de centuries et de classes censitaires, comme à Rome avec la réforme de Servius Tullius. Les citoyens les plus fortunés se voient ainsi responsabilisés par l'obligation de contribuer à la défense de tous par l'acquisition (onéreuse) de leur équipement. Cette nouvelle disposition politique et militaire, bien avancée au milieu du VIe siècle, est partout attestée à la fin du siècle.

Le temps est donc révolu, à cette date, du chef sur son char conduisant ses soldats à la façon des demi-dieux de l'*Iliade*. Néanmoins, il serait erroné de croire que toutes les phalanges servent des cités. **Les condottieri demeurent. Ces riches seigneurs ont assez de fortune pour faire former leur propre troupe**, car cette nouvelle tactique militaire ne s'improvise pas et nécessite une discipline et des connaissances. Un riche seigneur peut rémunérer des spécialistes pour enseigner l'art de la guerre à ses hommes, principalement des affranchis et des clients. Les soldats deviennent des professionnels. On remarque, d'ailleurs, qu'une phalange peut arborer sur les boucliers de ses hoplites un même symbole totémique, comme l'emblème du seigneur qui les emploie. Ainsi, en observant les *clipei* des hommes représentés sur l'œnochoé de Tragliatella, voit-on figurer la tête et l'avant-corps d'un sanglier. Une riche et noble famille fait donc figurer son blason, comme la famille Tiu (= lune) de Chiusi qui affiche dans son tombeau et sur un bouclier retrouvé un croissant de lune (selon la démonstration de M. Pallottino). Un chef comme Caelius Vibenna ne devait pas agir autrement.

Au IVᵉ siècle, nous observons un changement dans le type d'armement : casque à calotte sphérique et à bouton, muni d'un couvre-nuque et de protège-joues, qui semble s'imposer dans les premières classes censitaires, même si la panoplie hoplitique reste en vigueur, sans doute dans des classes moins élevées. Mais l'évolution a trop tardé. Rome, qui emprunta beaucoup à l'Étrurie, a comblé son retard et devancé sa voisine en développant la tactique manipulaire qui est à l'origine de la formation de la légion. Les Étrusques ont pris du retard et c'est la raison principale des revers qu'ils essuient face à Rome. Ils ont beau tenter d'user de la ruse pour compenser leurs insuffisances – les Falisques et les Tarquiniens envoient des prêtres déguisés en démons, agitant torches et serpents pour effrayer les Romains (Tite-Live, VII, 17) –, les tactiques ont évolué. L'affrontement entre Rome et Tarquinia a sans doute marqué la fin de la phalange. À la fin du IVᵉ siècle, lors du siège de Sutri, Tite-Live décrit l'armement des Étrusques : leur bouclier n'est plus le *clipeus* rond des hoplites, mais le *scutum*, allongé et plus protecteur, que les Romains utilisent déjà dans leurs formations en manipules. Cette remarque laisse penser que les Étrusques ont, à leur tour, adopté l'ordre manipulaire, mais il est trop tard.

Longtemps les Étrusques, en adoptant les armes et les tactiques grecques, **ont été des pionniers en Italie**. Cette avance a assuré leur suprématie. Les Romains leur doivent beaucoup dans ce domaine. Puis Rome a pris l'avantage et l'Étrurie, faute d'avoir pu devancer cette nouvelle évolution, a payé ce retard de sa liberté.

LA MARINE

Diodore de Sicile (V, 40) salue l'énergie des Étrusques mais, à l'instar de nombreux autres historiens de l'Antiquité, souligne surtout leur faculté à s'imposer sur mer. Il rappelle que, si la mer qui baigne « les côtes de l'Italie » porte le nom de « Tyrrhénienne », elle le doit aux « forces navales » de ceux qui furent « longtemps les maîtres de la mer ». Est-il besoin de rappeler que la principale image laissée par les Étrusques dans le souvenir de leurs contemporains est celle de redoutables pirates.

Un passage de Pline (*Histoire naturelle*, VIII, 209) nous apprend **qu'un certain Pisaeus l'Étrusque aurait eu l'idée d'ajouter un éperon à l'avant des bateaux ronds afin d'en faire des navires de combat**. Ces navires existaient en Méditerranée orientale depuis le IXe siècle environ et se distinguaient des navires marchands par un éperon qui prolongeait la proue juste au-dessous de la ligne de flottaison. En Occident, la forme des navires étant différente avec leurs deux extrémités relevées, on eut l'idée d'ajouter à l'avant du bateau un éperon de bois, à l'origine, puis de bronze, juste au-dessus de la ligne de flottaison. L'efficacité des deux types de navires était similaire.

Pisaeus désigne en fait un Pisan, un homme de Pise. Cette ville n'est certes pas une des plus importantes d'Étrurie, mais, d'après Strabon (V, 2, 5), sa région est riche en bois bien adaptés à la construction des bateaux. En outre, la cité se trouve proche de la zone minière la plus importante du pays, propre à fournir le bronze pour la fabrication de l'éperon. Sans doute les Pisans maîtrisent-ils parfaitement la métallurgie puisque Pline attribue au même Pisaeus l'invention de la trompette, qui était de bronze. Nous ne saurons jamais si un lien étroit unissait les deux créations du Pisan, ni si les Étrusques effrayaient leurs ennemis au son tonitruant de la trompette avant de se lancer à l'abordage, mais il reste vrai que les marins toscans étaient surnommés les « pirates-trompettes ». Encore faut-il rappeler **que les marins de l'Antiquité cumulaient les fonctions de marchands et de corsaires**, ne reculant pas devant quelque coup de force, et que l'on appelait volontiers « pirate » tout adversaire lancé sur les mers et considéré comme un concurrent.

En réalité, **il semble que les Étrusques aient toujours pratiqué la mer et que les échanges militaires aient beaucoup participé de leur développement**. Les premières cités à prendre leur essor sont celles du bord de mer. Les relations avec la Corse et la Sardaigne se sont établies très tôt et les Grecs, dès l'installation de leurs premières colonies, se sont inquiétés de la menace des pirates tyrrhéniens. Or la première de ces colonies, celle fondée à Pithécusses (sur l'île d'Ischia) date de -770. **La marine étrusque date donc du VIIIe siècle au moins**.

Quant aux célèbres combats navals, comme celui d'Alalia vers -540, il faut les imaginer comme un affrontement de pentécontores (navires à cinquante rameurs). La trière ne se répand qu'au Ve siècle. Au large d'Alalia, ce sont soixante vaisseaux étrusques et soixante carthaginois qui affrontent soixante bateaux phocéens. Tous des pentécontores, qui sévissent sur les mers depuis l'époque homérique. Et l'éperon remplit son office. Comment expliquer, sans lui, le grand nombre d'hommes à l'eau, repêchés par les Étrusques et ramenés à terre où les gens de Caere les attendaient pour les lapider ?

La guerre sur mer se révèle particulièrement périlleuse et spectaculaire. Elle offre également un bon exemple de la violence et de la cruauté dont chaque peuple pouvait aisément disputer la palme aux autres.

Navire de guerre (vase à figures noires, peintre de Micali, VIe siècle)

IV

LA VIE ÉCONOMIQUE

La puissance économique de l'Étrurie surprend. En fait, **son développement est lié à la richesse de sa terre et de son sous-sol.** Les importants gisements de minerais expliquent que les colons grecs se soient très tôt intéressés à cette région de l'Italie, comme ils se sont portés vers l'Espagne, également riche de ces matières premières qui leur faisaient défaut. Les Étrusques y ont gagné de prendre avant d'autres peuples de la Péninsule un essor qui les a placés dans le groupe des trois premières civilisations du moment en Méditerranée.

Mais les richesses naturelles sont un don des dieux, ou du hasard. Elles ne sont rien sans le travail et le talent des hommes. Les Étrusques ont su, magistralement, inventer une science de l'hydraulique, drainer les sols pour les rendre cultivables, obtenir du rendement, exploiter les mines, transformer les minerais, initier les échanges et valoriser leurs productions. Les premiers, ils ont développé la vigne en Italie et exporté le vin en Gaule, où ils ont appris aux Gaulois à le goûter ; les premiers ils ont maîtrisé la technique du bronze, étonnant les Grecs venus très tôt leur acheter des pièces ; les premiers dans la région, ils ont su organiser un commerce au long cours, et l'on retrouve aujourd'hui la trace de leur négoce du Danemark en Égypte, d'Angleterre en Pologne.

Nombre de documents, archéologiques et textuels, témoignent de cette activité féconde. L'un des plus célèbres reste le passage de Tite-Live (XXVIII, 45, 15 *sqq.*) dans lequel l'historien détaille toute l'aide que l'Étrurie put apporter à Scipion, en -205, jeune consul qui se préparait à porter le coup final aux Carthaginois sur leurs terres africaines. Rassembler une armée et tout le matériel qui lui permet de combattre coûte cher. Chaque cité étrusque a participé en fonction de ses productions spécifiques : Populonia fournit le fer, Tarquinia les toiles de lin (pour la voilure des navires), Volterra le bois destiné à l'armature des bateaux, Pérouse, Chiusi et Roselle les troncs de sapin utiles à la finition des bâtiments, Arezzo les armes (3 000 boucliers et autant de casques, 50 000 javelots et lances longues...) et les outils (haches, pelles, faux et meules pour équiper quarante vaisseaux), toutes ces cités et principalement Caere les céréales et autres denrées nécessaires à l'approvisionnement des troupes... On remarque, en cette fin du IIIe siècle où l'Étrurie est devenue romaine, qu'elle n'a globalement pas beaucoup perdu de sa richesse passée, mais que la force économique s'est déplacée : les cités maritimes, jadis les plus puissantes, ont dû s'incliner devant la prospérité des cités de l'intérieur ; et Arezzo, principalement, fait preuve d'une capacité de production stupéfiante, surtout si l'on tient compte du court laps de temps laissé par Scipion aux alliés étrusques pour s'exécuter.

Encore faut-il rappeler que cette force s'exerce dans des cités souvent rivales. La mosaïque étrusque avait facilité la conquête romaine. **Ce manque d'unité explique, à un moment donné, l'essoufflement de l'Étrurie, politiquement et économiquement**. Son inaptitude à s'adapter à une situation géopolitique nouvelle par une fusion des principales cités entre elles lui a été fatale. L'eût-elle réussie, on devine quelle résistance elle eût nourrie face à l'ambition romaine.

L'AGRICULTURE

Nombre d'auteurs s'extasient sur la luxuriance de l'Étrurie, la fertilité de son sol, l'abondance et la variété de ses cultures. Ils donnent d'elle **l'image d'un pays verdoyant, fécond, opulent**. Souvenons-nous de la description enthousiaste que fait Pline le Jeune de l'écrin de verdure dans lequel s'insère sa villa toscane (*Lettres*, V, 6, 7 *sqq.*) : les collines, la plaine giboyeuse, « les grasses collines couvertes d'une couche de bonne terre », les belles maisons, les vignes à perte de vue, les bosquets, « les prairies émaillées de fleurs », « les sources intarissables »... Tout cela compose « un tableau de paysage d'une grande beauté » (cf. le paysage, chap. 2). L'ami de Trajan s'abandonne au lyrisme. C'est à peine si l'on sent le dur labeur des hommes derrière cette peinture idyllique. Et encore Pline n'a-t-il pas choisi la région la plus ingrate pour s'y façonner un nid de verdure.

S'il est vrai que certaines régions de l'Étrurie pouvaient offrir sans trop de peine l'image d'un petit paradis, tel n'est pas le cas de l'ensemble du pays. D'autres parties sont arides, ingrates, voire pestilentielles (l'Étrurie maritime) en raison de marécages infestés de moustiques porteurs de la malaria. Les terres du Sud, en raison de la présence d'un tuf d'origine volcanique, sont difficiles à cultiver. Il fallut toute la science des ingénieurs hydrauliciens pour que la quasi-totalité du pays pût mériter, vers la fin de son histoire, les éloges que les Romains lui décernèrent (cf. l'hydraulique).

L'agriculture est, en effet, une activité économique de premier plan. La recherche et l'exploitation de terres arables, à proximité des cours d'eau, ont constitué la première préoccupation des Étrusques à l'époque villanovienne. Dès la fin de l'âge du bronze, les populations ont porté leurs efforts sur la culture et sur l'élevage. C'est pourquoi les historiens parlent de « colonisation villanovienne ». La terre est le principal investissement. De ce fait, **l'organisation du territoire et la délimitation des terrains prennent une importance capitale et marquent un trait fondamental de la mentalité étrusque** (dont hériteront d'ailleurs les Romains). D'après Cicéron, un des premiers préceptes enseignés par le héros fondateur Tagès tout juste sorti de son sillon (un symbole !) fut celui de la *limitatio*. C'est à Tinia, le Jupiter étrusque, que sont dédiées les bornes qui délimitent le territoire parce que, selon la tradition, il aurait lui-même ordonné que les champs fussent mesurés et limités, par souci de clarté, « connaissant l'humaine avidité et le désir de posséder des terres ». Nous connaissons d'ailleurs le mot étrusque qui désigne les limites, *tular*, et l'archéologie nous a livré plusieurs de ces cippes de pierre destinés à marquer les confins d'une cité ou d'une propriété. Les bornes sont sacrées, et la nymphe Vegoia (cf. les prophètes, chap. 6) a menacé des « pires maladies et des pires blessures », sans oublier les tempêtes et les tourbillons, celui qui déplacerait les bornes « pour étendre ses propriétés et diminuer celle des autres ». Cette « sanctification » des limites montre à quel point le sujet était sensible.

Dès l'époque villanovienne, les hommes sont d'abord des laboureurs et des soldats. **La terre délivre aux aristocrates qui la possèdent un brevet de noblesse et, avant l'éclosion d'une aristocratie commerçante, ce sont eux qui assurent la prospérité des cités.** Cette double capacité à travailler la terre et à la défendre constitue la reconnaissance de la société de la qualité d'homme adulte. Les initiations des adolescents, pour autant qu'on puisse en juger, mêlent ces deux caractères agricole et martial, comme semble en témoigner, par exemple, le vase de Bisenzio (cf. les rites de passage, chap. 5).

En ce qui concerne **les productions agricoles**, l'étude minutieuse des sources montre qu'elles n'ont sans doute pas été aussi variées que l'admiration pour la fertilité du territoire pourrait le laisser entendre. Même si, comme partout dans l'Antiquité, la polyculture demeura la règle, **les deux principales cultures étrusques sont les céréales et la vigne.** Le blé d'Étrurie jouit d'une flatteuse réputation, aussi bien l'épeautre (avec un fort rendement) qui constitue l'alimentation de base du petit peuple (pour des bouillies), qu'une variété de blé tendre apprécié pour la pâtisserie et la boulangerie fine. Les stocks de l'Étrurie méridionale furent plus d'une fois sollicités par les Romains en période de disette.

La vigne, introduite par la Campanie, s'implante dans le Latium et le sud de l'Étrurie probablement dès le VIIIe siècle. Par sa nature, le vin tient une place particulière dans la société. Il est réservé à l'aristocratie qui en use surtout lors des fêtes (comme le montrent les peintures représentant les banquets de funérailles). Symboliquement, il est la boisson des héros, et son pouvoir enivrant est lié au culte de Bacchus. Il souligne également le statut politique de celui qui le consomme. Au IIIe siècle, plusieurs grands vins sont connus jusqu'en Grèce. Ceux de Luni et de Gravisca sont célèbres, à l'inverse des vins de la région de Veies, peu chers, dont les poètes se plaignent. Les vins de Toscane sont encore ceux qui, aujourd'hui, sont parmi les plus connus de l'Italie. Mais leur pouvoir de fascination ne va certainement pas, malgré la légende, jusqu'à inspirer aux Gaulois le désir d'envahir l'Étrurie, en -390, sur l'invitation d'Arruns de Chiusi...

Parmi les autres productions, il faut signaler **le lin** qui permet de tisser des toiles à la solidité éprouvée pour les navires, et aussi de fabriquer des filets de chasse, à la fois légers et résistants.

L'arboriculture connaît également un certain succès. Les relations des Étrusques avec les Carthaginois expliquent sans doute que l'adaptation en Italie de certaines espèces (comme le citron) commence en Étrurie. Quant à l'olivier, sa culture débute assez tardivement (elle est encore inexistante au VIe siècle). Ce qui ne veut pas dire que les Étrusques ne consommaient pas d'huile d'olive (appelé « *eleivana* »). Ils l'importaient d'Attique dans des amphores dont, par exemple, les dépôts de Caere ont livré de nombreux spécimens.

Outre ces cultures de base indispensables à la subsistance, les riches terres de Toscane autorisent diverses plantations plus ou moins ornementales. Les peintures de Tarquinia nous laissent imaginer **de somptueux jardins fleuris**, plantés d'essences exotiques (palmiers, grenadiers) dont la symbolique peut être liée à des superstitions religieuses. Ainsi certaines espèces sont-elles jugées favorables, et d'autres de mauvais augure parce que placées sous la protection des dieux infernaux. Tel est le cas des arbres à baies et à fruits noirs (couleur des Enfers), des épineux (houx, ronces etc.), alors que sont considérés de bon augure le chêne, l'yeuse, le hêtre, le coudrier, le figuier blanc, le poirier, le pommier, la vigne, le prunier et quelques autres. Ces classifications nous rappellent combien, dans la mentalité antique, la nature est investie par le divin et quel rapport étroit l'unit à l'homme.

L'Étrurie est aussi une terre de forêts (qu'on songe à la profondeur effrayante de la forêt ciminienne), même si la déforestation va bon train. Au IVe siècle, Théophraste parle encore de ces hêtres si hauts (une trentaine de mètres) qu'ils suffisent pour couvrir la longueur de la quille d'un bateau. Chênes, hêtres et sapins sont ainsi exploités principalement pour les chantiers navals dont Pise est un bon exemple (cf. la marine, chap. 3).

L'archéologie a fourni **de nombreux exemples d'outillage agricole**, en fer ou, votifs, en bronze : pelles, pioches, houes, binettes, faucilles, serpes... L'industrie du fer a permis aux Étrusques de fabriquer des outils bien appropriés à leur vocation agricole. Plusieurs modèles d'araires sont également proposés, légers et encore assez primitifs, qui rappellent la prescription de Tagès pour le rite de fondation des villes. Le témoignage le plus émouvant réside peut-être dans le célèbre petit bronze d'Arezzo (IVe siècle) : il représente un paysan derrière ses bœufs guidant son araire qui enraie la terre en un geste éternel, calme et lointain.

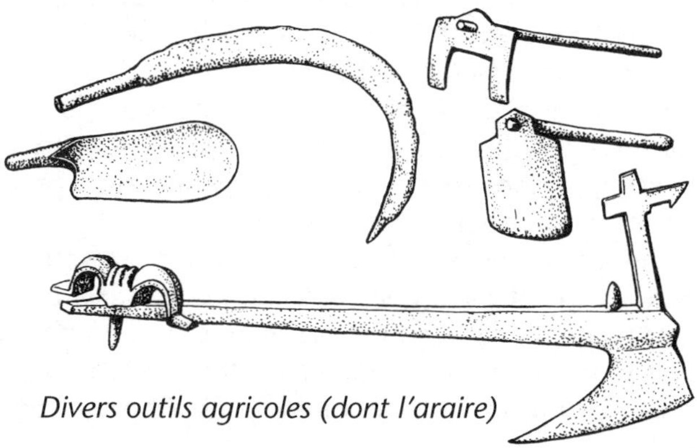

Divers outils agricoles (dont l'araire)

Quant aux pâtres, ils sont nombreux à conduire **leurs gras troupeaux** sur les vastes plaines côtières ou dans les vallons herbeux du cœur du pays. Les bœufs sont réputés pour leur résistance, les génisses pour leur blancheur (et recherchées pour les sacrifices), les brebis sont généreuses en lait (celui des brebis de Luni permet de fabriquer d'énormes fromages pouvant peser jusqu'à plus de 300 kg !), et les porcs donnent une charcuterie renommée (les tripes à la mode falisque ont connu une belle carrière). Polybe nous brosse un tableau assez peu commun des porchers étrusques qui avaient accoutumé leurs animaux à reconnaître le son de leur trompette et à les suivre à cette musique. Il décrit ces longs troupeaux qui s'étirent le long de la mer, suivant leurs guides qui les encouragent en faisant vibrer l'air des sonneries de leur puissant instrument.

La science agronomique des Étrusques doit beaucoup au savoir-faire des Carthaginois dans ce domaine. Le célèbre traité de Magon leur était bien connu. Nous savons qu'un certain **Saserna** rédigea également un traité à la fin du IIe siècle et que son fils poursuivit son œuvre. Les agronomes latins (Varron, Columelle et Pline) le citent à plusieurs reprises. C'est d'ailleurs tout ce qu'il en reste. Comme Caton, Saserna traitait aussi de sujets annexes, comme la médecine et l'hygiène de vie. Et parce que, dans l'Antiquité, les superstitions ou les formules magico-religieuses se mêlent étroitement aux réflexions plus rationnelles, Varron rapporte quelques recettes et remèdes conseillés par les Saserna : pour éliminer les punaises, mélanger du fiel de bœuf avec du vinaigre et en frotter le lit ; pour s'épiler, jeter dans l'eau une rainette jaunâtre, la laisser bouillir jusqu'à ce qu'elle réduise des deux tiers, puis s'en oindre le corps ; contre la goutte, répéter vingt-sept fois (c'est-à-dire « trois fois neuf fois») à jeun en touchant la terre et en crachant : « Je pense à toi, guéris-moi les pieds, que la terre garde la maladie, et que la santé reste ici dans mes pieds »... (Varron, *De re rustica*, I, 2, 25 *sqq.*). La sagesse paysanne n'est pas absente, avec des préceptes qui relèvent de l'observation des anciens : ainsi la poussière en hiver et la boue au printemps sont-elles annonciatrices de beaux grains à la moisson (comme le rapporte Festus, 17, 16 L).

Plus sérieusement, les rares traces de ce traité étrusque d'agronomie qui nous soient parvenues prônent **l'économie de subsistance.** La ferme de Saserna, comme celle de Caton, doit s'autosuffire et donc produire tout ce qui est nécessaire à la vie de ses habitants de façon à dépenser le moins possible pour des achats externes. Autre indication importante, toujours relayée par Varron, l'autorité de l'intendant doit se montrer infaillible, car seule la discipline assure au travail son efficacité. Saserna considère qu'un homme suffit pour bêcher 1 ha de terre en 45 jours, en tenant compte des accidents de santé, du mauvais temps et... de la paresse de l'esclave ! Un peu plus loin, il précise que deux attelages sont suffisants pour labourer 50 ha. Quant à **la superficie moyenne des propriétés**, il convient de rappeler que la plupart des paysans ne possèdent que quelques hectares ? 50 ha représentent déjà une grande exploitation. Ceci ne signifie pas que quelques gros propriétaires n'aient pas joui de terres beaucoup plus étendues, puisqu'on parle parfois de *latifundia*. Mais il faut se garder de comparaisons hâtives avec, par exemple, les haciendas d'Amérique latine. Dans l'Antiquité, les *latifundia* détenues par quelques riches personnages ne sont jamais d'un seul tenant. Elles se composent de plusieurs domaines répartis dans des lieux séparés dont les terres sont généralement propres à des cultures différentes (céréales, vignes, etc.). C'est l'addition des superficies de ces divers domaines qui permet de parler de *latifundium*.

L'HYDRAULIQUE

La science des Étrusques dans le drainage des eaux est saluée par tous les auteurs latins qui ont eu à aborder le sujet. La compétence de leurs ingénieurs était unanimement reconnue. De fait, **sans eux, jamais l'Étrurie n'aurait été le pays riant et fertile que l'on dépeint**. Certaines régions, marécageuses, notamment près de la côte, sont particulièrement insalubres, infestées de moustiques qui propagent la malaria. D'autres plutôt au sud, sont difficilement cultivables en raison d'un sol dans lequel domine un tuf d'origine volcanique. L'irrigation ne s'y fait pas naturellement. En outre, avec la constitution de villes importantes, il faut penser à créer des citernes, et donc amener l'eau, puis veiller à l'évacuation des eaux usées. La science des sourciers et des hydrauliciens se révèle donc nécessaire et contribue grandement au développement économique des cités concernées.

Parmi les travaux dont les textes et l'archéologie ont témoigné, on peut retenir **le détournement d'une partie des eaux de fleuves**

par des canaux afin d'inonder et de nettoyer des marais insalubres, **le forage de puits** pour atteindre les ressources souterraines, **le creusement de canaux à ciel ouvert** pour faciliter l'irrigation, la réalisation de réseaux de canaux souterrains afin de permettre l'agriculture dans les régions au sol aride, **la construction d'égouts** pour l'assainissement des cités.

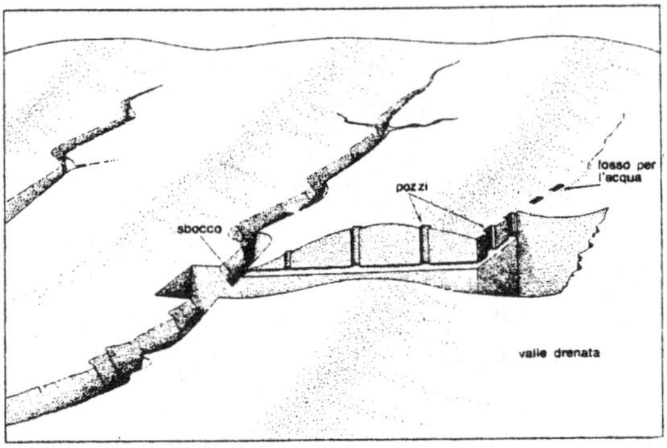

Les canaux de drainage des champs

Les ouvrages les plus spectaculaires sont ceux qui favorisent le drainage par canaux souterrains dans les campagnes. Les vestiges retrouvés montrent l'existence d'un tunnel principal (1,70 m de haut et 60 cm de large pour qu'un homme puisse y travailler) que rejoignent d'autres canaux, plus petits, reliés à la surface par des puits verticaux destinés à recueillir et à évacuer les eaux. Les puits, de forme rectangulaire, sont situés tous les 30 ou 40 m et présentent des encoches sur toute la hauteur d'une de leurs parois pour que les ouvriers chargés de les entretenir puissent descendre à l'intérieur. En effet, l'entretien est essentiel car l'exploitation des terres en dépend et, de surcroît, des canaux qui se bouchent accumulent des eaux devenues stagnantes, aussi nocives que celles d'un marécage.

Autre réalisation célèbre : l'assainissement du Forum romain et **la création des premiers égouts de Rome** centralisés dans la Cloaca Maxima qui évacuait les eaux vers le Tibre. Ce fut l'œuvre des Tarquins. Le Forum, marécageux et facilement inondable, devient, grâce aux rois étrusques, le lieu de rencontre des habitants des collines, et, quelques siècles plus tard, le centre du monde antique. À l'époque étrusque, la Cloaca Maxima s'écoulait à ciel ouvert (elle ne sera couverte qu'au IIe siècle avant notre ère) et emportait tous les immondices vers le fleuve. Comme le notait Cicéron, il avait permis au cœur de Rome de devenir « salubre au milieu d'une région pestilentielle ». De fait, la région de Rome, en raison d'un sol similaire à celui de l'Étrurie méridionale, était impropre à l'agriculture. Ce sont les Étrusques qui apprirent aux Romains comment drainer le sol et le cultiver. À la chute de l'Empire romain, l'abandon de l'entretien des canaux d'irrigation et, par voie de conséquence, celui de l'agriculture sont une des plus remarquables manifestations du déclin de Rome. De la même façon, au IIIe siècle avant notre ère, les guerres et les difficultés économiques en Étrurie ont causé la négligence de l'entretien des canaux, provoquant le retour du paludisme et accélérant la décadence.

LA MÉTALLURGIE

Les importantes ressources du sous-sol toscan et le savoir-faire des artisans étrusques dès la haute époque expliquent en grande partie le développement et la richesse de l'Étrurie avant d'autres régions de l'Asie centrale. Les Grecs, en effet, ont remonté le long des côtes jusqu'aux rivages toscans parce qu'ils recherchaient des matières premières qu'ils ne trouvaient pas chez eux. Il suffit de comparer les bronzes villanoviens et ceux découverts dans les tombes grecques de la même époque pour s'en convaincre. Mais ce qu'ils convoitaient surtout, c'était le cuivre et le fer dont l'Étrurie était riche. **Le fer, à cette époque, avait probablement plus de valeur que l'or** en considération des progrès techniques qu'il autorisait.

Deux auteurs, Diodore de Sicile et Strabon, nous permettent de prendre la mesure de la richesse minière de l'Étrurie et de la manière dont les Anciens traitaient le minerai. L'archéologie est venue confirmer leurs dires. S'il est vrai que l'on trouve **des mines** dans plusieurs régions du pays, y compris à l'intérieur, **c'est surtout dans la zone côtière qu'elles se situent, et principalement dans le Nord,** dans la cité de Populonia qui connaît un essor industriel remarquable à partir du VIe siècle, à l'heure où sa voisine au sud, Vetulonia, connaît un fort déclin. L'activité de Vetulonia était, elle, déjà florissante au VIIIe siècle. Le sous-sol de ces deux cités fournissait **fer, cuivre, plomb, argent et étain**, bien que ces deux derniers fussent produits en faible quantité. On retrouvait les mêmes minerais entre Tarquinia et Caere auxquels s'ajoutait l'alun, utilisé pour le traitement des peaux. Également du cuivre à Arezzo, Volterra et dans quelques autres cités.

Il semble que l'étain extrait dans les premiers temps ait suffi à la production locale de bronzes, mais il s'avéra rapidement insuf-

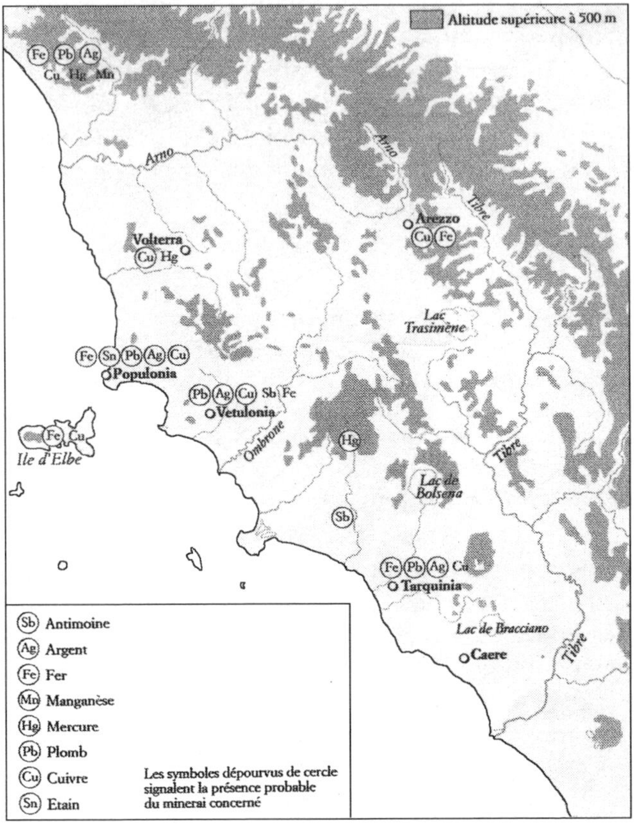

Les gisements de minerais en Étrurie

fisant. Il fallut l'importer des mystérieuses îles Cassitérides (les îles Britanniques et, surtout, la Cornouaille). Mais la voie maritime était le monopole des Phéniciens. Les Étrusques, excellents commerçants, établirent des routes qui suivaient principalement les voies fluviales à travers les Gaules (Rhône, Saône, Seine) et de nombreux témoignages archéologiques attestent leur passage, notamment sur les lieux de péage comme à Vix pour passer de la Saône à la Seine. Ce négoce contribua également à la fortune de ports comme Marseille. Grâce à ce trafic, les Étrusques ont pu produire, et en grand nombre, les bronzes magnifiques que nous connaissons (cf. les bronzes, chap. 8).

En Étrurie, le site qui demeure dans les mémoires comme le plus productif, le plus extraordinaire, **une sorte d'eldorado minier, c'est**

l'île d'Elbe, à une dizaine de kilomètres au large de Populonia. Virgile la décrit comme une terre « généreuse aux mines inépuisables » (*Énéide*, X, 174). La légende voulait qu'elle fût si riche en fer que le minerai avait la faculté de se reconstituer de lui-même dans les mines au fur et à mesure qu'on l'extrayait. Les Grecs de Syracuse, qui le convoitaient, ont même lancé deux expéditions contre l'île en -453. À l'origine, le premier traitement du minerai, qui nécessitait du bois de chauffage, dut se dérouler sur l'île même puisque son premier nom fut Aithaleia, c'est-à-dire « noircie par le feu », comme une allusion à la pollution par la suie et la fumée dégagées par les fours. Mais très vite, sans doute par manque de bois sur l'île même, le traitement du minerai se fit à Populonia où il était aussitôt transporté. Les abondantes forêts de cette région toscane fournirent le combustible nécessaire (car il faut deux fois plus de charbon de bois que de minerai pour un rendement déjà très modeste). Les nombreux monticules de scories des environs de Populonia (certains atteignent 20 m de hauteur) répartis sur 2 000 ha témoignent de l'activité métallurgique de celle que d'aucuns ont surnommée « la Pittsburgh de l'Antiquité ».

Nous ignorons presque tout des conditions de vie des mineurs, probablement pénibles et très frustes. Sans doute travaillaient-ils avec des pics et s'éclairaient-ils dans les galeries avec de petites lampes prévues pour être accrochées, comme on en a retrouvé. Les fouilles des villes comme Populonia ou Marzabotto ont également révélé **de véritables quartiers industriels** où les ouvriers travaillaient les métaux. En témoignent par exemple des pinces permettant de transporter le métal chauffé au rouge ou des matrices de terre cuite utilisées pour la fonte d'objets à la cire perdue. Les mines étaient simples et peu profondes, parfois en plein air, parfois creusées dans le sol. Elles étaient nombreuses, particulièrement près de Campiglia, au nord de Populonia.

En revanche, nous sommes mieux renseignés sur **les fours** dont les archéologues ont mis au jour de nombreux spécimens, parfois bien conservés, comme ces fours destinés à traiter le minerai de cuivre : ils sont de forme cônique et leur diamètre intérieur dépasse 1,50 m. Une plaque de pierre percée de trous les divise en deux compartiments. Le foyer, situé dans la partie inférieure, chauffe la pyrite de cuivre dans la chambre supérieure. La température étant insuffisante pour obtenir la fusion, une autre opération est nécessaire dans d'autres fours, partiellement enfouis dans le sol et construits en pierres assemblées par de l'argile.

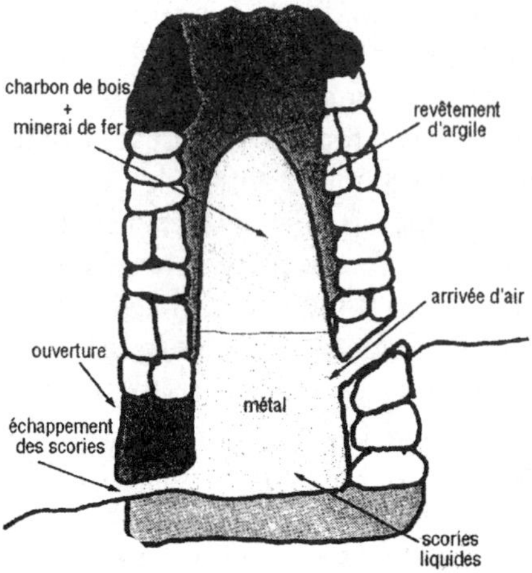

Schéma d'un four traditionnel pour le traitement du minerai de fer (d'après G. Camporeale)

Une double opération est également indispensable pour obtenir du fer. Diodore précise que « la roche sidérifère est d'abord brisée en morceaux en vue de la fonte et de la préparation du métal ». Dans le four, « sous l'effet d'un feu puissant, ils (les ouvriers) le fondent et le réduisent en lingots de dimensions convenables, qui ressemblent à de grosses éponges ». Ce sont ces masses spongieuses que les marchands grecs achetaient pour les faire retraiter ensuite par des forgerons. Plusieurs exemples de ces « éponges » de fer, originaires de l'île d'Elbe, ont été retrouvés à Ischia, lieu d'implantation de la première colonie grecque en Italie. La méthode de traitement est demeurée longtemps empirique et le rendement ne pouvait être élevé. La température interne d'un four avoisinait les 1 250°C. La présence de fer dans les scories est alors de 40 %. Il s'agit d'un compromis : si la température est plus élevée, les scories comportent plus de fer, si elle est plus basse, la séparation du fer se fait plus lentement.

Ces nouvelles technologies sont précieuses. Elles permettent de **forger des armes et des outils agricoles**. Et « les marchands les exportent ensuite dans toutes les parties du monde qu'ils font participer ainsi à ces commodités ». Diodore se félicite du progrès apporté à la civilisation par la diffusion du savoir-faire des métallurgistes. Les dieux y veillent aussi, notamment Se} lans, protecteur des artisans, le Vulcain étrusque dont on retrouve la tête coiffée d'un bonnet sur l'avers d'une monnaie frappée à Populonia au IIIe siècle. Le revers montre des tenailles et un marteau.

Mais à la même époque, Populonia décline déjà. La capitale industrielle de l'Étrurie, sous l'Empire romain, offre à ses rares visiteurs un aspect « désolé » (*dixit* Strabon) avant de tomber en ruine et de sombrer dans l'oubli.

LE COMMERCE

L'histoire de l'Étrurie est étroitement liée à l'activité commerciale des cités. **La fondation des colonies, les affrontements militaires se présentent souvent comme des manifestations de la défense d'intérêts économiques hors des frontières étrusques.** Ceux qui passaient pour des pirates sont d'abord des concurrents redoutés dans le monde méditerranéen, et les grandes puissances d'alors, Carthage, les cités grecques de l'Occident méditerranéen, les cités étrusques, échafaudent des stratégies (alliances ou guerres) dans le seul souci de s'assurer un monopole et de conforter leur position économique.

C'est au VIIIe siècle que les Grecs commencent à établir des colonies en Occident, sur la trace des Phéniciens à qui Carthage doit sa fondation (en -814 selon la légende). La richesse du sous-sol étrusque attire les nouveaux colons qui sont en quête de matières premières (cf. La métallurgie). Les luttes d'influence ne tardent pas à s'instaurer. À cette époque, les Étrusques ne sont pas encore en position d'exporter au loin leur production. Le troc établi avec les étrangers va aider à leur développement. Ils y gagnent notamment l'acquisition de l'alphabet et la pratique de l'écriture dès que les échanges se complexifient (cf. l'alphabet, chap. 7). Au VIIe siècle, ils sont assez forts pour construire eux-mêmes des navires et prendre la mer.

Pour autant, il ne faut pas croire que le commerce étrusque doit tout à l'arrivée des étrangers en Toscane. **Depuis la fin du Xe siècle**, avant même l'époque villanovienne, **les échanges sont déjà bien développés en Italie**, et même avec les îles (Sardaigne et Corse), comme le prouve le matériel retrouvé dans les tombes. Bien plus, la présence d'ambre de la Baltique dans ces tombes laisse imaginer des expéditions beaucoup plus lointaines dont, malheureusement, nous ne savons rien. Mais c'est surtout à partir du VIIIe siècle que la population s'accroît, que la production augmente et que les beaux bronzes étrusques commencent à connaître un engouement justifié.

Dès la plus haute époque, et sans interruption par la suite, **le commerce étrusque à l'intérieur de la péninsule italienne a contribué grandement au développement des autres peuples**. Les Toscans ont transmis leurs techniques (l'hydraulique qui permet d'assainir les sols, par exemple), enseigné l'alphabet hérité des Grecs (le latin, le vénète, le falisque, l'osque, l'ombrien… l'ont adapté à leur phonétique pour en faire leur moyen d'expression), favorisé le passage de la vie agraire à la culture urbaine. Non que les Étrusques aient dominé tous ces peuples voisins avec lesquels ils entretenaient des relations étroites, mais ils les ont éduqués en influant sur leur culture. Chaque cité a contribué à ces échanges : ainsi la métallurgie de Vetulonia et de Populonia, la pêche des cités maritimes (on a retrouvé des hameçons et des poids de filet, et même des tridents qui prouvent qu'on se livrait à la pêche au gros), et surtout le sel de l'embouchure du Tibre dont la commercialisation outre-Tibre a fait la richesse de Rome.

Pour satisfaire à ce commerce intérieur, **l'Étrurie bénéficiait d'une riche infrastructure de voies fluviales et terrestres.** Les cours d'eau sont nombreux dans cette région de l'Italie, et le Tibre, longtemps appelé « *Tuscus amnis* » (= le fleuve étrusque), en est la voie royale. Les cités qui avaient la chance de dominer les principales voies de passage (comme Volsinii, Chiusi ou Rome) étaient promises à un développement plus rapide. Les denrées les plus précieuses les empruntaient et elles contrôlaient aussi bien l'acheminement des minerais vers l'intérieur que le transport des produits agricoles. Il faut imaginer, sur le fleuve, cette incessante circulation de bateaux à faible tirant d'eau et aux deux extrémités relevées, qui se laissent porter par le courant dans un sens ou sont halés par des bœufs à la remontée, au rythme lent de ces animaux arpentant les larges chemins qui toujours bordent les cours d'eau navigables.

Les routes, moins praticables, formaient cependant un maillage touffu du pays. Loin de ce que seront les voies romaines larges et pavées qui traceront de véritables saignées dans le paysage étrusque (la via Aurelia date de -241, qui suit la côte, la via Amerina, de la même époque, qui suit le Tibre sur sa rive droite, les voies Clodia et

Divers types de chars : voitures à deux roues, carpentum, *char de course, char de guerre*

Cassia), les chemins de terre étrusques (pavés seulement aux abords des villes) serpentent au gré du relief. Souvent défoncés sous le poids des lourds et, semble-t-il, nombreux chariots qui les empruntent, ils ne répondent apparemment à aucune logique économique centralisatrice, comme les routes romaines. Deux passages au sud permettaient de franchir le Tibre, précieux pour entretenir la liaison terrestre avec la Campanie, l'un, plus ancien, à Fidènes, qui joignait ainsi Veies à Préneste (verrou important sur la route du Sud), et l'autre, à Rome. D'autres routes, au nord, gagnaient la plaine du Pô et, au-delà, les cols alpins, puis les vallées de la Saône et de la Seine, voie célèbre pour l'importation de l'étain indispensable à la fabrication du bronze. **C'est d'ailleurs aux Gaulois que les Étrusques empruntèrent le fameux char de transport recouvert d'une bâche** et tiré par deux chevaux ou deux bœufs. Ils le transmirent ensuite aux Romains qui le nommaient « *carpentum* ». On se souvient que Tarquin et Tanaquil gagnèrent Rome dans un semblable équipage.

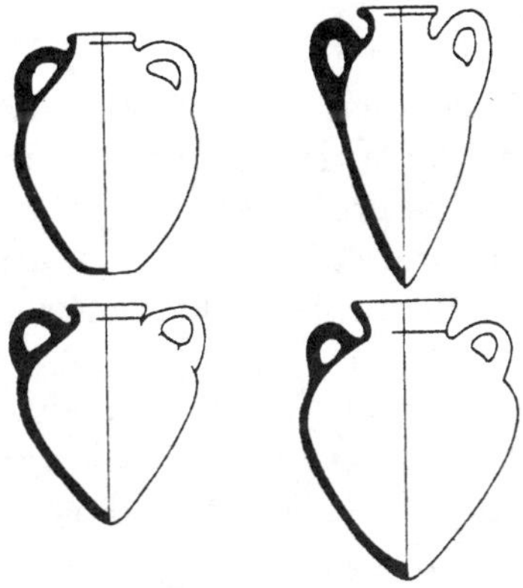

Amphores pour le transport du vin étrusque (VIe - Ve siècles)

Cependant la réputation justifiée de négociants au long cours que les Étrusques se taillent parmi les peuples de l'Antiquité vient principalement de leur aptitude à exporter au loin leur production. **La liste des sites où un matériel étrusque a été mis au jour est impressionnante :** Méditerranée occidentale (Italie et Sicile, côte est de la Sardaigne, Carthage, Baléares, côte nord-est de l'Espagne, Languedoc, Provence et vallée du Rhône, etc.), Méditerranée orientale (Péloponnèse, Athènes, Délos, Samos, la côte asiatique – l'Ionie

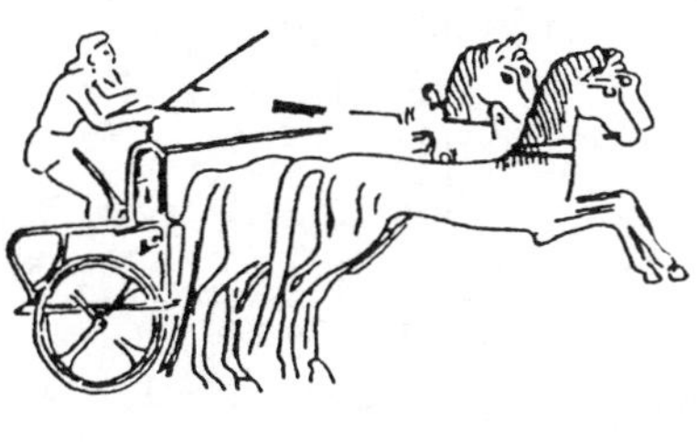

–, Rhodes, Chypre, l'Égypte – delta du Nil – etc.), mais aussi les rives de la mer Noire, l'Autriche, la Bohême, les vallées du Rhin et de l'Elbe, la Pologne, l'Angleterre, le Danemark, le sud de la Suède... Même s'il est vrai que les commerçants étrusques n'ont pas voyagé partout, la présence d'objets fabriqués en Étrurie signe là un beau dynamisme commercial. L'étude de ces découvertes et celle des épaves retrouvées en Méditerranée montrent également l'évolution de ce commerce : VIIe et VIe siècles dans le bassin méditerranéen ; dès le VIe siècle et surtout au Ve siècle, les Étrusques recherchent des débouchés vers le nord, après que leur défaite face à la coalition grecque a mis fin à leur thalassocratie et limité leurs prétentions commerciales au sud.

Avec la plupart des pays pré-cités, **les échanges sont importants**. Les Étrusques importent de l'étain (du nord-ouest), énormément de céramique, d'art ou non, de toutes formes et de toutes provenances gréco-orientales (du moins jusque vers -475), principalement de Syrie, de Phénicie, d'Égypte, de Carthage et de Grèce (principalement d'Athènes au VIe siècle). En ce qui concerne les exportations, on remarque qu'ils expédient des produits manufacturés dans les zones les moins développées et des produits bruts dans les régions plus évoluées. **En Méditerranée, il s'agit surtout de minerais et de céréales**. **Le vin** tient une place importante, surtout à destination de la Provence, depuis au moins le VIe siècle, avec les services à boire qui l'accompagnent (canthares, coupes, cratères, amphores...). Il faut ajouter quelques œuvres d'art et objets manufacturés (bronzes, vases de *bucchero*...). Ces échanges pouvaient même suivre un cheminement plus complexe. Par exemple, le vin étrusque était troqué en Provence contre des peaux que les marchands échangeaient ensuite en Grèce contre des œuvres d'art qui, ensuite, étaient rapportées en Étrurie. Une forme de commerce triangulaire qui laisse entrevoir la diversité des réseaux commerciaux dans la Méditerranée de cette époque.

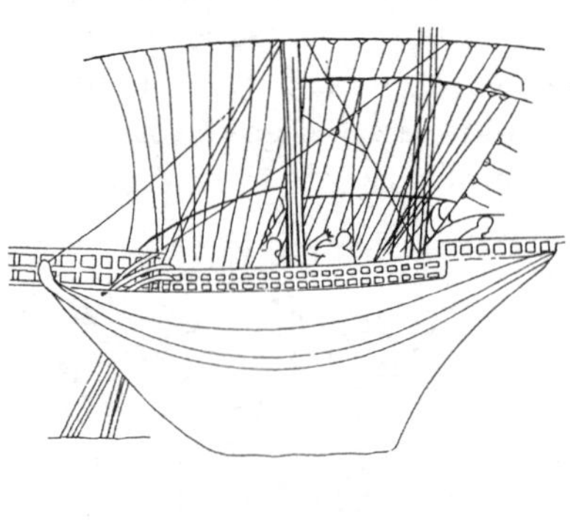

Navire de commerce (Tarquinia)

Avec les progrès de la technologie, les fouilles sous-marines ont connu, ces dernières années, un remarquable essor. Elles ont permis d'exhumer des fonds marins **un certain nombre d'épaves qui offrent une meilleure connaissance des navires marchands grecs et étrusques** même si, il faut le noter, l'origine de tel ou tel bateau n'est pas toujours clairement identifiable. D'autre part, pour des raisons déjà évoquées, les navires marchands ne sont pas à l'abri de mauvaises rencontres et doivent donc aussi être armés pour se battre. **La flotte de commerce étrusque** comprenait des unités d'assez modeste taille, traditionnelles avec une proue et une poupe relevées, un éperon à l'avant, un mât central avec un nid-de-pie pour le guetteur et une voile carrée. À noter, la façon originale de tenir les planches serrées par des liens transversaux alors que les bateaux grecs sont assemblés à l'aide de tenons et de chevilles. Cette flotte comptait encore quelques gros bâtiments comme celui qui fut retrouvé par le fond près de la presqu'île de Giens, mesurant 20 m de long sur 7 m de large. Sa cale renfermait plus de huit cents amphores soigneusement superposées et, d'après les archéologues, fixées par des filins. La forme des amphores montre qu'elles provenaient de Caere. On y a encore retrouvé de la céramique et des bassins de bronze.

Parmi les peuples avec lesquels les Étrusques entretenaient des rapports privilégiés, il faut noter les Carthaginois et les Grecs. Aristote prétendait même que l'entente entre Étrusques et Carthaginois était si étroite qu'elle donnait l'impression qu'ils étaient citoyens d'une même cité. On se souvient de l'aide apportée par Carthage aux soldats de Caere dans la guerre contre les Phocéens. L'accord militaire se double d'une alliance religieuse concrétisée par l'érection d'un temple dédié à Astarté-Uni sur le sol de Pyrgi (cf. les cités de l'Étrurie méridionale, chap. 2). Il n'est donc pas étonnant que les relations commerciales entre les deux peuples aient été étroites. Les exportations de céramique étrusque, notamment de *bucchero*, remontent au milieu du VIIe siècle.

Quant aux Grecs, ils se sont toujours montrés des partenaires indispensables. Car les échanges ne revêtent pas seulement un caractère commercial, ils sont profondément culturels. On ne peut dissocier l'art du commerce. Les vases, les bronzes... sont porteurs de valeurs culturelles et jouent donc un rôle éducatif. Les Étrusques ont accueilli l'art grec et la mythologie qu'ils ont adaptés et marqués de leur empreinte originale. Enviés ou redoutés suivant les circonstances, les Grecs étaient présents en Toscane. Les marchands se mêlaient aux artistes venus s'installer et fonder des écoles. De nombreuses dédicaces et inscriptions l'attestent, comme celle-ci, portée sur une pierre vers -500 : « Je suis à l'Apollon d'Égine. C'est Sostratos qui m'a consacré à lui ». Hérodote nous parle de ce riche négociant qui parcourait la Méditerranée de bout en bout jusqu'au-delà des colonnes d'Hercule. Cette inscription fut découverte à Gravisca, port de Tarquinia, où des Grecs ont dédié des sanctuaires à leurs dieux. D'autres noms nous ont été livrés : Ublesios, Lakritos... Cela signifie que des marchands grecs, et non des moindres, installaient à Gravisca des succursales pour mieux pénétrer le marché étrusque. Le fait que les mêmes aient implanté également des comptoirs dans les grands ports de la Méditerranée, de l'Égypte à l'Espagne, prouve que l'Étrurie occupait sa place dans le grand réseau commercial tissé à travers le monde antique. Les Étrusques en ont, pour leur part, retiré une grande richesse.

Encore faut-il faire des distinctions entre les divers peuples grecs et tenir compte du jeu des alliances suivant les époques. Car **le commerce grec n'a pas toujours été dominé par les mêmes**. Au VIIe siècle, le monopole des Eubéens laisse place aux Corinthiens, relayés par la colonie de Syracuse (fondée en -734). Mais au même moment, vers -640, le commerce des Grecs d'Asie Mineure prend son essor. La concurrence se fait sentir en Étrurie et ce développement influe sur la société et les institutions de la cité qui se mettent en place. Au début du VIe siècle, les Grecs d'Asie l'emportent. Les Phocéens affirment leurs ambitions dans la région et remontent même le Tibre jusqu'à Rome où ils proposent d'approfondir les relations (selon Justin, 43, 3, 4). **Partout les étrangers s'installent,** construisent, comme à Gravisca, leurs quartiers d'habitation. **L'aristocratie commerçante locale en bénéficie et se développe**. Au Ve siècle, c'est Athènes qui prend le dessus. La cité grecque a besoin de blé, de viande (les jambons de Mantoue sont très appréciés) et même de chevaux (élevés en Vénétie). En échange, elle livre en Étrurie des quantités énormes de céramique dont l'influence s'avère déterminante sur l'art étrusque de cette période (cf. la céramique, chap. 8). **Ainsi les échanges commerciaux contribuent-ils beaucoup à l'hellénisation de l'Étrurie et de l'Italie en général**, déterminant par là- même l'avenir de la Péninsule, même si l'Étrurie a su faire son miel de cette culture étrangère sans se départir de son caractère original.

Il reste un point particulièrement étonnant pour une civilisation parvenue à ce degré de développement dans les échanges avec autant de pays : l'Étrurie n'est jamais passée à « l'âge monétaire ». Les cités grecques frappaient leur monnaie, Rome commence à créer la sienne au début du IIIe siècle, mais **les Étrusques n'ont jamais envisagé de système monétaire commun**. Quelques États ont commencé à fondre des pièces au IVe siècle, comme Tarquinia. Dès le Ve, Populonia a créé une monnaie pour ses échanges avec l'île d'Elbe, la Corse et Marseille, mais d'autres cités (par exemple Veies, Vulci, Caere) n'ont apparemment jamais battu monnaie. Les cités du Sud, Caere notamment, ont utilisé dès le IIIe siècle les pièces romaines. Et celles qui ont assuré leur propre monnayage en bronze et en argent, fin IVe ou au IIIe siècle, comme Volterra ou Vetulonia, l'ont, semble-t-il, réservé à un usage limité, par exemple pour payer leurs troupes.

Ces constatations nous permettent de penser que le commerce étrusque a essentiellement reposé sur une économie de troc qui dut être portée à un niveau très élevé.

LES ÉTRUSQUES

V

LE TEMPS

L'Étrusque a le sens du destin. Habitué à obéir aux livres oraculaires, il se sent sécurisé par la puissance tutélaire des dieux. Les *libri fatales* lui proposent une véritable mise en perspective de sa vie et de celle de sa cité. **Pour son peuple, les dieux ont programmé une existence de dix siècles**. Encore faut-il savoir ce qu'ils entendent par la notion de siècle. Dix siècles pendant lesquels il sera placé sous le regard des dieux. La vie de chacun est ainsi déterminée, dès sa venue au monde, dans la durée, comme celle de la cité. C'est que l'homme participe de ce grand tout que constitue l'univers ; son corps en réplique le savant ordonnancement et le foie – organe vital dans l'Antiquité – en offre le reflet. C'est pourquoi l'examen de cet organe permet une fidèle consultation des dieux qui ne manquent jamais d'envoyer des signes (cf. la divination, chap. 6). Rien ne serait plus désespérant qu'une absence de signes : l'homme serait abandonné des dieux.

Le temps semble donc limité, borné, déterminé par les dieux. Pourtant, l'Étrusque ne paraît pas fataliste, soumis au destin, résigné. Il gagne un peu de liberté en « jouant » avec les messages divins. Il lui suffit, comme à Rome, de modifier l'interprétation d'un signe, voire de l'ignorer. Certes la part de liberté est faible, mais elle existe. Et l'acceptation de son destin lui permet d'avoir un autre regard sur la mort, de la considérer comme une étape naturelle de la vie qui se poursuit dans la tombe. Le rapport au temps s'en trouve modifié.

Il ressort ainsi, contrairement aux apparences, que l'existence n'est pas linéaire, avec un début unique et une fin définitive. **Le temps revient en boucle, et son caractère cyclique permet une restauration du passé**. Les peintures de la tombe François de Vulci en offrent un éloquent exemple. Vel Saties y est représenté dans son habit de triomphateur : il a vaincu les Romains lors des affrontements du IVe siècle avant notre ère. Mais d'autres peintures évoquent le combat qui opposa les frères Vibenna et Mastarna au roi de Rome Tarquin, celui-là même qui assura la victoire de qui s'est fait appeler Servius Tullius. D'autres encore montrent la domination des Grecs sur les Troyens et l'exécution des prisonniers, comme il y en eut à l'époque de Mastarna, et aussi à celle de Vel Saties. Le message est clair : Vibenna et Masterna ont réduit à merci la ville du Troyen Énée, Rome, la nouvelle Troie, comme les Grecs avaient soumis la cité de Priam. Et voici que, pour la seconde fois, dans cette reconduction cyclique de l'histoire, Vel Saties, nouveau héros grec, s'anoblit par sa victoire sur Rome en s'inscrivant dans la lignée des héros vainqueurs de Troie. Son destin duplique celui d'Achille et de ses compagnons en battant les descendants d'Énée.

Cette confiance lumineuse dans le retour cyclique du temps relève d'espoir le sombre fatalisme d'une soumission aveugle au destin asséné par les livres sacrés. Car l'homme étrusque respire l'optimisme, l'appétence pour les plaisirs de l'existence, comme le dénoncent l'extraordinaire vie qui se dégage des scènes colorées peintes sur les murs des tombes tarquiniennes et le perpétuel mouvement dont semblent agités nombre de petits bronzes expressifs. La détermination des règles du calendrier est certes l'affaire des prêtres, mais chacun éprouve le passage du temps. La seule difficulté consiste à mettre en adéquation le temps de la nature, celui, cyclique, qui voit reverdir les arbres, et celui de l'homme, qui apparaît plus linéaire. Existe-t-il un recommencement ou, à tout le moins, la possibilité d'une prolongation au-delà du terme assigné ? Éternelle et lancinante question qui taraude aussi les Toscans, et notamment sous l'influence des religions venues d'Orient. Alors, dans l'ignorance du devenir après la mort, il convient au moins de jalonner le temps de la vie, de se fixer des repères qui sont autant de marqueurs sociaux : passage à l'âge adulte, mariage... Ces moments forts donnent son rythme à l'existence. Or le rythme du temps occupe une place toute particulière chez les Étrusques qui ont même développé une science musicale exceptionnelle pour battre la mesure du quotidien (cf. la musique et la danse, chap. 9).

LE CALENDRIER

Hormis les manifestations naturelles et saisonnières, l'établissement de dates qui rythment le temps relève d'une opération intellectuelle et convenue. En Étrurie comme dans les autres civilisations antiques, **c'est aux prêtres que revient la maîtrise du temps**. Ils sont aussi des savants et leur connaissance des astres et de l'univers justifie cette attribution. L'observation des signes leur incombe et l'on sait l'importance que revêt l'astrologie (d'ailleurs confondue avec l'astronomie) dans l'Antiquité.

Ce sont donc eux qui établissent le calendrier par le décompte des phases de la lune qui marquent les mois, tandis que le soleil, par sa course, détermine l'année. Ce sont eux, encore, qui disent le nombre de jours à ajouter au mois lunaire pour faire concorder le calendrier avec les saisons de l'année solaire, décident des articulations du mois (ides, nones), fixent le début de l'an nouveau ou signifient la fin d'un siècle. Ils arrêtent aussi les dates des cérémonies, des sacrifices, des fêtes, des jeux... **Toutes ces manifestations qui scandent le temps, montrent bien qu'il s'agit d'un calendrier religieux**. Et tout est consigné par écrit. Nous possédons au moins deux documents importants qui le prouvent : la tuile de Capoue et le fameux livre de lin, dit livre de la momie de Zagreb en raison de son histoire (cf. la littérature religieuse, chap. 7). Les fêtes y sont inscrites avec la précision du jour, du dieu destinataire, des offrandes à présenter et des prières à dire, un peu à la manière de ce que reproduisent les Fastes romains ou les Tables eugubines en Ombrie. Nous retrouvons plusieurs calendriers religieux de ce type dans l'Italie antique et l'influence étrusque, notamment sur Rome, ne semble pas faire de doute.

Le calendrier romain doit en effet beaucoup aux Étrusques, à quelques différences près cependant, pour autant que nous puissions en juger. Ainsi le décompte des heures de la journée en Étrurie, selon Varron, commençait à midi, et non à minuit comme à Rome. Peut-être parce que le moment où le soleil est au zénith ne varie pas selon les saisons de l'année (à la différence de la longueur des jours) et qu'ainsi le repère est plus aisé à identifier. Les Ombriens avaient aussi adopté la même méthode de calcul des jours.

Autre différence entre Étrusques et Romains : les mois étrusques ne s'ouvrent pas avec les calendes, dont le mot vient du vieux latin et signifie « appeler » (parce que les prêtres, à la naissance de la nouvelle lune, réunissaient le peuple pour lui signifier le début d'un nouveau mois). **Nous ignorons quand commençait le mois étrusque. En revanche, les Toscans connaissent les ides et les nones**. Le mot « *itis* » qui a donné « *idus* » en latin, aurait même été emprunté à l'étrusque. Macrobe (I, 15) prétend que ce mot signifierait « confiance en Jupiter », c'est-à-dire en la lumière, parce que, en ce jour de pleine lune, la lumière du jour se prolonge la nuit avec la clarté de la lune. L'importance de la pleine lune dans un mois lunaire, en Étrurie comme dans la Rome des premiers temps, n'a rien de surprenant. Ici et là, les ides sont consacrées à Jupiter à qui, chaque mois, une brebis est sacrifiée. Quant aux nones, elles semblent avoir bénéficié d'une autre interprétation en Étrurie et recouvrir le sens des *nundinae* romaines, si l'on suit Macrobe pour qui « chez les Toscans, les nones étaient plus fréquentes, car chaque neuf jours ils venaient conférer de leurs affaires privées chez le roi ».

Nous ne savons pas combien de mois comporte l'année étrusque. Nous avons pu identifier les noms d'environ huit d'entre eux. L'année porte souvent le nom du magistrat (*zila}*) en exercice à ce moment-là, comme, à Rome, elle se distingue par celui des consuls élus. À Volsinii, **une cérémonie religieuse se déroule à chaque nouvel an durant laquelle est planté un clou (le *clavis annalis*) dans le temple de Nortia**. C'est une coutume qui perdurera à Rome, dans le temple de Jupiter capitolin. Comme à Rome, il est fortement probable que l'année commence en mars.

Le calendrier étrusque :

Mois	**Nom étrusque**	**Transcription latine**	
mars	Vel{ it (a) na	Velcitanus	
avril	Capr-	Cabreas	parfois Aprilis (de Aphrodite) (d'où vient notre avril)
mai	Anpile	Ampiles	
juin	Acale	Aclus	acle, dans le rituel de Zagreb
juillet	Turana	Traneus	de Turan, le nom étrusque de Vénus
août	Hermi	Hermius	de Hermès
septembre	Celi	Celius	cité dans le rituel de Zagreb
octobre	Cazpre	Zosfer	cezp = 8 ⇒ le huitième mois

Scène de la fixation du clou dans le temple de Nortia pour marquer la nouvelle année (miroir de bronze, IVᵉ siècle)

Si le décompte des années est facilité par celui des clous plantés dans le temple de Nortia (bien que nous ignorions la durée d'une année), celui **des siècles** se révèle beaucoup plus complexe. En effet, **il ne s'agit pas,** comme on pourrait l'imaginer, **de périodes de cent ans**. La longueur des siècles étrusques est variable. Censorinus, reprenant Varron, nous en explique le comput (*De Die nat.,* XVII, 5-6) : « Remontant au jour de la fondation des villes et des États, on cherche, parmi ceux qui vécurent ce jour-là, celui qui a vécu le plus longtemps, et le jour de sa mort marque la fin du premier siècle. » Et ainsi de suite : la mort de celui qui, né ce jour-là, a vécu le plus longtemps dans la cité signe le terme du deuxième siècle, etc. Cependant, l'affaire se complique si l'on sait qu'un dieu peut aussi avertir de la fin d'un siècle par un prodige. Mais les prodiges sont nombreux et il n'est pas facile d'en identifier toujours la juste signification ! D'après Varron, les annales étrusques écrites en leur VIIIᵉ siècle précisent combien de siècles sont réservés à cette nation et quel prodige signale la fin de chaque siècle. Ainsi, est-il écrit, les quatre premiers siècles durèrent 105 ans, le cinquième 123 ans, les sixième et septième 119 ans. Après le huitième, il ne resterait que deux siècles, « après lesquels doit finir le nom étrusque ».

Voilà qui ne va pas de soi. On remarque aussitôt une contradiction : le décompte est-il propre à chaque cité, ce qui signifierait que la durée des siècles varierait, selon les endroits, suivant les records locaux de longévité biologique, ou concerne-t-il l'Étrurie tout entière, comme le laisse penser la prophétie rapportée par Varron ? En admettant que les Étrusques se soient accordés, à un moment donné, sur une chronologie unifiée, quel comput a servi de référence ? Sur quelle cité les autres se sont-elles alignées ? Est-ce la plus ancienne ? Mais laquelle était jugée la plus ancienne ? Le choix n'aurait-il pas concerné plutôt la cité la plus sainte, celle qui passait pour la « Delphes étrusque », où chaque année les prêtres ajoutaient un clou dans le temple de Nortia, où chaque année encore se tenait la grande célébration du *nomen etruscum*, le *fanum Voltumnae*, c'est-à-dire Volsinii ?

À suivre cette hypothèse, et en considérant d'une part que l'origine du décompte fixé par les historiens étrusques (selon Varron) soit environ l'an -1050, et d'autre part que les siècles aient une durée à peu près égale et un peu supérieure à cent ans, nous constatons que le VIIIe siècle commencerait approximativement vers -280/-270. Les prédictions de la nymphe Vegoia (cf. les prophètes, chap. 6) concerneraient bien les troubles connus dans la cité volsinienne à cette époque, avant sa prise par les Romains en -265. Mais que dire alors d'autres sources qui situent la fin du VIIIe siècle en -88, du IXe en -44 et du Xe en 19 de notre ère. Rien ne permet de trancher. Il faut cependant souligner l'incohérence de la durée des deux derniers siècles en regard de celle, beaucoup plus longue et à peu près régulière des sept premiers, sans parler de l'allongement démesuré de celle du VIIIe (plus de 180 ans ! C'est beaucoup, même pour un Toscan doté d'une solide constitution !). La seule explication (proposée par D. Briquel) consiste à concevoir **la coexistence de deux décomptes : celui propre à chaque cité et celui de la nation étrusque dans sa globalité.** Mais la démonstration reste difficile par manque de documentation.

Comment ces changements de siècle étaient-ils vécus par les Étrusques ? Le fait qu'ils soient annoncés par des prodiges et que les exemples pris en -88 ou en -44 correspondent à des bouleversements dramatiques de l'histoire tendrait à laisser croire que ces changements ne pouvaient que résulter d'une catastrophe et marquer un pas supplémentaire dans la décadence vers l'inéluctable fin. Ce serait oublier qu'un prodige, chez les Étrusques, ne revêt pas nécessairement, comme à Rome, un caractère négatif. De surcroît, le texte de Censorinus n'induit rien de tel. Cependant il est difficile de croire, surtout dans la période troublée des derniers siècles étrusques, que les Toscans n'aient pas vécu ces changements sans angoisse : l'approche du terme du xe siècle annoncé, le sentiment d'impuissance qui s'emparait d'eux et leur sens aigu de la notion de destin (les *libri fatales* le montrent) ne pouvaient qu'attirer la crainte et la douleur dans lesquelles s'abîmait encore davantage leur religiosité.

LES ÂGES DE LA VIE

Les fresques des tombes étrusques inventent un monde mi-réel mi-symbolique extraordinairement présent et animé, étonnamment jeune aussi, à quelques exceptions près. Mais il est bien difficile d'évaluer l'âge des personnages représentés, comme il est quasiment impossible de savoir quelle conception de la vie pouvaient avoir les anciens Toscans. Nous pouvons mesurer cette difficulté à celle que nous rencontrons pour la Rome des premiers temps, alors même que nous possédons quelques documents explicites, ce qui n'est pas le cas pour l'Étrurie. Néanmoins, il est raisonnable de supposer qu'il ne devait pas exister de différences fondamentales entre Rome et les cités voisines d'outre-Tibre, surtout à l'époque où la ville de Romulus était gouvernée par des rois étrusques.

Il n'y a pas grand risque à dire que, **probablement, les Étrusques, comme les premiers Romains, divisaient l'existence en trois temps (âges) : l'enfance pour qui n'est point encore un homme, l'âge adulte pour l'individu qui participe à la vie de la cité, et la vieillesse pour celui qui n'a plus la force d'agir.** Même si ce dernier état ne signifie pas l'exclusion de la vie sociale et si le vieillard peut être sollicité pour sa sagesse, voire comme réserviste. Les difficultés commencent dès que l'on s'interroge sur l'âge auquel chacun passe du premier état au second, puis au troisième. Cependant, nous ne saurions négliger l'importance des rites de passage dans les sociétés premières, notamment au point d'entrer dans le monde des adultes, et il n'est pas douteux que des rites initiatiques furent pratiqués en Étrurie comme à Rome (cf. les rites de passage), mais le moment reste à déterminer. Enfin, il ne faut pas oublier que les Anciens n'avaient pas le même rapport au temps que nous. **Beaucoup, par ignorance et manque d'intérêt, méconnaissaient leur âge et n'avaient qu'une connaissance empirique du calendrier**. Seuls les nobles et les plus riches avaient les moyens de s'instruire et de faire graver des épitaphes qui précisent leur âge, leur généalogie et résument leur carrière. Les plus pauvres, paysans, ouvriers, affranchis et esclaves, soit la majeure partie de la population, connaissaient d'autres soucis.

Avant que le droit ne fixe l'âge de la majorité, c'est-à-dire de la capacité juridique et de la responsabilité pénale, c'est la puberté qui déterminait le moment d'entrer dans le monde adulte. À Rome, le *paterfamilias* décidait lui-même de cette accession à un nouveau statut social après un examen de l'état physique de son fils. Ensuite, les juristes décidèrent d'un âge de la puberté commun pour tous et qui définirait en même temps l'âge légal du mariage : quatorze ans pour les garçons et douze ans pour les filles. Dès cet âge, les fils des citoyens étaient jugés aptes à prendre les armes et à défendre leur patrie.

Avant cet âge, ils sont des enfants et doivent être protégés. Ils portent la *bulla* et la toge prétexte, que les auteurs anciens considèrent comme un héritage des Étrusques. Ce bijou, en or, plaqué or, bronze, voire simple amulette de cuir pour les plus modestes, a été retrouvé dans des tombes datées du VIIe siècle. Il ne semble pas propre à l'Étrurie, mais il est possible que sa valeur sociale lui ait été conférée par les Étrusques. À l'intérieur, le *fascinum* (= le phallus) a pour but d'éloigner le mauvais œil. Pourquoi l'enfant porte-t-il cette *bulla* ? Outre la protection qu'elle induit, Plutarque suggère qu'il s'agit d'un signe de reconnaissance : les enfants qui en sont pourvus sont intouchables, à la différence des jeunes esclaves qui pouvaient servir d'instruments de plaisir. Les règles de la morale étrusque, bien différentes des nôtres, étaient-elles différentes de celles de la Rome des premiers temps ? Nous l'ignorons, mais les accusations dont elle fait l'objet de la part des étrangers laissent penser qu'elles sont moins strictes qu'à Rome (cf. la *truphè*, chap. 10).

Il est probable que l'âge de la majorité a changé avec l'évolution politique et sociale des cités étrusques. Il arrive un moment où l'organisation politique exige une meilleure structuration du corps social et la définition de règles précises, notamment pour le recensement militaire. Une semblable réforme est intervenue à Rome dans le courant du VIe siècle avec l'instauration des comices centuriates et la répartition de la population suivant les classes de fortune. Ainsi pouvait-on dénombrer les citoyens capables de porter les armes. Cela supposait la définition des différents âges de la vie. Cette réforme fondamentale fut mise en place par un roi étrusque, Servius Tullius. Certes, nous savons que, dans la réalité, ces nouvelles dispositions intervinrent un peu plus tard, mais qu'elles soient attribuées à ce roi « étranger » n'est pas un hasard. Ce personnage, historiquement attesté, reproduisait peut-être à Rome une réforme déjà éprouvée dans sa cité d'origine (Vulci).

Servius Tullius décide donc que l'âge légal pour servir l'État serait dix-sept ans, que les citoyens, répartis en cinq classes, se répartiraient, au sein de chacune d'elles, en *iuniores* et *seniores*, autrement dit en jeunes et vieux. L'âge à partir duquel un citoyen devient *senior* reste fixé à quarante-six ans. Plus tard, il sera précisé que ces « vieux » sont encore utiles, mais comme réservistes, jusqu'à soixante ans, limite au-delà de laquelle le citoyen est dégagé de toute obligation militaire. Cependant, pour l'époque royale, il faut noter que quarante-six ans est considéré comme le seuil de la vieillesse, ce que peuvent confirmer nos connaissances sur l'espérance de vie.

Estimons donc qu'entre quatorze (ou dix-sept ans) et quarante-six ans, un Étrusque est considéré adulte et actif. Au-delà, il s'agit, à la lettre, du troisième âge, c'est-à-dire de la vieillesse. Les vieillards ne sont pas pour autant méprisés ; les peintures et les sculptures étrusques laissent au contraire penser qu'ils sont honorés, ce que confirme le culte des ancêtres. **Du moins dans l'aristocratie, les grandes figures du passé incarnent l'identité d'une famille.** La cérémonie des funérailles (avec ses jeux, son banquet), l'éloge funèbre qui restitue la mémoire de la *gens*, les masques-portraits ont sans doute été en grande partie empruntés aux Étrusques par les Romains. Il suffit de se reporter à la description de Polybe (VI, 53-54) pour prendre toute la mesure du faste de ces pompes spectaculaires. Ces représentations figurées des défunts sont propres aux aristocraties étrusques et italiques et inspireront, à Rome, le *ius imaginum*, le droit, pour les nobles, de détenir chez eux les portraits des grands ancêtres qui firent leur nom. Au Forum comme sur les murs des tombes de Tarquinia, le mort assiste à ses propres funérailles.

Au palais de Murlo, une vingtaine de statues d'acrotères en terre cuite, masculines et féminines, vêtues d'un ample manteau et coiffées de ce curieux chapeau pointu à larges bords, ont été identifiées par les archéologues à des images d'ancêtres. Les hommes portent la barbe et leur attitude hiératique évoque, selon G. Colonna, celle des vieux patriciens romains attendant l'arrivée des Gaulois en -390, drapés dans leur dignité, et si immobiles sur leur siège curule que les envahisseurs les prirent pour des statues (d'après le récit de Tite-Live).

À Tarquinia, la tombe des Boucliers s'organise autour d'un atrium, comme l'ancienne maison romaine. Plusieurs générations y sont représentées. On y remarque notamment le propriétaire de la tombe (Lar} Vel{ a) et son épouse (Velia Seiti} i), ainsi que les parents de Lar} Vel{ a : Vel} ur Vel{ a et Ravn} u Apr} nai. Les hommes portent la barbe et ont les cheveux blancs. Le couple d'aïeuls se retrouve dans un autre angle, représenté assis sur des trônes, comme s'il s'agissait d'un couple divin. La femme, Ravn} u, désigne du doigt son mari à ses petits-enfants, comme pour leur signifier la valeur d'*exemplum* de l'ancêtre. On imagine une tradition orale et familiale des hauts faits de l'aïeul et la peinture tient lieu d'annales écrites.

Un dernier temple de cette vénération due aux anciens : dans la tombe du Singe, à Chiusi, nous voyons un vieillard aux cheveux blancs qui vient de se lever du siège où, avec son épouse, il assistait aux jeux funèbres. Il se dirige vers un rocher figuré près de l'entrée de la tombe et qui symbolise la porte de l'au-delà, comme s'il partait rejoindre ses ancêtres. Le moment est venu de la séparation. Mais il n'appartient pas au passé ; il entre dans le monde figé, atemporel, de la mémoire où il deviendra pour les siens le modèle qu'il convient à la fois de révérer et d'imiter.

• La question de l'espérance de vie

La délimitation de l'âge pour chacune des parties de la vie pose inévitablement la question récurrente de l'espérance de vie. Il est inutile de rappeler les divergences d'analyse qui différencient les démographes en ce qui concerne l'Antiquité, ou d'énumérer les difficultés auxquelles ils se heurtent : elles sont multiples et concernent surtout les Romains. Pour les Étrusques, la tâche est presque impossible tant les données restent fragiles et insuffisantes. **Cependant, il n'y a pas lieu de penser que la situation ait été très différente de celle de Rome.**

Déjà les philosophes grecs s'étaient interrogés. Platon avait remarqué qu'un homme politique accède généralement aux charges suprêmes tardivement (cinquante ans, précise-t-il). Pour Aristote, chacun touche à l'apogée de ses facultés physiques vers trente ans, et intellectuelles peu avant cinquante ans. Laissons de côté les calculs des médecins, des pythagoriciens, voire les tables des juristes comme Ulpien. Le *cursus honorum*, à Rome, semble leur donner raison puisqu'à la fin de la République, il faut attendre quarante-trois ans pour prétendre aux honneurs du consulat. Nous pourrions ajouter les exemples cités par certains auteurs latins qui énumèrent fièrement les records de quelques centenaires dont la vie dépasse en longueur celle du redoutable Caton (mort à quatre-vingt-cinq ans en pleine possession de ses moyens intellectuels). Et parler aussi de l'Étrusque Perpenna mort en -49 à l'âge de quatre-vingt-dix-huit ans.

Il n'en demeure pas moins que ces cas sont exceptionnels, que Rome est dirigée par une gérontocratie, et que la question majeure, pour la quasi-totalité des citoyens, reste celle de la brièveté de la vie (abordée notamment à plusieurs reprises par Sénèque). La réalité est plus modeste et divers exemples relevés sur des inscriptions montrent **qu'un Étrusque pouvait accéder très jeune à une haute magistrature**, tel cet homme qui dit avoir été *zilaϑ* à vingt-quatre ans.

Certes nous savons qu'il est impossible de se fier totalement aux inscriptions funéraires dont les données sont parfois volontairement faussées à l'avantage du mort. Mais elles fournissent quand même d'intéressantes indications. C'est ainsi qu'une étude menée sur plus de 4 500 inscriptions concernant des hommes et près de 3 500 relatives à des femmes dans le *Corpus des Inscriptions latines* montre **qu'à Rome, chez les hommes, 7,5 % de la population seulement atteint soixante ans** (2,4 % quatre-vingts ans et 0,08 % cent ans). Quant aux femmes, elles sont deux fois moins nombreuses que les hommes à parvenir à soixante ans, ce qui se vérifie dans tout le monde antique et s'explique notamment par le nombre de décès au moment de l'accouchement. Le taux de mortalité infantile est également très élevé (certains spécialistes n'hésitent pas à avancer un chiffre supérieure à 40 %). De toute manière, la mortalité la plus forte est observée dans les neuf premières années avec un taux de plus de 30%. Les études menées sur des groupes de sépultures ont permis de constater que plus de la moitié des personnes mouraient avant la trentaine, et les deux tiers avant quarante ans. La gloire politique se présentait donc déjà comme une prime à la longévité et à la résistance physique.

J. Heurgon, qui s'est livré à une étude similaire fondée sur plus de cent dix inscriptions étrusques sans équivoque relevées principalement à Tarquinia et à Volterra, et datées entre -200 et -50, obtient une moyenne de quarante et un ans en additionnant les années de vie. À titre de comparaison, il rappelle que l'espérance de vie en Europe ne dépassait pas trente ans en 1800 et atteignait quarante-quatre ans en Italie, en 1900. Au vu de ces documents, nous pouvons estimer que **l'espérance de vie ne devait pas dépasser trente-cinq ans en moyenne** (sans compter la mortalité infantile), tant à Rome, sous la République, qu'en Étrurie. Et certains démographes pensent qu'il s'agit d'une hypothèse haute, préférant suggérer vingt-cinq ans. De toute manière, cela signifie que la population est jeune dans l'ensemble (à Rome, 36 % ont moins de quinze ans) et que moins de 10 % d'une classe d'âge parvient à soixante ans.

Ces différences avec, par exemple, notre époque moderne expliquent aussi la différence entre la mentalité antique et la nôtre. **Beaucoup de personnes ignoraient leur âge exact et cela n'avait aucune importance** parce que le nombre des années n'était pas, comme aujourd'hui, un critère d'identification. La majeure partie de la population ne se souciait guère de la vieillesse parce que chacun savait que bien peu y parviendraient et que, de toute façon, les difficultés de la vie au quotidien ne laissaient guère de temps pour ces spéculations. **Cette différence de regard sur la vie se répercutait fatalement sur la manière d'envisager la mort.** Celle-ci occupait une place beaucoup plus importante au quotidien et les Anciens étaient habitués à la côtoyer. Ils ne cherchaient pas à l'occulter comme le font nos contemporains. Cela ne signifiait pas pour autant qu'ils y étaient indifférents et ne la redoutaient pas. Peut-être la dure loi des Parques leur avait-elle appris qu'ils devaient l'apprivoiser.

LES RITES DE PASSAGE

Les rites tiennent une place essentielle dans la mentalité religieuse des Anciens. Ils rythment le temps et matérialisent les étapes de la vie des hommes en créant les conditions de leur identification à l'évolution de la cité. Ils leur permettent de prendre une claire conscience de leur intégration au corps social. Pour les individus, plusieurs moments clés de leur existence déterminent au sein du groupe leur évolution de façon incontestable. Car le rite est aussi un acte de reconnaissance sociale. Ainsi chacun doit-il se soumettre aux règles imposées, à sa naissance, au moment où, d'adolescent, il entre dans l'âge adulte en devenant un citoyen actif et responsable, lorsqu'il se marie et, *in fine*, quand il meurt et reçoit l'hommage des siens à l'occasion de son départ.

De ces différents rites de passage chez les Étrusques, nous ignorons presque tout, hormis en ce qui concerne les funérailles. Par quel geste le nouveau-né était-il reconnu par son père (et sa mère ?) et présenté à la collectivité ? Nous ne le savons pas. Le mariage nous est à peine mieux révélé. Un cippe de Chiusi présente une cérémonie qui évoque le mariage par *confarreatio* chez les patriciens romains. C'était, à Rome, la seule forme d'union officialisée par un prêtre et quasiment indissoluble. Les autres types se limitaient à un accord strictement d'ordre privé entre deux familles, pour des raisons d'intérêt, et le mariage intervenait tôt (les filles étaient jugées nubiles à douze ans, les garçons à quatorze). Peut-être en allait-il de même en Étrurie.

Les funérailles sont mieux connues, du moins dans les couches sociales les plus élevées, **en raison des représentations picturales dans les tombes, et du matériel archéologique retrouvé.** Nous savons ainsi quelle place tenaient les jeux et le banquet dans ces cérémonies (cf. les jeux, et les repas, chap. 9 ; la peinture, chap. 8). Quelques représentations sur des cippes de Chiusi apportent des éléments complémentaires. Nous y voyons par exemple la préparation des vêtements destinés à habiller le mort avant de l'exposer devant la maison, dans un petit édifice (apparemment en bois) au milieu des pleureuses et de sa famille. Ailleurs, un mari s'apprête à donner à sa femme défunte le baiser d'adieu. Les femmes se frappent la poitrine de douleur tandis que des esclaves versent du parfum sur la dépouille mortelle et que le joueur de double flûte, au pied du mort, tire de son instrument des sons que l'on imagine lugubres. Ailleurs encore, voici le cortège funèbre : le défunt est allongé sur un char et suivi des hommes en habit de cérémonie. À l'époque orientalisante, la tombe constituait sans doute la dernière demeure au sens propre : le mort était censé poursuivre là son existence, et les peintures lui proposaient d'y retrouver les activités, généralement festives, qui l'avaient occupé pendant sa vie (par exemple la chasse), mêlant le symbolisme de leur signification au réalisme de leur représentation. Quand, progressivement, s'est imposée la croyance d'une vie dans l'au-delà, les peintures puis les sculptures ont montré le voyage symbolique du défunt sur un char de voyage pour cette destination inconnue, ou les adieux émouvants avant de franchir la porte fatale où attendent Van} , Culon et quelques autres, guides mystérieux, l'effrayant Charun ou l'horrifique Tu{ ul{ a. L'atmosphère évoque alors plutôt l'arrivée d'Énée aux Enfers (*Ibant obscuri*...).

Les rites (très importants dans les sociétés anciennes) **qui nous restent les plus étrangers** et pour lesquels nous en sommes réduits à formuler des hypothèses, **concernent l'adolescence et l'entrée dans le monde adulte.** Ce sont eux qui consacrent les nouveaux citoyens et lui intiment l'ordre de défendre la patrie et de lui donner des fils. Nous ne possédons aucun document écrit à propos de ceux de l'Étrurie. En revanche, quelques témoignages figurés à l'évidente connotation symbolique laissent supposer leur importance chez les Toscans. Ainsi plusieurs miroirs et un coffret de Palestrina montrent-ils des scènes dont le sens demeure obscur. On y voit par exemple le bain rituel d'un enfant par Minerve. Il s'agit de Maris qui porte deux surnoms suivant qu'il n'est pas encore entré dans la cuve (Mariśhalna) ou qu'il en est sorti (Mariśismin} ians). S'agit-il du dieu Mars, que l'on observe aussi sur le coffret, casqué et armé, respirant la vapeur qui s'échappe d'un récipient en présence de plusieurs divinités dont Hercule ? J. Gagé pense que l'identification est plus complexe. Le bain rituel ou cette scène d'inhalation évoquent des rites d'initiation destinés à conférer la vertu guerrière et rappellent certains mythes grecs relatant l'acquisition de l'invulnérabilité. Dans ces mythes méditerranéens, le bain d'eau de mer confère une puissance magique symbolisée par le dauphin, réputé pour porter une « peau de vie » qui signifie puissance et longévité, voire immortalité. L'univers marin (*mare, maris*) est associé à l'image du mâle (*mas, maris*), et le bain est un rituel initiatique, un baptême « delphinique » (comme le dit J. Gagé).

Cette analyse trouve une intéressante illustration dans la tombe de la Chasse et de la Pêche, dans laquelle les illustres fresques des scènes de pêche prennent une tout autre dimension : les dauphins qui entourent la barque des jeunes gens et le garçon qui plonge dans la mer du haut d'un rocher pourraient symboliquement faire référence au bain rituel et à des épreuves initiatiques. D'autant plus que, dans la première chambre de cette même tombe (comme d'ailleurs dans plusieurs autres sépultures), nous observons un groupe de jeunes hommes en train de danser, ou de se mesurer dans des compétitions sportives.

Ces jeunes danseurs bondissants évoluent dans un bois sacré, parmi des arbres dont les branches portent des couronnes et d'autres ustensiles féminins (colliers, miroirs, cistes en osier...) qui font penser à un *lucus Veneris*, un bois consacré à Aphrodite, déesse du plaisir amoureux. L'aspect sexuel est en effet essentiel à côté de la dimension guerrière dans l'initiation. Dans cette tombe, la danse dans le bois d'Aphrodite prélude au bain rituel dans la mer foisonnante, à la forte connotation érotique, qui rappelle la puissance procréatrice de la déesse. Dans la tombe des Inscriptions, on pouvait voir un jeune homme offrir un poisson sur le foyer devant lequel se tient un personnage ithyphallique (un peu rapidement dénommé cuisinier) qui symbolise l'association bien connue du feu et de la fertilité. Sa puissance sexuelle exprimée pourrait rappeler certains rites des Liberalia (le 17 mars, à Rome, jour de l'entrée des jeunes gens dans le monde adulte) censés symboliser la maturité sexuelle et le pouvoir du citoyen.

Danses rythmées et jeux sportifs (notamment la course à pied) parmi les épreuves de l'initiation, voilà qui évoque les rites éphébiques de la Grèce (Homère les décrit sur le bouclier d'Achille : *Iliade*, XVIII, 590-606) ou ceux de la Crète qui se terminaient d'ailleurs par le mariage comme authentification de l'entrée dans le corps social. Les jeunes gens appartenaient alors à des confréries, comme celles des Dactyles et des Courètes, qui ne sont pas inconnues en Italie, ni en Étrurie. Il faut en effet remarquer que l'essentiel des représentations pariétales des tombes étrusques donnent à voir un monde de la jeunesse, porté par la figure emblématique de Troïlus (tombe des Taureaux). Sans doute ces jeunes gens qui se mesurent lors de joutes sportives appartiennent-ils, pour un certain nombre d'entre eux, à des associations aristocratiques. Nous pouvons en trouver une confirmation dans la frise qui orne **une œnochoé étrusque découverte à Tragliatella**.

On y observe, sur le sol, un homme qui conduit un bouc sauvage, la représentation d'une barque et d'un bouc, deux scènes montrant les ébats amoureux d'un couple et, outre diverses scènes à caractère mythologique, un motif central figurant un labyrinthe à sept cercles d'où paraissent sortir sept guerriers portant bouclier et qui semblent danser (ou courir ?), ainsi que deux cavaliers armés, mais sans casque. À l'intérieur du labyrinthe se lit le mot « TRVIA », qu'il faut rapprocher, non de la ville de Troie, mais, avec Festus, des verbes latins *amptruare* et *redamptruare*, utilisés pour décrire les mouvements de la danse armée des Saliens, une autre sodalité qui accueillait, à Rome, douze jeunes gens. Si le labyrinthe évoque les puissances infernales, il est clair que le bouc et les scènes érotiques renvoient à un rituel lié à l'invocation de la fécondité, dans une symbolique pré-latine. Quant au motif principal, il évoque le *lusus Troiae* décrit par Virgile dans les cérémonies funèbres en l'honneur d'Anchise : douze cavaliers accomplissent une danse à la configuration complexe que le poète compare à la danse du labyrinthe. Ascagne, fils d'Énée, reprend ce *lusus* à l'occasion de la fondation d'Albe, hors contexte funéraire, retrouvant la tradition crétoise des rites de fondation et d'intégration des nouveaux citoyens. L'œnochoé, datant du VIIe siècle, laisse penser qu'à l'origine, ce *lusus Troiae* faisait coexister parades à pied et à cheval dans l'accomplissement de rites initiatiques. Le rituel salien en a conservé le souvenir.

À Rome, les deux confréries de Saliens, composées chacune de douze adolescents, sont réputées avoir été instituées par les rois (Numa pour la première et Tullus Hostilius pour la seconde). Leur chant, le *carmen saliare*, en vieux latin, n'était plus compris à l'époque classique et leurs démonstrations, avec des armes, les faisaient considérer comme des prêtres-guerriers. Leur danse, le *tripudium* (sur un rythme à trois temps, deux brefs et un long), nous est décrite comme des figures et mouvements des pieds en petits bonds rapides. Elle est connue en Ombrie et son nom se retrouve dans l'évocation d'une cérémonie de lustrations dans les Tables eugubines. Elle semble également trouver une illustration sur certaines peintures étrusques (cf. la musique et la danse, chap. 9). En outre, **certains auteurs latins** (Servius, Macrobe) **et plusieurs inscriptions attestent qu'il a existé des collèges de Saliens en Étrurie**. Leur équipement (notamment la *trabea*, toge brodée et teintée de pourpre portée par les hauts dignitaires étrusques, et l'ancile, bouclier bilobé prétendûment envoyé par Jupiter à Numa) se retrouve sur deux documents découverts en Étrurie (un fragment de relief découvert à Anagnia et l'intaille d'une agate conservée à Florence). Le premier représente un cortège de Saliens et le second montre deux Saliens, vêtus de la *trabea*, qui transportent des anciles. Cela ne signifie pas que les Saliens ont une origine étrusque, mais qu'ils existaient aussi en Étrurie et, peut-être, que l'influence de leur rituel a pu s'étendre à Rome.

Or, si nous ignorons le sens symbolique de ce rituel à l'époque ancienne, il apparaît, par certaines de leurs manifestations, que celui-ci pouvait être lié aux cérémonies d'initiation des jeunes gens. Par exemple, à Rome, la fête des Mamuralia (le 14 mars, veille de la nouvelle année dans le premier calendrier) semble s'en faire l'écho. Ce jour-là, les Saliens expulsent de la ville un homme vêtu de peaux

L'œnochoé de Tragliatella (Caere)

de chèvres qui incarne le légendaire Mamurius Veturius, c'est-à-dire le forgeron à qui Numa confia le soin de reproduire en onze autres exemplaires l'ancile envoyé par Jupiter. Une étude intéressante (de L. Deroy) a permis de mettre en évidence l'origine étrusque du nom Mamurius. Mar- (qui a donné en latin les noms désignant le marteau) est la racine des prénoms Marce, Mamarce et Mamurce, bien attestés par les inscriptions étrusques. Le suffixe *-ce* équivaut au suffixe latin *-ius*. Mamurius désigne le forgeron, lequel, dans nombre de sociétés anciennes, joue un rôle spécifique dans la société. Son devoir et son pouvoir (magique) dans l'extraction et la transformation des minerais lui confèrent la capacité d'être un initiateur pour les adolescents. Il arrive souvent, dans les sociétés premières, qu'au point d'être reçus parmi les adultes, les jeunes initiés chassent symboliquement leur initiateur. Et précisément, le 17 mars est, à Rome, le jour de l'intégration des nouveaux citoyens et de la prise de la toge virile lors des Liberalia.

Encore faut-il rappeler que nous évoquons ici des rites qui appartiennent à un vieux fonds religieux et folklorique, et que le rituel des Saliens recouvre certainement bien d'autres aspects. Néanmoins, il semble intéressant de remarquer, au travers d'indices variés, l'existence de ces confréries d'adolescents en Étrurie, probablement d'essence aristocratique. **Le vase de Bisenzio**, extrait d'une nécropole étrusque près du lac de Bolsena et datant de la fin du VIIIe siècle, en offre une autre illustration. Son sommet est couvert de curieuses petites figurines de bronze tenant un bouclier rond au bras gauche et un bâton à la main droite. Elles semblent gesticuler d'une étrange façon qui évoque à R. Bloch le *tripudium*. Les hommes dansent ainsi autour d'un animal enchaîné, au sommet du vase. Danse magique destinée à assurer la protection des troupeaux ? Rite initiatique dans lequel la chasse tient une place importante ? Nous l'ignorons. Les personnages, par leur armement et leur danse évoquent les Saliens. Mais peut-être ne s'agit-il que d'un rite de purification.

La réalité et l'importance des rites initiatiques pour les adolescents ne font aucun doute, en Étrurie comme dans les autres civilisations. Cependant, en raison d'une documentation trop parcellaire, c'est un large pan de la mentalité magique des Anciens qui nous échappe, nous privant de ce qui conférait sa consistance à leur existence.

VI

LA RELIGION

En matière de religion, les Étrusques jouissent d'une réputation à la fois justifiée et trompeuse, fondée sur l'admiration et la déférence que les Romains leur portaient dans ce domaine. On connaît, par exemple, la célèbre phrase de l'historien **Tite-Live (V, 1, 6) qui décrit leur nation comme « plus que toute autre attachée aux pratiques religieuses » et douée d'une « compétence spéciale » dans la science du sacré**. Réputation justifiée parce que les Étrusques ont développé un art du religieux plus sophistiqué que celui des Romains qu'ils ont impressionnés et fortement influencés. C'était bien la seule supériorité que ceux-ci leur reconnaissaient en empruntant leurs pratiques et en créant officiellement un corps d'haruspices auquel ils se fiaient au-delà de leurs doutes et de leurs critiques. Mais réputation trompeuse parce que les Étrusques n'ont pas été considérés par d'autres peuples (les Grecs par exemple) et dès l'origine comme « les plus religieux des hommes ». Cette reconnaissance est tardive et date, à Rome, de la fin de la République et de l'Empire. Auparavant, les Toscans étaient plus regardés comme des jouisseurs ou des pirates redoutables que comme des dévots !

Du reste, la religion n'a été formalisée que relativement tard dans l'histoire du développement de l'Étrurie, vers le milieu du VIIe siècle avant notre ère, et sous l'influence grecque, avec l'adoption de mythes helléniques, l'imitation d'une architecture sacrée et l'anthropomorphisation des divinités. Cette transformation accompagne l'urbanisation qui connaît à cette époque une nouvelle expansion.

Si la religion étrusque, dans sa forme tardive, a séduit les Romains, c'est aussi en raison de ses différences fondamentales avec la religion romaine. Tout d'abord – et c'est une caractéristique essentielle – **elle est la seule de la Méditerranée occidentale** (et même en grande partie orientale) **à être une religion révélée, une religion du livre**. Toutes les révélations, tous les enseignements sont consignés dans des ouvrages que les Romains ont parfois traduits, avec des approximations. Les rites, les relations avec les dieux, l'interprétation des volontés divines..., tout est codifié et nécessite un long apprentissage qui fait du prêtre un expert obligé pour guider la vie religieuse. D'ailleurs, les aristocrates romains envoyaient leurs fils étudier en Étrurie pour se former dans **cette science du sacré, la célèbre *disciplina etrusca*.**

Ensuite, la mentalité religieuse des Étrusques est différente de celle des Romains. À Rome, la *religio* implique autant les hommes que les dieux dans un rapport réciproque qui tient du contrat juridique. **Les Toscans, au contraire, doivent s'en remettre aux spécialistes de la *disciplina etrusca* pour connaître la volonté des dieux qui déterminera, dans l'avenir, le comportement des hommes.** Là réside bien une des différences majeures entre les deux mentalités : la révélation du futur, la prédiction précise et « scientifique » du destin des hommes. La divination n'appartient pas aux pratiques romaines. Un augure n'observe le vol des oiseaux que pour savoir si les dieux approuvent ou non l'action qui doit être immédiatement engagée. Ainsi Claudius, pendant la première guerre punique, fait-il monter sur le pont du bateau les poulets sacrés pour connaître le sentiment des dieux quant à la bataille qu'il se promet d'engager le matin même. Le manque d'appétit des volatiles prouve seulement la désapprobation divine. Et il ne devra s'en prendre qu'à lui de n'avoir pas suivi ce signe de la plus expresse et auguste réserve. La défaite cuisante qu'il essuya trouva dans son indifférence désinvolte toute sa justification. En Étrurie, le vol d'un oiseau, sa couleur, son cri sont porteurs d'une autre signification qu'un banal assentiment divin pour tout prêtre capable de traduire les avertissements des circonvolutions aviaires. Évidemment, cette science effrayante peut aussi être détournée par des charlatans qui éblouissent les innocents de leur invérifiable savoir. Nombre de ces devins de fortune parcouraient les campagnes en vaticinant, et Caton conseillait à ses fermiers de les éviter. Le même Caton prétendait que deux haruspices ne pouvaient se croiser sans rire, et les esprits évolués, comme Cicéron (cf. son *De Divinatione*), savaient marquer une ironique distance avec ces diseurs de bonne aventure. Il n'empêche : les esprits forts riaient entre eux de ces pratiques divinatoires, mais ils commençaient, comme chacun, par observer les rites avec scrupule.

Les Étrusques ont, par ces techniques, impressionné et influencé les Romains. On le comprend aisément à voir, par exemple, l'implication d'un rite sacrificiel. À Rome, le sacrifice d'une victime permet au prêtre d'en observer globalement les entrailles (*exta*) pour en déduire l'accord ou le désaccord des dieux quant à l'action envisagée. Ne pas contrarier la divinité permet alors d'assurer la *pax deorum* et confère le sentiment sécurisant de la protection divine. En Étrurie, l'examen des entrailles, du foie notamment, est minutieux ; le prêtre en déduira éventuellement quel dieu marque son mécontentement et indique le sort qui attend la communauté, à moins qu'elle ne s'adonne au rituel qu'il prescrira.

Malheureusement le détail de ces cérémonies et les arcanes de cette science religieuse demeurent pour nous des plus obscurs, et le peu qui nous en est délivré passe par le truchement des traducteurs, généralement latins, qui ne sont jamais insoupçonnables d'une trahison – involontaire ou non – vis-à-vis de leur source toscane.

LES PROPHÈTES

Les prophètes constituent la source obligée et l'originalité de la religion étrusque. Celle-ci est, en effet, la seule religion révélée de la Méditerranée occidentale et **Tagès, le plus célèbre, avec d'autres, a dicté aux Toscans la parole sacrée qu'ils ont aussitôt consignée dans des livres**. Cette spécificité étrusque connut une certaine fortune et les écrits furent l'objet d'une étude respectueuse longtemps après la disparition de la nation étrusque. Apulée, par exemple, y appliqua sa réflexion et Longinianus, prêtre païen contemporain d'Augustin, écrivait à l'évêque d'Hippone qu'il estimait les révélations de Tagès au même degré que celle d'Orphée, de Zoroastre, des prophètes juifs ou du Christ. Il ajoutait même que chaque continent avait reçu la pensée d'un interprète phare du message divin : Hermès Trismégiste en Afrique, Orphée en Asie et Tagès en Europe.

La légende de Tagès nous est bien connue, notamment par un passage de Cicéron (*De Divinatione*, II, 23). Elle comporte les symboles de la pureté et de la sagesse qui accréditent la parole révélée. La scène se passe près de Tarquinia. Un jour qu'un laboureur enfonçait un peu plus profondément le soc de son araire, Tagès apparut avec « la figure d'un enfant et la prudence d'un vieillard ». Le paysan cria d'étonnement et bientôt la foule accourut de toute l'Étrurie pour entendre Tagès parler « longtemps » et mettre par écrit ses paroles. « Et c'est ce discours qui contient le fondement de la science étrusque des haruspices ». Telle fut « la source de la discipline » des haruspices. D'autres témoignages précisent que la *disciplina etrusca* fut enseignée par Tagès au roi Tarchon, et il faut y voir une précision importante pour la suprématie politique de Tarquinia. Un miroir montre Tagès apprenant à Tarchon l'art de lire dans les entrailles des victimes. Tagès est ainsi considéré comme le fondateur, celui qui aurait « donné la discipline à l'haruspicine aux douzes peuples de l'Étrurie », selon Festus (p. 492 L.), qui veut donc voir en lui « un descendant de Jupiter ». Il serait l'auteur de nombreux livres traitant tous les sujets : haruspicine, procuration des foudres – le calendrier brontoscopique traduit par Nigidius Figulus lui est attribué – et même justice. Ce sont les fameux *libri Tagetici*, très appréciés à Rome, et qui seraient à l'origine de tous les autres livres (cf. les livres sacrés).

Tagès, pourtant, ne fut pas le seul prophète. On pourrait encore citer Cacus, mieux connu comme divinité italique, mais qu'un miroir célèbre nous montre, tel Apollon, jouant de la lyre et révélant la parole sacrée au jeune Arruns de Chiusi. La scène, élargie, montre aussi les frères Vibenna qui s'apprêtent à capturer le devin pour lui arracher ses secrets, selon un motif souvent représenté en Méditerranée.

La tradition fait également état de nymphes, porteuses de la parole sacrée. On se souvient par exemple d'Égérie, auprès de qui le roi Numa prenait régulièrement conseil. **En Étrurie, la mieux connue est Vegoia,** qui porte le nom d'une famille importante de la région de Chiusi et aurait livré ses révélations à Arruns Vel} umnus. Au dernier siècle avant notre ère, Tarquitius Priscus a traduit en latin les *libri Vegoici* que l'on conservait dans le temple d'Apollon palatin, avec les livres sibyllins. Le seul extrait qui nous soit parvenu, et qui semble s'inscrire dans le récit de la création du monde, concerne le droit de la terre d'Étrurie, et promet la colère des dieux à qui osera déplacer les limites des propriétés foncières dont Jupiter garantit l'inviolabilité.

Cette prophétie, qui commence sur un ton « biblique », concerne apparemment un fait parfaitement historique, et son intérêt réside dans le fait que des Étrusques, sans doute aristocrates, l'ont utilisée pour tenter de résoudre une grave crise sociale dont ils étaient les victimes (cf. encadré). Il est vraisemblable qu'un haruspice de cette fin de VIIIe siècle dont il est fait mention a rédigé une prophétie à la manière de celles de Vegoia, fort de ce que la méthode du bornage ait été attribuée à l'invention des haruspices, comme l'atteste un autre passage du traité des Agrimensores (I, p. 131). On sait notamment quels bouleversements menaçaient le droit de la terre étrusque dès l'époque des Gracques et, par la suite, avec la volonté romaine d'implanter des colonies. Mais à quel épisode précis de l'histoire du pays la prédiction fait-elle référence ? L'indication de temps donnée (fin du VIIIe siècle étrusque) n'est pas d'une grande aide, car la théorie des siècles ne correspond pas à celle que nous imaginons (cf. le calendrier, chap. 5). Tel savant pense au début du IIe siècle avant notre ère (Weinstock), tel autre (J. Heurgon), en forçant le sens d'un passage obscur de Plutarque qui fixerait la fin de ce VIIIe siècle en -88, estime que Vegoia évoque les troubles suscités par la loi agraire de Livius Drusus en -91. Nous savons qu'à cette époque, les Étrusques se soulevèrent et marchèrent sur Rome dans l'intention de tuer Drusus. Mais un passage des *Mémoires* d'Auguste date de -44 la fin du IXe siècle étrusque. Ce IXe siècle eût donc été bien court.

Par ailleurs R. Turcan remarque que celui qui reçoit la prophétie (Arruns Vel} umnus) porte un nom dont le radical se retrouve dans un nom inscrit sur des monnaies de Volsinii (*Velsu*), et que le sanctuaire du dieu qui abritait les assemblées confédérales des douze cités, Voltumna, se trouvait sur le territoire de Volsinii (cf. les dieux). Ce dieu personnifiait également le cycle annuel, le cours du temps, et c'est dans le temple de Nortia, à Volsinii, que les prêtres plantaient les clous symbolisant les années écoulées. La ville se présente comme une véritable « Delphes étrusque », et l'on y conservait probablement des oracles comme ceux de Vegoia.

Or, vers -280, Volsinii, qui passe à cette époque pour la première d'Étrurie, doit se soumettre à Rome. Elle est bouleversée par une révolution sociale. Les esclaves, émancipés en masse, ont en quelque sorte pris le pouvoir, parfois avec la complicité de leurs maîtres qui pensaient se sauver en se faisant les complices de leurs gens. Valère-Maxime précise que les anciens esclaves dictaient eux-mêmes à leurs maîtres le texte des testaments, c'est-à-dire redistribuaient les terres et procédaient donc à un déplacement des bornes.

Les faits semblent correspondre aux périls annoncés par Vegoia, et le comput des siècles n'est pas incompatible avec celui que proposait, à l'époque de l'assassinat de César, l'haruspice Velcatius (cf. le calendrier, chap. 5). Quant aux châtiments prédits par la nymphe, ils n'étaient rien en regard de la réalité : la ville de Volsinii fut rasée, les esclaves révolutionnaires massacrés et une nouvelle cité fut édifiée au bord du lac de Bolsena.

La prophétie de Vegoia

« Sache que la mer a été séparée du ciel. Or lorsque Jupiter eut revendiqué la terre d'Étrurie, il établit et ordonna que les plaines fussent arpentées et les champs limités. Connaissant l'humaine avarice et les passions qu'excite la terre il voulut que tout fût défini par des bornes. Ces bornes, lorsque quelqu'un, un jour, mû par l'avarice du VIIIe siècle finissant fera fi des biens qui lui ont été accordés et convoitera ceux d'autrui, les hommes, par manœuvres dolosives, les violeront, les toucheront ou les déplaceront. Mais qui les aura touchées et déplacées pour étendre ses propriétés et diminuer celles d'autrui sera, pour ce crime, condamné par les dieux. (...) Ceux qui auront déplacé les bornes seront frappés des pires maladies et des pires blessures, et affligés dans leurs membres débilités. (...) Il y aura de nombreuses dissensions dans le peuple. Sache que de tels châtiments se produiront quand de tels crimes auront lieu. (...) »
Agrimensores Romani, I, p. 350.

LES DIEUX

Si la tradition accorde aux Étrusques une grande prééminence en matière de religion, il faut bien reconnaître que cette influence ne s'est guère exercée en ce qui concerne leurs dieux. Au point que **l'on ignore presque tout des divinités proprement étrusques**. L'observation des quarante noms que nous livre le foie de Plaisance (cf. le foie de Plaisance) ne nous permet d'identifier clairement que cinq ou six dieux parce que, précisément, leurs noms sont empruntés à ceux de divinités italiques ou grecques. Encore cette dernière catégorie se limite-t-elle, sur le foie de Plaisance, à Hercle.

En fait, les théonymes empruntés aux Grecs sont rares et datent d'une époque relativement récente (pas avant le VIe siècle). Et encore, à deux ou trois exceptions près, ces emprunts gardent-ils une grande part d'ombre. Les cas de noms transposés de langues italiques en étrusque sont à la fois plus fréquents et plus clairement identifiés (cf. tableau ci-dessous). Cependant, **à plusieurs reprises, il apparaît que cette transposition se limite à la langue et recouvre mal l'identité de la divinité assimilée** : si, par exemple, le nom de Uni est incontestablement issu de Juno, le caractère de la déesse étrusque dépasse nettement celui de la déesse italique, soit pour soutenir la comparaison avec Mater Matuta, soit pour mériter, comme à Pyrgi, l'assimilation avec l'Astarté punique.

C'est dire qu'il est difficile de cerner le panthéon étrusque. Si les Toscans ont volontiers adopté les légendes des héros grecs, dissimulant du même coup à nos yeux leur propre mythologie, ils n'ont pas suivi la même démarche quant aux divinités. Les miroirs, qui représentent volontiers des scènes mythologiques grecques, sont plus avares d'aventures divines, et l'adoption de noms grecs ne signifie en rien qu'un culte ait été rendu à ces divinités étrangères. Quant aux noms de dieux gravés sur le foie de Plaisance et qui n'autorisent aucune identification extérieure à l'Étrurie, ils ne se retrouvent jamais sur les représentations des miroirs.

Le nombre limité d'emprunts au panthéon grec s'explique notamment par le fait que les Étrusques devaient posséder leur propre panthéon bien établi. Pourtant, on peut remarquer que beaucoup de dieux étrusques portent des noms italiques, principalement empruntés aux panthéons ombrien et latin, alors qu'aucune divinité italique ne répond à un nom proprement étrusque. Il faut donc penser qu'à un moment assez ancien de leur histoire (VIIIe siècle vraisemblablement), les Étrusques ont peut-être eu besoin de désigner des divinités qui n'avaient pas de nom.

En effet, il semble qu'aux origines, les habitants de la Toscane aient surtout honoré des puissances surnaturelles (des *numina*) et des forces naturelles qui se manifestaient par des phénomènes pour eux extraordinaires (par exemple la foudre). Ils y voyaient des signes influents de leur destin et en ont probablement gardé cette science unique de l'interprétation divinatoire. Mais ces divinités ne revêtaient aucun objet anthropomorphique. Certains passages de Sénèque (*Quest. nat.*, II, 41) ou de Pline (*H.N.*, II, 52, 138) évoquent des groupes de divinités qui agissaient collégialement (on en retrouve certainement des traces à Rome avec, par exemple, les Dii consentes), et se montraient aptes à lancer la foudre. **C'est dans un deuxième temps qu'a dû se constituer un panthéon complet, composé de dieux individualisés** et dénommés avec des emprunts aux voisins italiques, puis, partiellement, aux colons grecs, voire aux Orientaux.

Un exemple montre bien que le schéma traditionnel des emprunts à la Grèce ne fonctionne pas toujours. En Grèce, comme chez tous les peuples antiques, le soleil et la lune, parfois représentés en couple, ont occupé dans les religions la place importante que l'on sait. Les Grecs ne représentent pas le soleil au-dessus des flots avant le VIe siècle, alors que les Étrusques ont déjà décliné une iconographie largement inspirée de motifs solaires orientaux depuis un bon siècle.

• **Les dieux étrusques principaux**

Par comparaison avec le panthéon latin et en raison de la place éminente qu'il occupe sur le foie de Plaisance, on peut comprendre que **Tinia (ou Tin), le Jupiter étrusque, nous apparaisse comme le premier des dieux.** *Tin* signifie « le jour », et le mot confère à la divinité son caractère céleste et lumineux, de la même façon que les noms de Jupiter et de Zeus sont formés sur une même racine exprimant la lumière. Toutefois, cela ne signifie pas nécessairement qu'il faille établir une équivalence entre Tinia et Jupiter. Certes, les Romains y étaient enclins parce que le temple de Jupiter sur le Capitole abritait une triade que l'on savait d'origine étrusque, mais nous savons aujourd'hui que la triade capitoline primitive (Jupiter, Mars, Quirinus) avec ses caractères d'inspiration indo-européenne ne doit rien aux Étrusques, et que celle attribuée par la tradition au roi Tarquin (roi étrusque de Rome au VIe siècle) composée de Jupiter et de deux déesses (Junon et Minerve) ne répond pas aux principes de la pensée religieuse indo-européenne. Quelle en était alors la véritable signification ?

Nous l'ignorons ; mais nous savons de plusieurs sources latines et épigraphiques que **Tinia était également honoré sous le nom de Voltumna.** Varron (*De Lingua latina*, V, 46) précise qu'il était « *deus princeps Etruriae* » (dieu prince de l'Étrurie, c'est-à-dire le premier des dieux), et les Romains auraient transformé son nom en Vertumnus, le comprenant comme un dieu protéiforme, capable de prendre en toute circonstance n'importe quelle apparence (en latin, *vertere* = tourner). Nous savons d'ailleurs qu'un temple lui était consacré dans le quartier étrusque de Rome (le *vicus Tuscus*) et que sa statue serait l'œuvre de Mamurius, le forgeron des anciles (selon Properce, IV, 2, 1 *sqq*. cf. les rites de passage, chap. 5). Nous savons surtout que **le sanctuaire principal de ce dieu, le *fanum Voltumnae*, s'élevait à Volsinii** et que s'y réunissaient annuellement les représentants des douze cités pour y célébrer leur fédération par des jeux et des cérémonies religieuses, affirmant ainsi l'existence de la nation étrusque (le *nomen etruscum*) (cf. les cités de l'Étrurie méridionale, chap. 2).

Cependant, Voltumna (Veltumna) n'était pas seulement honoré à Volsinii. Son nom semble avoir été utilisé pour désigner des sites géographiques. Selon Tite-Live (IV, 37, 2), Volturnum aurait été le premier nom de la ville de Capoue, fondée par les Étrusques. Et, à Rome, les Volturnalia (fête de Volturnus/Vertumnus) étaient célébrées le 27 août par un flamine spécial (Varron, *Ling. lat.*, VII, 45). La complexité du dieu, sa présence sur l'ensemble élargi du territoire étrusque interdisent sans doute d'en faire une représentation locale et spécifique de Tinia à Volsinii, comme cela fut proposé. Est-il, ainsi qu'on l'a pensé, une divinité plus ancienne que Tinia qui se confondrait avec lui, véritable symbole du peuple étrusque ? Il est impossible de le dire. Toutefois, on retiendra une remarque de J. Heurgon qui attire l'attention sur le rapprochement du nom du dieu et celui du vautour (*Voltur*, en latin) qui n'a pas d'origine indo-européenne. Le mot est formé d'une racine *vol-* et d'un suffixe *-tur*. On connaît, en Étrurie, les prénoms *vel, vel} ur* et le gentilice *vel} urna*, sans oublier les toponymes évoqués plus haut. On peut ajouter le nom d'un volcan campanien (*Voltur*) à la limite du territoire étrusque, celui d'un vent (*Volturnus*). *Volturnus* est également le nom d'un fleuve en Campanie. Comme si ce dieu régnait sur les éléments (l'air, l'eau, le feu), non sans rappeler certains caractères de Vulcain. Or la racine *vol-/vel-* se lit sur le foie de Plaisance, et certains savants l'ont rapprochée du nom du dieu forgeron *Vel{ ans*. De toute manière, nous savons combien les éléments naturels comptent dans la divination étrusque. Or le vautour, comme son nom l'indique, est, dans la langue augurale, l'oiseau de *vel* (Servius, *ad Aen.* V, 517). Sa qualité d'oiseau sacré, interdisait de le tuer en Italie, et son odorat était réputé porter au-delà des mers. C'est un animal royal dans l'art auspicinal et il est facile de rappeler que c'est lui qui annonce à Tanaquil le destin royal de son époux, Tarquin, lorsqu'ils arrivent à Rome, comme auparavant le vol des douze vautours avait annoncé la victoire de Romulus sur Rémus, ou, plus tard, révélera à Auguste la faveur divine.

Ces quelques pistes, partielles et rapidement entrevues, montrent la complexité de ces divinités proprement étrusques qui appartiennent à une religion non indo-européenne pour laquelle aucune comparaison avec les religions des voisins des Étrusques n'est véritablement fiable ou même satisfaisante. Les mêmes incertitudes et interrogations se dégageraient de l'analyse d'autres divinités, comme Uni, ou Aisera, dont le nom apparaît dans le texte de la momie de Zagreb et dont on n'est même pas sûr qu'il s'agisse de celui d'une divinité.

Quelques dieux étrusques avec leur équivalent latin ou [grec]

Nom étrusque	Nom latin ou [grec]
Voltumna	Vertumnus
Tinia	Jupiter
Uni	Junon - Mater Matuta [Héra]
Ani/Culsans	Janus
Ne} uns	Neptune
Aisera	Dea Dia (?)
Maris	Mars
Laran	= Mars
Vetis-l	Vedius - Vediovis
Satre (s)	Saturne
Selvans-l	Silvanus
Men(e)rva	Minerve
Vel{ ans/Se} lans	Vulcain
Turan	Venus [Aphrodite]
Turms	Hermès
Fufluns	Bacchus - Liber Pater
Letun	Latone
Usil	le Soleil [Hélios]
Aritimi	[Artémis]
Aplu	[Apollon]
Suris	[= Apollon guérisseur]
Lasa	nymphe
Hercle	Hercule [Héraclès]
Les démons :	
Charun / Charu (Charon)	
Calu	
Tu{ ul{ a	
Van}	

Tinia, Turms et Thalna
(miroir de bronze, IVe siècle)

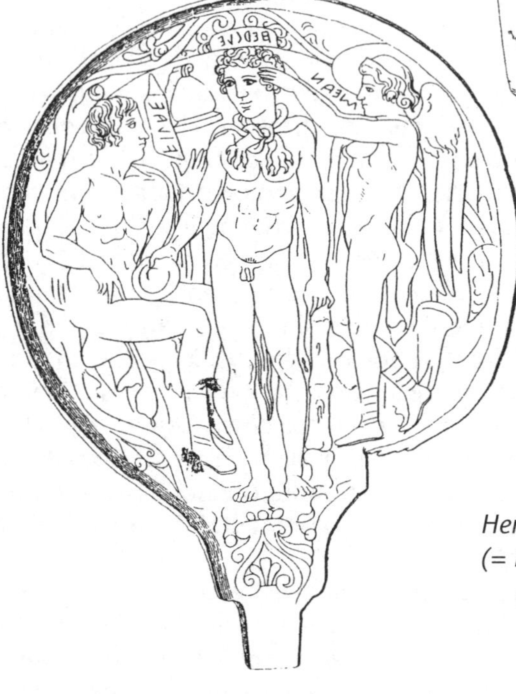

Hercle couronné par Mean (= Nikè, la victoire) (miroir de bronze, IVe siècle)

• **Les démons**

Plus surprenants encore que ces divinités difficiles à cerner sont ces **personnages effrayants et grotesques qui attendent le mort sur les murs de la tombe pour le guider vers l'au-delà**. Ils sont des êtres divins et constituent une véritable originalité étrusque dans le sens où leur représentation ne correspond pas à celle que les Grecs, par exemple, se font des Enfers. À travers les expressions à la fois terribles et fascinantes, c'est l'imagerie fantastique de la mort telle qu'elle germait dans le subconscient étrusque qui apparaît à nos yeux.

Tu{ ul{ a et Thésée

Ces génies de la mort ne sont pas les dieux des Enfers, comme Aita (Hadès) et Phersipnai (Perséphone), mais **des passeurs qui accueillent le défunt pour le mener aux portes du royaume des morts.**

Le plus célèbre est Charun (Charu) dont le nom semble emprunté au Charon grec. Cependant, il ne ressemble pas au célèbre nocher si bien dépeint par Virgile au chant VI de l'*Énéide*. Nous le retrouvons à plusieurs reprises (notamment sur les murs de la tombe François, celle de l'Ogre II ou celle des Charons), et il n'est jamais tout à fait le même, si ce n'est qu'il porte un maillet. (Faut-il voir dans cet attribut un rapport quelconque avec le maillet dans la mythologie celtique, et particulièrement le dieu au maillet gaulois ?) Dans la tombe de Charon, ce maillet se réduit à un petit marteau, mais ils sont quatre démons dénommés Charun, comme si, en fait, le nom ne s'attribuait pas à un génie unique, mais à un groupe de démons, à l'action collective. Généralement vêtu d'une tunique courte et de bottes, un Charun se reconnaît à son nez crochu, à un rictus cruel, à ses oreilles chevalines, et surtout à son teint bleu ou verdâtre relevé de pustules ou de taches cadavériques. Il semble attendre celui dont l'heure dernière a sonné pour l'assommer et l'accompagner dans son ultime voyage.

Si Tu{ ul{ a n'est pas plus engageant, avec sa chevelure hirsute et ses serpents autour des bras ou sur la tête, son bec d'oiseau de proie et ses longues oreilles, le démon féminin Van} – ou plutôt les Van} – semble plus amène. Elle est parfois dénommée Culsu.

Accompagnatrice et psychopompe, elle apparaît sous les traits d'une jeune femme à la poitrine dénudée, souvent ailée, qui semble un peu indifférente à l'action. Cette représentation lui confère un aspect surnaturel. Elle tient généralement une torche, une clé ou un rouleau (*volumen*). Ce dernier, trop mince pour contenir le récit d'une vie que le mort destinerait à un éventuel jugement divin, se résume à la fiche d'identité du défunt : son nom, son titre, son âge... « Un passeport pour l'au-delà ».

Charun guide un défunt dans l'au-delà

PRÊTRES ET HARUSPICES

Des prêtres étrusques, nous ne connaissons véritablement, grâce aux Romains qui leur vouaient une grande admiration, que les haruspices. Et encore ceux-ci, considérés comme des devins et des spécialistes de la *disciplina etrusca*, ne méritent-ils peut-être pas exactement l'appellation de prêtres.

Un mot les désigne dans plusieurs inscriptions (tuile de Capoue, momie de Zagreb...) : ***cepen***, souvent accompagné d'un titre de magistrat (*zila}*). De la même façon, un autre terme, *maru*, qui semble désigner l'édilité (cf. les magistrats, chap. 3), est parfois lié au culte d'un dieu : *maru pa{ aturas, maru* de Bacchus. Ce qui laisse à penser qu'une charge politique pouvait s'accompagner d'un devoir religieux.

Il en ressort **qu'en Étrurie, comme à Rome, la fonction sacerdotale est inséparable de la fonction politique et que les principaux magistrats sont amenés à remplir les devoirs de prêtre à un**

moment donné de leur cursus. On peut en déduire que la prêtrise est réservée à ceux que leur famille et leurs biens autorisent à suivre une carrière politique, c'est-à-dire les aristocrates. Dans ces civilisations antiques, la religion est indissociable de la vie de la cité. **Mais rien ne nous permet de savoir s'il existait diverses catégories de prêtres**, ni si réellement, comme le laisseraient penser certains témoignages, se formaient, comme à Rome, des collèges sacerdotaux.

En revanche, nous savons **qu'à côté des prêtres propres à chaque cité, il existait des prêtres fédéraux qui se réunissaient lors des cérémonies du *fanum Voltumnae* et qui élisaient, une fois l'an, l'un d'entre eux pour assurer la présidence de la ligue étrusque.** Tite-Live rapporte, à propos du siège de Veies, que le roi de cette cité avait été « irrité » parce qu'un « vote des douze peuples avait porté au sacerdoce un autre que lui » (V, 1, 5). Où l'on voit donc, par l'emploi du mot « sacerdoce », que la fonction symbolique de *rex Etruriae* est d'abord religieuse. Ce phénomène n'est pas unique en Italie, et l'on peut faire des observations similaires à propos de la ligue latine.

• Les haruspices

Très célèbres et appréciés à Rome, et connus de nous par bien des textes latins, les haruspices ne correspondent certainement plus à la réalité de leur fonction en Étrurie même. Dès la fin de la République, et encore plus sous l'Empire, ils sont assimilés à des devins experts en toute pratique, sortes d'astrologues plus ou moins charlatans capables de lire l'avenir des gueux comme des puissants. Seuls ces derniers pouvaient espérer se faire conseiller par de réels connaisseurs des textes étrusques, comme Postumius auprès de Sylla ou Spurinna (véritable rejeton d'une noble famille toscane) aux côtés de César.

Mais en Étrurie, leur spécialité est plus circonscrite. Ils n 'en sont pas moins célèbres si l'on en juge par le nombre de représentations qui en ont été retrouvées. Il est évident **qu'ils appartiennent, comme les prêtres, aux familles les plus nobles et les plus puissantes, celles qui possèdent les livres sacrés et donnent à leurs enfants la possibilité de les étudier.** Cette science se transmet de père en fils, et les haruspices jouent également le rôle de professeurs auprès des fils de l'aristocratie.

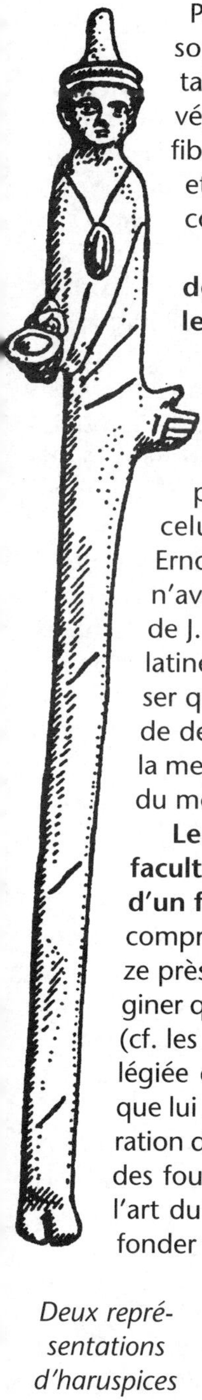

Par de petites statuettes, nous connaissons la silhouette de ces hauts dignitaires, chaussés de bottes au bout relevé, vêtus d'un manteau court dont une fibule rassemble les pans sur la poitrine et coiffés d'un haut chapeau de forme conique et aux larges bords.

Leur fonction précise consiste à déchiffrer le message divin dans la lecture des entrailles d'un animal sacrifié (extispicine), et plus particulièrement dans l'organe censé symboliser la vie, le foie (hépatoscopie).

Le mot, *haruspex*, est latin, et sa première partie signifie « boyau » : celui qui observe les entrailles (selon Ernout-Meillet). Quel en est l'équivalent étrusque ? Nous n'avons aucune certitude, mais une étude comparative de J. Heurgon à partir d'une inscription bilingue étrusco-latine du IIIe siècle, retrouvée à Pesaro, lui permet de penser qu'il s'agit du mot « *netsvis* ». Celui-ci serait composé de deux parties : *nets - vis*, la première signifiant la peau, la membrane. Peut-être la seconde correspond-elle à la fin du mot « *haru – spex* » , qui en serait alors la traduction.

Les haruspices impressionnent les Romains par leur faculté à lire l'avenir en observant la forme et la couleur d'un foie d'animal sacrifié selon une technique que nous comprenons mieux depuis la découverte d'un foie en bronze près de Plaisance (cf. le foie de Plaisance). On peut imaginer que cette science, appuyée de la connaissance des *libri* (cf. les livres sacrés) confèrent à l'haruspice une place privilégiée dans la société. Avait-il pour autant tous les talents que lui prête Cicéron dans son *De Divinatione* (I, 42) : conjuration des prodiges, interprétation des phénomènes célestes, des foudres ? D'autres y ajoutent des pratiques magiques, l'art du bornage pour délimiter un territoire, le pouvoir de fonder villes et monuments et celui de définir le temps. Sans doute leur attribue-t-on plus qu'il ne leur est dû, mais il s'agit d'un hommage rendu à la force de la religion étrusque dont l'haruspice est devenu le terme générique pour désigner le prêtre.

Deux représentations d'haruspices

LES LIVRES SACRÉS

La science religieuse étrusque (*disciplina etrusca)* repose avant tout sur la révélation délivrée par les prophètes, notamment Tagès (cf. les prophètes) et scrupuleusement consignée dans des livres.

Ces *libri* sont au nombre de cinq : *libri haruspicini, fulgurales, rituales, fatales* et *acheruntici*. Les premiers concernent l'haruspicine, les *libri fulgurales* traitent des foudres, les *libri rituales* des différents rites à observer, les *libri fatales* concernent la procuration des prodiges et les derniers intéressent tout ce qui touche à l'au-delà. Encore faut-il préciser que la liste n'est pas figée et que ce corpus a pu s'enrichir de textes de spécialistes (comme ceux de Tarquitius Priscus qui fit autorité à Rome au Ier siècle avant notre ère), ou de livres de circonstance, tels les célèbres Livres sibyllins si importants à l'époque de la République romaine.

La grande part de ce savoir sacré concerne la divination (cf. la divination) qui occupe dans la mentalité étrusque une place qu'elle ne connaît pas sous cette forme dans l'esprit des Romains. Malheureusement, en ce qui concerne ces *libri,* à l'exception des livres fulguratoires et, à la rigueur, des livres rituels, nous ignorons tout de leur contenu.

• Les livres haruspicinaux

S'il ne nous en reste rien, l'étude du foie de Plaisance devrait permettre de nous en faire une idée (cf. le foie de Plaisance). Nous pouvons penser **qu'ils précisaient la signification de toutes les irrégularités découvertes à l'observation des entrailles.** Il se trouve que nous possédons un extrait de texte oriental concernant les déductions faites à partir de l'examen d'un foie en Babylonie méridionale où l'hépatoscopie se pratiquait couramment.

« Si la membrane vers le haut est comprimée (?), le prince, dans sa puissance, protégera des frères étrangers,

Si la membrane vers le bas est recroquevillée, le prince renversera son pays,

Si la membrane, s'incurvant, atteint « la présence », l'ennemi mettra en difficulté le pays du prince,...

Si la membrane est par deux fois fendue, les troubles s'empareront du moral de l'armée... » etc. (trad. Nougayrol, VAT 602).

Telles pouvaient être les énumérations de tous les cas possibles avec leurs conséquences immédiates, un peu comme nous les retrouvons dans le calendrier brontoscopique de Nigidius Figulus qui s'inscrit dans le cadre des livres fulguratoires. Probablement devaient s'y ajouter des considérations propres à tel ou tel dieu concerné par la partie défectueuse du foie, ainsi que le montre le foie de Plaisance.

- **Les livres fulguratoires**

Ce sont les mieux connus des livres étrusques, sans doute parce que les Romains ont généralement recours aux haruspices pour interpréter les prodiges fulguraux. Il est alors normal que plusieurs écrivains savants ou philosophes se soient intéressés au sujet. Outre Cicéron, Festus, Servius ou, plus tard, Lydus, il faut surtout retenir deux passages, l'un de Pline l'Ancien (*H.N.*, II, 37-146), l'autre de Sénèque (*Quest. nat.*, II, 32-49). Les informations qu'ils donnent concordent, bien que Pline soit plus confus, ce qui peut se comprendre vu la complexité du sujet. Les sources des Romains semblent avoir été les mêmes : principalement Caecina, Tarquitius Priscus et un certain Iulius Aquila, que nous ne connaissons pas.

Les livres expliquaient comment identifier et interpréter un coup de foudre. Des seize régions, les unes sont favorables, les autres non. Il est donc essentiel de savoir d'où vient la foudre, où elle aboutit et, éventuellement, dans quelle région elle a rebondi puisque les prêtres croyaient en cette possibilité. Tinia est le grand maître de la foudre : il en dispose de trois sortes. Neuf autres divinités peuvent encore user de la foudre, ce qui permet d'en distinguer douze variétés en tout. Besoin est donc d'identifier à la fois quel dieu l'a lancée, et de quelle nature elle est. Car une foudre n'est pas forcément malveillante. C'est ainsi que la première *manubia* (le mot latin utilisé est intraduisible et sans doute transposé de l'étrusque) se veut apaisante et sert au dieu à lancer un avertissement quand les deux autres sont envoyées pour nuire. Encore Tinia ne les expédie-t-il qu'après avoir pris le conseil de douze dieux, les *Di consentes* pour la foudre qui écrase, et les *Di involuti* (= cachés, car on en ignore le nombre) pour celle qui brûle, la plus redoutable.

La couleur de la foudre aide à identifier le dieu qui l'envoie, le rouge étant plutôt la marque de Tinia. Enfin, le prêtre doit être en mesure de déchiffrer la signification du message divin. En résumé, note Sénèque, à la suite de Caecina, il faut distinguer les « postulatoires » qui exigent que l'on recommence des sacrifices accomplis contrairement aux rites, les « monitoires » qui conseillent sur ce dont il faut se garder, les « ostentatoires » qui montrent le danger, les « pestilentielles » qui annoncent la mort ou l'exil, les « royales » qui touchent toute la communauté et sont une menace de monarchie..., celles dont la signification est limitée dans le temps (par exemple, qui sont valables un jour), celles dont la valeur est perpétuelle, celles qui demandent qu'on réagisse immédiatement et celles qui appellent à une cérémonie différée...

L'intérêt de ces analyses tient aussi au fait qu'elles ne concernaient pas seulement la collectivité, l'État, mais que l'on prenait en compte certaines foudres comme des avertissements privés. **Le moment de la vie où tombe la foudre est important et elle peut annoncer autant la prospérité que le malheur**. Parfois même, certaines foudres ressortissent de la magie : elles peuvent être invoquées contre un ennemi : Pline raconte l'histoire d'un roi de Volsinii, Porsenna, qui aurait obtenu que les dieux détruisent ainsi l'horrible monstre Volta qui menaçait la ville après avoir ravagé la campagne.

Sans doute faut-il émettre quelques réserves sur les informations léguées par les auteurs latins. Malgré leurs sources étrusques, ils écrivent aussi dans une Rome hellénisée qui n'ignore ni les stoïciens, ni les épicuriens, ni la météorologie d'Aristote, ni Pythagore. C'est le cas, par exemple, de Nigidius Figulus, contemporain de Cicéron qui, lui-même, évoque un coup de foudre dans son discours *Sur la réponse des haruspices.* Mais les informations fournies restent précieuses. Ainsi, Nigidius Figulus, révélé par Lydus (*De Ostent.*, 27-38), a-t-il traduit un calendrier brontoscopique qui nous livre, pour chaque jour de l'année, l'interprétation des grondements célestes. Même si Nigidius prend soin de préciser que ces prévisions valent surtout pour Rome, nous pouvons imaginer que les livres fulguratoires en comprenaient un de la même encre, et un peu similaire aux instructions contenues probablement dans les livres haruspicinaux.

• Les livres rituels

Un seul texte nous donne une définition de ce qu'étaient les *libri rituales*. Festus (p. 358 L.) note seulement qu'on y trouve inscrit « par quel rite sont fondés les villes, les autels, consacrés les temples ; par quel caractère sacré les murs sont consacrés, quelle est la situation religieuse des portes, comment les curies, centuries et tribus sont partagées, comment sont constituées et ordonnées les armées, et d'autres sujets du même genre ayant trait à la guerre et à la paix. »

En un mot, **ces livres délivrent toutes les procédures rituelles pour la fondation des cités et la mise en place des institutions.** Mais ces quelques lignes gardent la trace des siècles et l'empreinte de Rome : l'auteur a adapté son résumé à l'histoire de la cité de Romulus.

Sans doute faut-il ajouter l'indication d'un certain nombre de rites touchant à la procuration de certains prodiges qui tenaient en Étrurie, comme à Rome, une place si importante, ainsi qu'un calendrier des principaux rites, écrit sur des bandelettes de lin qui servirent, par la suite, à envelopper une momie égyptienne. Il s'agit de la fameuse momie dite de Zagreb, parce qu'un touriste croate l'a rapportée dans son pays au XIXe siècle. Pour autant qu'on puisse comprendre quelques passages de ce texte étrusque, il apparaît, en le comparant au rituel de Gubbio (les Tables eugubines, d'origine ombrienne), que nous sommes en présence d'un calendrier rituelique (cf. la littérature religieuse, chap. 7).

Parmi les rites mentionnés par Festus, il en est un dont nous pouvons être sûrs qu'il fut emprunté aux Étrusques. C'est celui de **la fondation des villes dont Rome fournit un bon exemple**. Rome, fondée *ritu etrusco* par Romulus, rappelle Tite-Live au début de son *Ab Vrbe condita*. L'acte rituel consistait à tracer un quadrilatère en utilisant un araire tiré par un bœuf et une génisse blancs (celle-ci étant placée à l'intérieur, et le bœuf à droite, précise Caton, ce qui signifie que l'officiant avance dans le sens inverse des aiguilles d'une montre). Voilà tracée la *Roma quadrata*. Le fondateur soulève son araire à l'emplacement des trois portes. Trois seulement car la ville étrusque n'en comporte pas au nord : là se trouve la demeure des dieux (cf. le temple) qui observent l'ensemble. C'est pourquoi le temple n'a pas à être vu de l'arrière et ne comporte décorations et colonnes qu'en façade. La ville est divisée par deux axes, l'un nord-sud (*cardo*), l'autre est-ouest (*decumanus*), qui se croisent en son centre.

Auparavant, les prêtres ont interrogé les dieux et observé les signes pour obtenir leur approbation. Ils ont ensuite reporté le *templum* (espace sacré) céleste sur la terre, puis ils ont complété cette dimension horizontale par une dimension verticale en creusant, au cœur de la cité, un *mundus* de forme ronde (le mot est d'origine étrusque) qui permettait de mettre le territoire sacré de la ville à la fois en communication avec les puissances infernales et sous la protection des dieux du ciel (il faudrait reprendre ici la symbolique du rond et du carré : la forme ronde du *mundus* symbolise la voûte céleste). Le pourtour carré, soigneusement borné (importance de la symbolique des limites en Étrurie et à Rome) délimitait en même temps un espace sacré à l'intérieur des futures fortifications : il s'agissait du *pomerium* qui marquait la claire limite entre ce qui constituait la ville et ce qui ne l'était pas, matérialisant une barrière protectrice symbolique contre les ennemis. La force du symbole est telle qu'à Rome, Rémus ayant allégrement sauté le sillon sacré en se moquant de son frère, Romulus dut le tuer pour conjurer le mauvais sort et signifier que sa ville serait invincible.

• **Les livres sur le destin**

Les Étrusques avaient-ils, avant l'influence grecque, développé une théorie du destin ? Nous l'ignorons, mais si nous l'admettons, il n'y aurait rien de surprenant à ce qu'ils aient collationné dans des *libri* tout ce qui concerne les destins des hommes et des états. Comme les *libri fulgurales*, il est probable qu'ils aient renfermé **des prédictions sur les destins individuels autant que collectifs.**

D'après Censorinus (*De Die nat.*, 14, 6), les Étrusques auraient en quelque sorte divisé l'existence humaine en douze parties et, durant les dix premières (avant quatre-vingts ans), chacun pourrait obtenir par des prières, que les dieux diffèrent le moment fatal. Une faveur qu'il faut cesser de solliciter dans la vieillesse vu la perte progressive pour l'homme de ses facultés...

Ce serait, dit Censorinus, obtenir un prodige indu. Car c'est bien de prodiges et de leur procuration que traitaient ces *libri*. Et, d'après les allusions de certains auteurs, il semble bien qu'ils aient également contenu la description des dits prodiges, voire qu'une sorte de journal ait été tenu des grands faits prodigieux. Une sorte d'anthologie de référence.

Peut-être pouvons-nous nous faire une idée du contenu de ces livres en évoquant ce que nous connaissons des **livres sibyllins**. Ces prophéties et remèdes à apporter aux prodiges connus à Rome auraient été reconstitués après leur disparition dans l'incendie du Capitole en -83. Des émissaires ont alors été dépêchés dans les cités grecques du Sud, et notamment à Cumes (où il n'y eut pourtant jamais de sibylle, malgré la légende) pour y recueillir des oracles grecs à la mode de ce temps. Mais auparavant, il n'est pas impossible que l'origine de ces livres ait été étrusque. Tite-Live, qui en parle dans son livre I, n'arrive pas à faire une claire distinction avec les *libri fatales* qu'il désigne pour le même usage. Il se contente même à dix-neuf reprises (sur vingt-neuf) du terme générique « *libri* ». Et la légende veut que les fameux livres sibyllins aient été apportés à Rome à l'époque de Tarquin dans des conditions troublantes (Denys d'Halicarnasse, IV, 62). Quant aux premières traces de leur consultation, elles remontent à -496, à une époque où l'influence étrusque est encore très présente à Rome. Encore faut-il bien nous mettre en garde contre la différence fondamentale qui existe entre les mentalités religieuses étrusque et romaine en matière de prodiges (cf. la divination).

• **Les livres de l'Achéron**

Il s'agit des **livres de la mort et de l'au-delà** qui étaient, comme les précédents, attribués à Tagès. Il ne nous en reste quasiment aucun témoignage fiable, hormis quelques lignes d'Arnobe (*Ad Nat.* II, 62), précisant qu'on y lit « la promesse que des âmes deviennent divines et soient extraites des lois des mortels par le sang de certains animaux offerts à certains dieux ».

Ces quelques mots sont importants pour comprendre **la croyance des Étrusques en une vie dans l'au-delà** que peut confirmer la décoration de certaines tombes. Arnobe fait allusion à une cérémonie complexe qui permettrait la déification de l'âme du mort. La pratique sacrificielle est différente de celle qu'accomplit le prêtre ordinairement : il s'agit ici d'immoler l'animal et d'offrir au dieu son sang seul. Par une sorte de transfert symbolique, le sang de la bête, qui représente sa vie, son âme se substitue à celle du mort. C'est donc elle que reçoit la divinité infernale, en lieu et place de celle du mort qui, *ipso facto*, se trouve libérée et peut devenir immortelle sous la forme d'un dieu appelé « *animalis* », de *anima* (= l'âme).

Même si cette conception étrusque des *dii animales* a été ravivée par un néo-platonicien latin du IIIe siècle de notre ère (par ailleurs mal connu) et qui a consacré un ouvrage à la *disciplina etrusca,* il appert que cette conception d'acquisition « magique » de l'immortalité ne relève d'aucune philosophie grecque (orphisme, pythagorisme, etc.), et pourrait bien être authentiquement étrusque. Sans doute les livres de l'Achéron révélaient-ils ces conceptions sur l'au-delà, originales et spécifiques aux Toscans.

Un autre texte, étrusque celui-ci, et par conséquent obscur pour nous, semble évoquer le monde infernal et les offrandes à faire pour le repos de ses parents : il s'agit de la tuile de Capoue (*T.L.E.* 2), qui fait pourtant partie des plus longs textes à nous parvenus (cf. la littérature religieuse, chap. 7).

LA DIVINATION

Avec la pratique divinatoire, omniprésente dans la vie des Étrusques, nous touchons de plus près la mentalité religieuse de ce peuple et sa conception du monde. Or cette mentalité diffère de celle des Romains. **En Étrurie, l'homme est un élément inhérent à la nature et participe aux rapports intimes et secrets qui unissent les divers éléments de l'univers**. L'ordre du monde constitue un tout dont le corps de chacun reflète et reproduit l'ordonnance voulue par les dieux. Ce qui ne va pas sans poser la question du déterminisme de l'être humain. Les hommes peuvent ainsi connaître leur avenir par la lecture (s'ils savent les déchiffrer) des signes qui préfigurent la vie de chacun comme le développement de la société. Les dieux, par l'intermédiaire des prophètes (Tagès, Vegoia... ; cf. les prophètes) ont révélé aux hommes les clés de l'interprétation des signes qu'ils leur envoient, parfois de façon douce, à travers le vol d'un oiseau par exemple, parfois avec violence, au moyen de la foudre ou par le truchement d'un prodige.

Sénèque a finement compris la différence subtile entre la mentalité des siens et celle des Étrusques. À propos des foudres (*Quest. nat.* II, 32), il note : « Nous pensons que la foudre est lancée parce qu'il y a eu collision des nuages ; suivant eux, la collision se fait pour que la foudre soit lancée. Rapportant toute chose à la divinité, ils sont convaincus, non pas que les coups de foudre donnent des signes parce qu'ils se sont produits, mais qu'ils se produisent à seule fin de signifier quelque chose. »

La révélation est donc très liée à la divination. Seuls sont aptes à interpréter le message divin ceux qui ont reçu l'instruction nécessaire et qui sont capables de recourir aux livres sacrés pour déchiffrer la pensée des dieux. (cf. les livres sacrés). Il s'agit des prêtres, des harus-

Vel Saties prêt à suivre du regard le vol de l'oiseau (tombe François, Vulci)

pices qui vont, par exemple, savoir lire l'avenir ou faire un diagnostic pour le présent **en observant un foie de brebis qui se présente, en fait, comme un miroir de l'univers** (cf. le foie de Plaisance), ou de l'aristocrate – c'est souvent la même personne – qui, comme Vel Saties, sur les peintures de la tombe François de Vulci (vers -330), s'apprête à prendre les auspices. On y voit le chef toscan qui lève son regard vers le ciel où va être lancé l'oiseau de Laran (= Mars), le pic, dont le vol lui révélera sans doute l'avenir de l'opération qu'il envisage d'entreprendre.

Les livres fulguratoires expliquent au devin tous les paramètres qu'il faut observer lorsque Tinia (ou l'un des neuf autres dieux concernés) lance la foudre, afin d'en décrypter la prédiction la plus exacte possible. L'analyse statistique des révélations dues à la foudre dans le calendrier brontoscopique traduit (et adapté) par Nigidius Figulus (cf. les livres sacrés) laisse apparaître les principales craintes des hommes : le plus souvent la colère divine annonce des désordres redoutés : retour de la tyrannie, menace des dissensions, révoltes du peuple ou des esclaves, risques de guerre civile ou de conspiration, crainte des maladies, voire de rebellion des femmes... Et à l'époque, celle du discours de Cicéron *Sur la réponse des haruspices* (en -56), à la veille de la guerre civile, ces prédictions n'avaient rien perdu de leur actualité ni de leur pertinence.

La forme la plus violente de la manifestation divine s'appelle « le prodige » qui se subdivise en plusieurs catégories : prodige touchant la nature (*ostentum, portentum*, en latin), concernant une particularité effrayante d'un être vivant (*monstrum, miraculum*)..., sans que, d'ailleurs, cette terminologie soit scrupuleusement respectée. Les prodiges sont des signes qui, par leur rareté ou leur éclat, s'imposent à l'attention et manifestent l'action d'une force surnaturelle. Ils sont la marque d'une intervention divine volontaire et arrêtée. Ils ne peuvent donc être négligés. Il faut alors consulter les prêtres (par exemple les haruspices) qui vont se livrer à une triple opération : une phase d'observation, une interprétation (en s'appuyant par exemple sur les livres sacrés), et la prescription d'une procuration afin que tout rentre dans l'ordre des choses. L'interprétation peut aussi bien concerner le passé, si des rites ont été manqués, le présent et l'avenir (prédiction). Mais il existe une différence importante entre Rome et l'Étrurie. Alors que Rome considère toujours un prodige comme une manifestation de la colère divine et une rupture de la *pax deorum* (le lien qui unit les hommes et les dieux et garantit aux premiers la protection des seconds), **chez les Étrusques, un prodige n'est pas forcément négatif** ; il peut aussi être heureux.

Ainsi, on conviendra que la naissance d'une brebis à la robe pourpre est chose peu commune et mérite la qualification de prodige. Or, dit un livre des prodiges toscans (selon Macrobe, *Saturnales*, III, 7,2), « si la toison d'une brebis ou d'un bélier se parsème de taches de pourpre ou d'or, c'est l'annonce, pour le chef de l'ordre ou de la nation, d'une prospérité accompagnée du plus grand bonheur ; la nation accroît sa descendance dans la gloire et la rend plus heureuse. » Et encore : « si la foudre effleure de son souffle le premier personnage de la cité ou le roi, et si ce dernier survit, ses descendants connaîtront renommée et gloire éternelle. » Ces interprétations favorables sont extraites d'un « traité étrusque des prodiges » qui aurait inspiré l'ouvrage de Tarquitius Priscus que cite Macrobe. Mais Tite-Live se fait également l'écho de cette science divinatoire qui donne la clé de bons prodiges. Sur les sept prodiges qu'il relate et qui sont censés s'être produits sous les rois de Rome, six appartiennent à l'histoire de la royauté étrusque. À commencer par celui qui, selon son épouse, Tanaquil, annonce à Tarquin sa royale destinée. Alors qu'ils arrivent à Rome, un aigle enlève le chapeau de Tarquin et le lui remet en poussant des cris, comme pour une mission divine. Tanaquil, en bonne Étrusque, analyse le prodige « d'après l'oiseau qui est venu, la région du ciel d'où il vient et le dieu dont il est le messager ; c'est sur la partie du corps la plus élevée que porte son présage ; il a enlevé un ornement de la tête d'un homme, il l'y a replacé par l'ordre d'un dieu ». La réflexion et les déductions prêtées à Tanaquil correspondent parfaitement aux éléments qu'un devin étrusque doit prendre en compte pour aboutir à une juste interprétation. Et il s'agit d'un heureux présage.

Il n'en va pas de même lorsque la terre tremble, qu'une vache se met à parler, que de la chair tombe en pluie, comme en -461 (Tite-Live, III, 10, 7). Les *libri* consultés prédirent « un danger venant d'un groupe d'étrangers, une attaque contre les hauteurs de Rome et du sang versé ; avant tout, il était nécessaire d'éviter les séditions ». Cette prédiction est attribuée aux Livres sibyllins qui, en l'occurrence, se confondent avec les oracles des livres étrusques du destin.

Toujours l'acte divinatoire s'interprète dans le cadre d'une parfaite connaissance de la nature et dans une parfaite symbiose avec elle. **L'homme étrusque dialogue avec elle et sait la déchiffrer dans une lecture symbolique.** Chacun de ses éléments est porteur de sens parce qu'il fait partie de la grande unité de l'univers.

Peut-être est-ce en raison de ces principes « basiques » d'analyse, et malgré la sophistication des critères d'observation, que la mantique étrusque a pu, parfois, sentir ses limites. Sinon, comment expliquer le recours à l'oracle suprême, la Pythie de Delphes, à plusieurs reprises (par exemple après la bataille d'Alalia, ou, plus tard, après le prodige du lac Albain). Les visites y furent assez nombreuses pour que deux « trésors » aient été construits près du temple d'Apollon.

Néanmoins, à vivre ainsi en si étroite connivence avec la nature, et dans sa totale dépendance, dans un monde où tout s'opère par homologation, transfert, symbolisme, l'homme étrusque ne peut que se sentir soutenu, rassuré et voir ses peurs se dissoudre. Même devant la mort.

LE FOIE DE PLAISANCE

La riche terre de la campagne des environs de Plaisance a révélé aux étruscologues de 1878 une découverte aussi précieuse qu'inespérée ; un foie de brebis en bronze, dont la face concave présente en relief trois aspérités (la vésicule biliaire, le *processus papillaris* et, le plus proéminent, le *processus caudatus*). Sur cette même face se trouvent gravées une quarantaine de cases contenant chacune le nom d'une divinité, tandis que la face convexe, divisée en deux, porte seulement le nom du soleil (*usils*) sur le lobe gauche, et celui de la lune (*tivr*) sur le lobe droit.

Nous sommes en présence de l'outil de travail majeur de l'haruspice, chargé d'interroger les dieux, lors du sacrifice, par l'examen des entrailles (*exta*, en latin, d'où le nom d' « extispicine »), et plus particulièrement du foie (d'où le terme d'hépatoscopie). Dans l'en-

Chalcas pratiquant l'haruspicine
(miroir de bronze, Vulci)

semble du monde antique, **le foie représentait le siège symbolique de la vie**, au même titre que le cœur pour nos civilisations modernes. Il était donc normal qu'il fût consacré aux dieux, ainsi que les autres organes vitaux (les entrailles) lors du sacrifice, et donc que les *exta* fussent brûlés afin que leur fumet s'élevât jusqu'aux cieux tandis que les hommes se partageaient la viande. L'organe vital par excellence revenait ainsi à ceux qui étaient reconnus comme les maîtres du destin humain.

Mais cette offrande n'intervenait qu'après consultation du foie (et aussi des autres entrailles) par l'haruspice. Car si le sacrifice constitue un geste de déférente générosité de la part des hommes, ceux-ci attendent en retour que les dieux leur révèlent leur avenir. L'haruspice, instruit dans la *disciplina etrusca*, est spécialisé dans la lecture des signes divins inscrits sur le foie de l'animal sacrifié. On comprend, à voir celui de Plaisance, que **ce foie symbolise l'univers en réduction, un microcosme à l'image des macrocosmes, et que chaque divinité désignée en régente la part où son nom s'inscrit**. De ce fait, si une partie de l'organe examiné présente une anomalie, l'haruspice en déduit facilement quel dieu envoie aux hommes un avertissement. Le reste de l'interprétation est contenu dans les livres sacrés qui révèlent, suivant le défaut constaté, la catastrophe à laquelle doivent s'attendre les humains et peut-être, aussi, quelle cérémonie ils doivent organiser pour tenter d'en modérer l'ampleur, comme il était procédé pour l'interprétation des foudres (cf. les livres sacrés). Le dialogue s'établit donc entre les hommes et les dieux par le truchement de l'haruspice et sa science de l'interprétation.

Cette pratique de l'hépatoscopie est bien connue à Babylone, au point que les tenants de l'origine orientale des Étrusques ont vu dans cette ressemblance en matière de religion, un argument essentiel à l'appui de leur thèse. Néanmoins, la comparaison résiste mal à une analyse détaillée, même si elle ne permet pas d'exclure toute influence orientale en Étrurie. Notamment, il n'existe aucune maquette en Orient qui mette en rapport aussi étroit l'haruspice et la théologie, si ce n'est un foie conservé à Ninive sur lequel chaque signe correspond à un diagnostic médical et met en cause un dieu particulier. Et surtout, les foies babyloniens présentent une division de l'univers en quatre régions, alors que la mantique étrusque semble avoir approfondi ses pratiques en créant un autre rapport avec la théologie dans sa conception de l'univers.

Le foie retrouvé à Plaisance et daté approximativement du IIe siècle, serait originaire de Cortone qui, dès la fin du siècle précé-

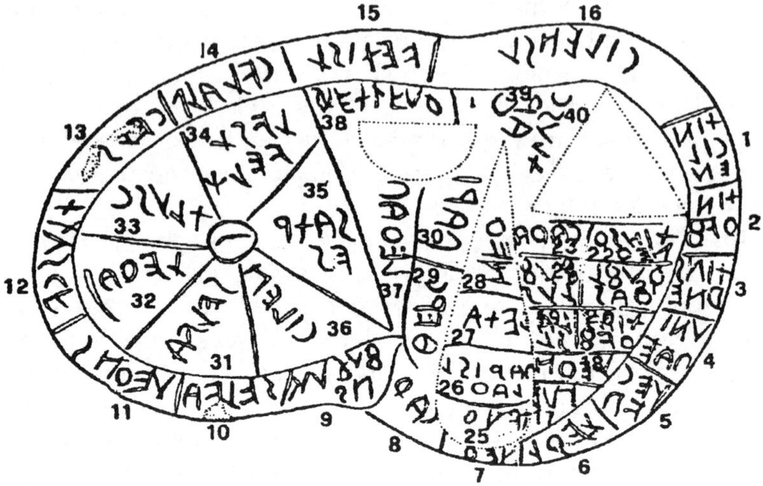

Le foie de Plaisance et sa transcription

dent, comptait parmi les premières cités étrusques. Si J. Heurgon, qui formule cette hypothèse après une étude paléographique, a vu juste, nous pouvons penser nous trouver en présence d'une sorte de « foie de voyage », utilisé par exemple pour former de nouveaux haruspices à l'observation de l'organe et à l'identification de divinités concernées suivant les anomalies constatées.

Il faut reconnaître que l'apprentissage devait être long et ardu : comment, en effet, l'officiant devait-il déchiffrer le foie de l'animal, c'est-à-dire dans quel sens devait-il effectuer sa lecture, **comment fallait-il orienter l'organe ?** Ce sont des points essentiels si l'on se rappelle que la question de l'orientation intervient préalablement à tout acte religieux : fondation d'une ville, édification d'un temple, etc. (cf. le temple, et les livres sacrés).

Il se trouve que **le pourtour du foie est divisé en seize cases, qui correspondent aux seize régions du ciel** également considérées dans l'observation des foudres et des oiseaux, et cette répartition constitue une spécificité étrusque. De nombreux auteurs latins l'attestent : Cicéron (*De Divinatione*, II, 18), Varron (Festus, p. 339 L), Pline (*H.N.*, II, 142) qui précise qu'il y avait huit régions heureuses à l'est de l'axe nord-sud (la *pars familiaris* = partie favorable, le côté du soleil) et huit mauvaises à l'ouest (la *pars hostilis* = partie hostile, le côté de la lune). Enfin, un long texte de Martianus Capella (I, 41-61),

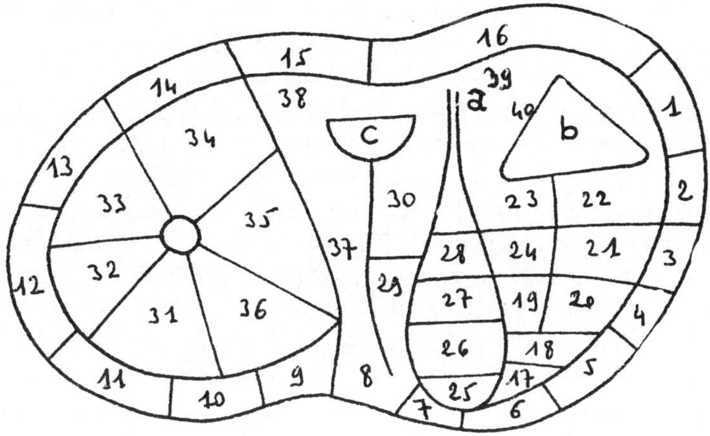

a : vésicule biliaire
b : processus caudatus
c : processus papillaris

bordure

1. Tin Cilen
2. Tin } vf
3. Tin } ne
4. Uni Mae
5. Tecvm
6. Le} n
7. E}
8. Ca}
9. Fufluns
10. Selva
11. Le} ns
12. Tluscv
13. Cel
14. Cvlalp
15. Vetisl
16. Cilensl

Lobe droit

17. Ne
18. Le} n
19. Lasl
20. Tins } vf
21. [ufl} as
22. Tins} Ne}
23. Ca} a
24. Fuflus

Sur la vésicule biliaire

25. Tv [
26. Marisl La}
27. Leta
28. N [

Sur le côté de la vésicule

29. Herc
30. Mari

Lobe gauche

31. Selva
32. Le} ms
33. Tlusc
34. Lvsl Vel
35. Satres
36. Cilen

A gauche du sillon central

37. Le} am
38. [etlum}

A gauche du processus caudatus

39. Mar
40. Tlusc

plus tardif (IVe siècle de notre ère), Africain contemporain de Macrobe, grammairien érudit que la critique a sans doute un peu trop mis en doute. Pourtant, Martianus décrit les seize demeures des dieux qui divisent « le ciel entier ». Et dans les trois premières, il situe d'abord Jupiter.

A. Maggiani (suivant avec quelques corrections le travail de M. Pallottino) a sans doute raison de situer le nord et le commencement de la première région avec la première demeure de Tin (cf. schéma). Ainsi retrouvons-nous l'orientation qui a été donnée à la cité avec, au nord, le temple, au point cardinal le plus important, qui embrasse d'un regard l'ensemble de l'univers et qui se situe généralement sur une hauteur : la première région correspond au *processus caudatus*, la pyramide du foie, qui symbolise le Capitole. Nous savons en déduire que, pour lire le nom des dieux, l'haruspice tient son modèle orienté vers le nord (Tin) et peut lire, dans le quart nord-est, le nom des divinités les plus importantes, puis dans les quarts sud-est et sud-ouest, celui des divinités de la terre et de la nature, et enfin, dans le quart nord-ouest, celui des dieux qui régentent le destin et règnent sur les enfers. Cela signifie aussi que, lors du sacrifice, l'animal offert au dieu était orienté de façon à ce que la pyramide de son foie se trouvât dans la bonne position. Par exemple, sur le Capitole, à Rome, ou devant le temple du Belvédère, à Orvieto, tous deux dédiés à Tin/Jupiter et regardant vers le sud-est, la tête de l'animal devait être tournée vers la façade du temple. Dans la mentalité étrusque, la théorie sacrée de la division du ciel en demeures célestes et de l'orientation dans les actes de la vie religieuse n'est pas une conception abstraite de l'univers, mais trouve sa concrétisation au quotidien dans la projection sur terre de l'espace céleste.

LES RITES

Parce que la force divine innerve chaque fibre de la nature au sein de laquelle l'homme s'inscrit en parfaite harmonie, la religion est omniprésente dans la vie quotidienne, et chacun manifeste en permanence le souci du divin. Cependant, c'est à l'aide de rites, développés lors des cérémonies programmées à l'occasion de fêtes au long d'un calendrier minutieusement établi, que s'opère une communion plus étroite avec la divinité.

De ces calendriers liturgiques, nous avons deux exemples : celui de la tuile de Capoue et celui du livre de la momie de Zagreb (cf. les livres sacrés, et la littérature religieuse, chap. 7). Les prêtres fixaient avec la science qui les caractérise les dates des cérémonies qui ponctuaient l'année, et les phases de leur déroulement :

processions, offrandes, prise des auspices, sacrifices... Chaque rite devait être scrupuleusement observé afin de rendre possible la communication avec la divinité concernée et l'oracle que l'on en attendait.

De tous les rites observés, **le sacrifice est le plus important**, le plus spectaculaire parfois. Les Étrusques en connaissent plusieurs sortes dont une seule mérite pleinement son nom. Les autres formes s'assimilent plus à des offrandes : par exemple lorsqu'un animal est immolé afin d'offrir au dieu son sang seul dans le but que l'âme d'un mort, libérée, puisse devenir immortelle sous la forme d'un dieu appelé « *animalis* » (cf. les livres sacrés) ; ou encore avec ce que l'on nomme communément les sacrifices humains. Ceux-ci ont existé, comme partout dans la haute Antiquité, mais il s'agit davantage de vies offertes à un dieu qu'un véritable sacrifice. Nous en connaissons quelques exemples : ceux que l'on pratiquait sur la tombe d'un personnage important, ou à l'issue d'une guerre, lorsque des prisonniers étaient consacrés à une divinité. Les Étrusques sacrifièrent ainsi des Grecs de Lipari, à l'issue d'une expédition, en -500, ou encore firent périr trois cent sept prisonniers romains sur le forum de Tarquinia en -358. Il n'est pas impossible que le sacrifice par les Romains d'un couple de Grecs et d'un couple de Gaulois, enterrés vivants au forum Boarium, à deux reprises (en -226 et en -216), soit d'inspiration étrusque, bien qu'il ait été dicté par les livres sibyllins (comme l'a montré R. Bloch).

Le véritable sacrifice n'exige pas seulement l'offrande d'un animal mais surtout l'examen de ses *exta* par l'haruspice (cf. le foie de Plaisance). C'est là une spécificité qui valait aux Étrusques une réputation de grands sacrificateurs. Une tradition, linguistiquement infondée, rapprochait l'un de leurs noms – *Tusci* – du verbe grec *thueïn* (= sacrifier). Leur particularité résidait dans la fonction divinatoire de leur pratique sacrificielle inconnue à Rome. Là où les Romains se contentaient d'offrir une victime à un dieu (*litatio*) et ne cherchaient dans l'aspect général des viscères que l'approbation divine, quitte à recommencer le sacrifice avec des victimes de substitution en cas de défaut apparent, les haruspices étrusques sacrifient un animal pour en étudier les *exta,* et tout particulièrement le foie afin d'y lire, grâce à la science enseignée par les livres sacrés, l'avenir prédit par la divinité. Cette prédiction est d'ailleurs valable pour celui qui offre la victime, même si celle-ci a été volée ! On peut ainsi assister à des détournements d'*exta* (cf. par exemple les *exta* voués par le roi de Veies et dérobés par les soldats de Camille : Tite-Live, V, 21).

Une fois l'examen terminé, ces entrailles qui constituent la part des dieux sont mélangées avec un assaisonnement spécifique (à base de sel et de farine), cuites dans une marmite spéciale, puis brûlées sur l'autel.

Il faut enfin imaginer **l'atmosphère tendue et dramatique qui pouvait entourer une consultation d'*exta*,** surtout dans une situation critique, comme c'était le cas, à Rome, à la veille de la guerre civile de -49. Le poète Lucain (*Pharsale,* I, -584-638), avec la force poétique qui le caractérise, a su nous en restituer l'atmosphère, alors que les prodiges les plus alarmants se succèdent : apparition d'astres inconnus, éclairs zébrant un ciel serein, incendie inopiné de l'autel de Vesta, clameurs sinistres entendues les nuits sans vent... « Puis Arruns (l'haruspice) choisit la nuque d'un mâle et l'approche des autels. Déjà il avait commencé à répandre le vin et à parsemer les farines du plat de son couteau ; la victime, longtemps rebelle au sacrifice redouté, ses cornes sauvages maintenues par les desservants court-vêtus, le genou plié, tendait son cou vaincu. Mais le sang ne jaillit pas comme de coutume : par la large blessure, à la place d'un sang rouge, une humeur corrompue se répandit. Arruns, étonné de ce sacrifice infernal, pâlit et se saisit des entrailles pour y découvrir la colère des dieux du ciel. La couleur même effraya l'haruspice ; car les viscères pâles, mouchetées de taches sombres et imprégnées d'un sang glacé, bigarraient leur teinte livide de points sanguinolents. Il regarde le foie inondé de pus, il voit les veines menaçantes du côté hostile. La fibre du poumon haletant se dissimule et un petit sillon coupe les parties vitales. Le cœur est bas, les viscères laissent échapper de l'humeur à travers leurs fissures béantes !... »

Les rites touchant au culte des morts revêtaient en Étrurie une importance toute particulière. Ils sont aussi ceux pour lesquels il nous reste le plus grand nombre de témoignages (tombes avec reliefs et peintures, autels..., même s'ils ne sont pas toujours faciles d'accès).

Les cérémonies se déroulaient devant, ou même dans la tombe lorsque son architecture le permettait (cf. l'architecture funéraire, chap. 8). Plus grandes étaient les sépultures, aristocratiques ou princières, avec leur long dromos, leurs multiples pièces, plus fastueuses et imposantes devaient être les célébrations : processions, offrandes, sacrifices, funéraires, jeux (athlétisme, luttes, musique et danse, peut-être manifestations à caractère théâtral... Cf. les jeux, chap. 9, et la musique et la danse, chap. 9). Les fouilles ont permis de mettre au jour d'importants espaces cultuels : autels, terrasses, et même, à Tarquinia, un petit espace théâtral (12 m x 15 m) bordé de gradins sur trois côtés (du IVe siècle).

Ces rites funéraires étaient également liés au culte des ancêtres. Dans quelques tombes ont été retrouvées des statues assises, particulièrement dans celle des Cinq Sièges (à Caere) où cinq statuettes de terre cuite, assises sur des trônes aux accoudoirs inclinés et placées devant deux petites tables, semblaient participer au repas funéraire. Il est possible qu'il se soit agi des ancêtres. Créer l'image du défunt, chez les aristocrates (du moins à Rome), lui confère son statut d'ancêtre. Il s'agit de l'égaler aux autres membres disparus de la famille ; la représentation matérialise sa valeur et la donne en exemple aux générations suivantes. En Étrurie, cette représentation peut aussi prendre l'aspect d'une peinture, comme dans la tombe des Boucliers de Tarquinia. Ce monument, au plan complexe, s'ordonne autour d'un *atrium* sur les murs duquel se répartissent divers personnages. Sur le mur du fond, le propriétaire de la tombe (Lar} Vel{ a) et son épouse (Velia Seiti} i), et sur la paroi de droite, les parents de Lar} Vel{ a : Vel} ur Vel{ a et Ravn} u Apr} nai. Le père et le fils portent la barbe et sont couronnés de lauriers. Puis, dans l'angle gauche, assis sur des trônes comme s'ils étaient des divinités, le couple des aïeuls. Du doigt, la femme désigne son mari à ses descendants comme pour les inviter à l'honorer et à prendre exemple sur lui.

Ces représentations figurées, donnant à voir, notamment, des scènes de banquet, ne sont pas rares et restent incertaines quant à leur interprétation. Si certains ont voulu y voir une image symbolique du défunt, d'autres estiment que ces scènes figurent la cérémonie funéraire à laquelle le mort lui-même participe. Cette présence du défunt sera reprise, on le sait, lors des funérailles romaines, avec celle de tous ses ancêtres dont des esclaves portent les masques. **Le mort assiste ainsi à ses propres funérailles, créant d'une part le lien entre le monde des morts et celui des vivants,** et acquérant d'autre part une dimension nouvelle qui le voue à la vénération des siens pour qui il devient un modèle.

LE TEMPLE

L'édification des temples se développe en Étrurie principalement à partir du VIe siècle. Ces sanctuaires représentent sur le sol la matérialisation de l'espace sacré céleste (*templum*) dans les limites duquel les prêtres se livrent à l'observation des signes divins. L'archéologie en a fourni de nombreux témoignages à travers tout le pays, mais il n'en subsiste généralement que le podium en pierre. Le reste de l'édifice, modestement construit en bois et en torchis, puis en briques, a subi les outrages du temps.

L'architecte latin Vitruve nous a laissé la description du temple type tel qu'il devait en exister beaucoup à l'époque la plus glorieuse. Ce modèle correspond par exemple à celui que les rois étrusques de Rome avaient fait élever sur le Capitole et que les Romains consacreront à Jupiter, ou au fameux temple du Belvédère à Volsinii (IVe siècle), ou au célèbre temple Portonaccio à Veies.

Une nouvelle fois, la comparaison avec le temple grec montre toute l'originalité de l'architecture étrusque. **Ainsi l'édifice toscan s'élève-t-il sur un haut podium seulement accessible par des marches en façade et non sur la totalité du pourtour**. À de rares exceptions près (temple A de Pyrgi, ou celui de Satricum), il n'est pas entouré de colonnes et n'offre à la vue, sur les côtés ou à l'arrière, que des murs aveugles. Cette différence s'explique par le fait que le temple étrusque ne se trouve pas au milieu de la cité, mais à l'extrémité de l'axe principal. En revanche sa façade présente une double rangée de quatre colonnes qui dégage, en avant de l'édifice, un espace occupant quasiment la moitié de la surface totale du podium. Les proportions d'ensemble diffèrent également du modèle grec puisque le podium est plus proche du carré que du rectangle. La partie fermée dans laquelle seuls pénètrent les prêtres est souvent divisée en trois *cellae*. Ce qui ne signifie pas que ces temples aient abrité des triades, sauf cas particu-

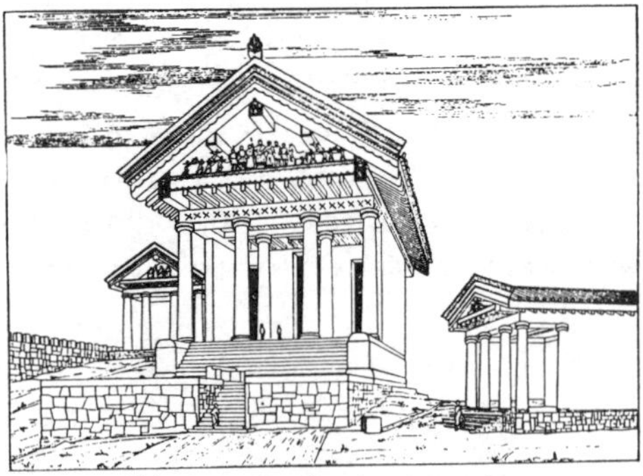

Vue restituée des temples de l'acropole de Cosa

lier. Il vaut mieux parler de deux (petites) chambres annexes qui se développent de part et d'autre de la *cella* principale. Le toit, en bois recouvert de tuiles, déborde largement, sans doute pour assurer la protection contre les intempéries d'un bâtiment dont les matériaux de construction restent fragiles.

La décoration du temple a également pour fonction de protéger les structures exposées à la pluie, notamment les poutres en bois qui étaient habillées d'un coffrage de terre cuite. Point de ces lourdes sculptures de pierre qui ornent les temples grecs. **L'essentiel de la parure est en terre cuite**. Le fronton n'abrite que des plaques de cette matière et la bordure du toit aligne des antéfixes représentant des têtes de gorgones ou de ménades dont il nous reste quelques beaux spécimens. La partie la plus spectaculaire de la décoration se situe au sommet du toit, en avant ou peut-être fixée sur les tuiles faîtières : il s'agit des acrotères, ces grandes statues de terre cuite comme celles qui ornaient le temple de Portonaccio à Veies (aujourd'hui au musée de la villa Giulia). L'artiste, appelé « coroplathe », pouvait se tailler, dans ces réalisations, une solide réputation. Ce fut le cas de Vulca (de Veies) à qui Rome devait le groupe qui couronnait le temple du Capitole. Des acrotères plus petits ponctuaient également chaque angle de la toiture. Ces œuvres d'art, peintes de couleurs vives et qui brillaient au ciel, coiffaient certainement l'édifice d'une note de beauté qui conférait à l'ensemble **une impression de grandeur et de puissance** et faisait oublier la modestie des matériaux utilisés pour le reste de l'édifice (cf. la sculpture en terre cuite, chap. 8).

Cette description, quelque peu générale et stéréotypée, ne doit pas faire oublier que l'architecture templaire n'était pas uniforme et a évolué à travers les siècles. Prenons **l'exemple du sanctuaire de l'Ara della Regina, à Tarquinia**, dont l'archéologie nous a révélé les quatre phases de l'évolution. Le premier temple remonte à la première moitié du VIe siècle. C'est l'époque où Tarquinia se développe considérablement et prend l'ascendant dans la région. Certains archéologues estiment qu'il aurait pu s'agir, pour cette raison, du premier sanctuaire fédéral des Étrusques avant le *fanum Voltumnae* de Volsinii. Il est d'ailleurs fort probable qu'il ait existé sur cet emplacement un sanctuaire préalable à l'édification de ce temple.

L'édifice apparaît, pour l'époque, de dimensions exceptionnelles et d'une facture qui rappelle certains temples grecs du sud de l'Italie, ce qui s'explique par la position de Tarquinia et les contacts et influences dont jouissait la cité. Il est d'ailleurs orienté est/ouest, comme les temples grecs. Implanté au centre d'une forte assise de 31,50 m x 55 m, il développe un plan très simple (*cella* et *pronaos*) sur 27 m en longueur et 12 m en largeur (dimensions extérieures, car les murs accusent 1,40 m d'épaisseur). Le temple II, quelques décennies plus tard, se construit autour du précédent qui devient à lui seul la *cella* et le vestibule du nouvel édifice. Il s'étend sur 24,80 m (largeur) x 44 m (longueur). Le *pronaos* à quatre colonnes mesure 16 m x 24 m. Un siècle et demi plus tard, on remarque encore un agrandissement par l'arrière qui sera intégré, au IIIe siècle, à la *cella* et divisé en trois loges. Cet allongement du temple, postérieur à la chute de Veies (-396), correspond à une période de restauration du prestige de Tarquinia, avant l'affrontement contre Rome (-366) et traduit sans doute la position hégémonique de la ville au sein des douze cités.

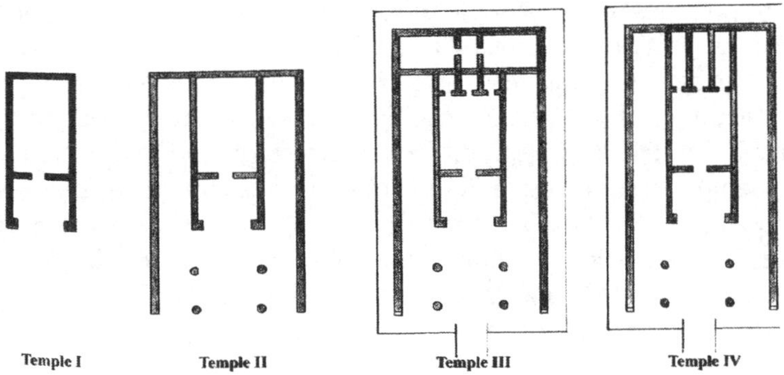

Les quatre phases du sanctuaire de l'Ara della Regina (Tarquinia)
Temple I : première moitié du VIe siècle avant notre ère
Temple II : seconde moitié du IVe siècle
Temple III : première moitié du IVe siècle
Temple IV : première moitié du IIIe siècle

De la décoration originelle du temple, il ne reste quasiment rien, si ce n'est quelques éléments de décors architecturaux en terre cuite polychrome figurant des processions de guerriers et des scènes de banquet. Mais le temple III nous a livré les magnifiques chevaux ailés qui sont conservés au musée de Tarquinia.

D'une manière générale, le temple étrusque ne diffère pas seulement du temple grec par sa conception d'ensemble, **son orientation** est également différente. Le temple grec est orienté est/ouest, celui des Étrusques regarde presque toujours vers le sud, du moins à partir du ve siècle. Auparavant, son orientation semble avoir été définie par le plan d'urbanisation et l'axe des rues. Par la suite, elle paraît être guidée par la topographie céleste que les prêtres avaient définie et que l'on retrouve aussi sur le foie de Plaisance (cf. le foie de Plaisance). F. Prayon avance l'hypothèse intéressante d' « un rapport entre l'orientation du temple et la division du ciel imaginée par la religion étrusque ». C'est pourquoi, à l'époque archaïque, le temple étrusco-italique regarderait toujours vers la partie méridionale du « cercle céleste », avec une tendance vers le sud-ouest pour les édifices dédiés aux divinités féminines, et, plus rarement, vers le sud-est, principalement pour ceux dédiés à Tinia.

Certes, il faut rester mesuré car l'état de nos connaissances, dans ce domaine, demeure bien lacunaire ; mais, même si les principes restent semblables pour la définition d'un temple, à savoir un édifice sacré abritant la statue d'un dieu et devant lequel se rend le culte dédié à cette divinité, nous percevons une nouvelle fois, au-delà de l'inévitable jeu des influences, tout ce qui sépare l'Étrurie de la Grèce. Et c'est dans ces différences que se dissimulent les caractères spécifiques de la mentalité étrusque.

Les Chevaux de terre cuite (Tarquinia)

VII
LES LETTRES ÉTRUSQUES

La voix des Étrusques nous parvient affaiblie, comme usée par le temps, quasiment inaudible. Pourtant, tel Ulysse attaché au mât de son bateau pour ne rien perdre du chant des sirènes, les savants et les curieux ont voulu la capter, fascinés par des mots dont le sens se dérobait à eux. Perçue comme une énigme dès le XVe siècle, la langue étrusque séduit d'autant plus qu'elle constitue, avec les riches découvertes archéologiques, le seul témoignage d'une civilisation jugée – à tort – mystérieuse. Elle a, d'ailleurs, grandement contribué à épaissir le supposé mystère étrusque puisqu'elle se refusait aux efforts de qui voulait la comprendre.

Comprendre, et non déchiffrer. **L'étrusque se lit fort bien : il s'écrit avec un alphabet grec parfaitement connu. Mais il ne se comprend pas.** La langue ressemble à beaucoup d'autres, mais est unique, à notre stade de sa connaissance. Nombreux sont les chercheurs qui, emportés par l'enthousiasme d'une révélation soudaine, ont cru pouvoir déceler une parenté avec le hittite, le basque, l'hébreu ou le turc... Toujours, il fallut renoncer à poursuivre. L'étrusque n'est pas une langue indo-européenne, nous en sommes sûrs. Mais il n'est pas non plus une langue totalement isolée qui se serait développée sans contact extérieur, ou importée d'un bloc d'on ne sait quelle contrée orientale. Probablement formée d'un substrat propre, elle a évolué au gré des relations historiques et culturelles du peuple qui en usait, elle s'est enrichie des idiomes parlés par ceux que les Étrusques ont fréquentés, vaincus ou subis. Sans doute prend-elle racine aux sources des plus anciennes traditions linguistiques méditerranéennes, peut-être a-t-elle reçu en partage une structure qui caractérisait des parlers obscurs et inconnus de nous, et qui n'ont pas eu la chance, comme l'étrusque, de faire souche. Mais nous n'en saurons jamais rien, et l'humilité s'impose à l'historien.

D'aucuns prétendent que notre méconnaissance de la langue tient beaucoup à l'insuffisance des textes. Il est vrai que ceux-ci semblent peu nombreux, surtout si on compare l'étrusque au latin ! Il s'agit principalement d'inscriptions courtes, et les textes les plus longs nous paraissent bien frustrants en regard des témoignages qui évoquent l'existence d'une littérature sacrée abondante. Et cependant, **nous possédons plus de douze mille inscriptions,** contre quelques centaines seulement pour des langues comme l'ombrien ou l'osque. Mais celles-ci sont des langues italiques, d'origine indo-européenne, et nous pouvons les comprendre. Depuis des lustres, les étruscologues rêvent de découvrir leur pierre de Rosette pour leur permettre de progresser plus rapidement.

Car, malgré tout, ils avancent. Et le fait que l'étrusque ait vécu en étroite relation avec des idiomes indo-européens a favorisé la compréhension du lexique. **Plusieurs méthodes ont été utilisées**. La méthode étymologique, qui consiste à trouver des affinités entre l'étrusque et d'autres langues par l'origine des mots, a vite montré ses limites. La méthode dite combinatoire, qui exige une analyse critique très fine des textes étrusques en les comparant entre eux, s'est également révélée insuffisante parce qu'elle aboutit rarement à des certitudes. Enfin, la méthode dite des textes parallèles (ou bilinguistique), qui se propose de comparer des inscriptions de nature similaire (par exemple votives, ou funéraires) dans deux langues dont l'une est connue (le latin, le grec...), donne des résultats intéressants, mais trop limités et qui peuvent être source d'erreurs puisqu'il est difficile de tenir compte de la spécificité culturelle étrusque. En l'absence de vrais bilingues, les linguistes utilisent donc ces différentes méthodes simultanément et avec prudence, en tenant le plus grand compte des données contextuelles. On comprend alors que la lenteur et la circonspection sont deux atouts de leur progression, et, partant, la déception des amateurs pressés, au siècle de la vitesse.

Encore faut-il ajouter que si, par ces méthodes, la connaissance du lexique avance à son rythme, celle de la structure de la langue demeure quasiment au point mort. Elle se résume, le plus souvent, à des hypothèses.

Dans ces conditions, on ne peut que se réjouir de l'état de nos connaissances dans ce domaine et considérer que les Étrusques ont commencé à parler, même s'il ne s'agit que de balbutiements.

L'ALPHABET

L'histoire de l'alphabet utilisé par les Étrusques paraît globalement assez claire, mais laisse en réalité planer bien des interrogations. Nous connaissons son origine : phénicienne. Nous savons à peu près sûrement aujourd'hui **qu'il fut transmis par les colons grecs venus de Chalcis, en Eubée, et installés à Cumes.** Nous en trouvons la trace chez les Étrusques dès la fin du VIIIe siècle avant notre ère, et également, à la même époque, sur un vase retrouvé à Pithécusses (l'île d'Ischia), où les Chalcidiens avaient ouvert un comptoir, vers le milieu du siècle, avant de fonder leur colonie. Nous pouvons constater que les Étrusques vont adapter cet alphabet à leurs besoins locaux, selon les régions, et nous avons la preuve, en raison de la présence de la lettre *c* en troisième position, que les Latins ont emprunté leur alphabet aux Étrusques et non aux Grecs.

Mais il existe de nombreuses zones d'ombre. Même quant à la provenance de l'alphabet, dans la mesure par exemple où les philologues ont constaté des similitudes frappantes, qui ne peuvent être fortuites, avec l'alphabet et la langue des Lemniens en étudiant l'inscription de la stèle de Lemnos, en Méditerranée orientale (cf. la stèle de Lemnos). Néanmoins, sur ce sujet, et malgré les arguments des tenants de la thèse « orientalisante » de l'origine des Étrusques (cf. la question des origines, chap. 1), la source chalcidienne (de Cumes) de l'alphabet semble acquise.

Sur d'autres points, en revanche, les interrogations demeurent : par exemple **quant aux motifs qui ont conduit les Étrusques à emprunter aux Grecs leur alphabet. Il semble clair aujourd'hui que ces raisons sont plus d'ordre économique que religieux.** La thèse selon laquelle il aurait fallu d'abord transcrire les textes sacrés est délaissée au profit de celle qui explique le besoin de tenir des comptes et de dresser des registres et des inventaires à un moment où l'évolution du commerce nécessite de dépasser le simple stade du troc et où il arrivait en Étrurie plus de marchandises qu'il n'en sortait (cf. le commerce, chap. 4). De ce point de vue, d'ailleurs, il était normal que les colons grecs de Campanie fussent les premiers concernés puisqu'ils s'étaient installés précisément pour développer les relations commerciales, attirés notamment par les richesses minières des Toscans.

Mais alors pourquoi a-t-on retrouvé la plupart des notations les plus anciennes de l'alphabet dans des tombes féminines, sur des objets réservés au filage ou au tissage, par exemple des bobines ? **Quel rôle les femmes ont-elles joué dans la diffusion de cet alphabet ?** Qui est la déesse Reitia, véritable divinité de l'écriture, dont un sanctuaire a livré divers instruments d'écriture et des tablettes de bronze où se trouvent gravés des alphabets ? Sans doute faut-il replacer ces questions dans l'appréciation plus générale du rôle de la femme étrusque dans la société (cf. la femme et la famille, chap. 10). On devine que ces lettres gravées sur leurs nobles outils les associent au pouvoir des princes, dont l'écriture, savoir rare et gage de puissance, reste l'apanage. L'art étrusque a également révélé **le statut privilégié du scribe,** comme dans d'autres civilisations, détenteur d'une sorte de pouvoir magique, au service de son maître, et revêtu, par sa fonction, d'une dignité particulière.

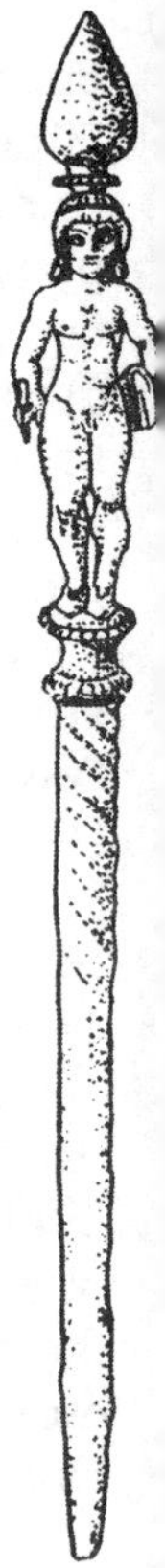

• Alphabets et syllabaires

Nous avons la chance de posséder un assez grand nombre d'alphabets, inscrits sur divers supports, qui nous ont permis de considérer l'évolution de l'écriture et son adaptation aux besoins régionaux.

Les épigraphistes classent généralement ces alphabets **en deux catégories : d'une part les modèles**, c'est-à-dire ceux qui ont été transmis aux scribes pour qu'ils s'en inspirent, **d'autre part ceux qui sont nés de la pratique même de l'écriture par les Étrusques**. Les premiers datent du VIIe siècle et du début du VIe, les seconds s'échelonnent du VIe au IIIe siècle.

Des alphabets modèles, retrouvés par exemple à Viterbe, Cerveteri (Caere), Narce..., le plus connu est celui qui s'inscrit sur le bord d'une tablette d'ivoire découverte à Marsiliana d'Albegna et qui date du milieu du VIIe siècle. Il comporte 26 signes (c'est le plus

Tablette d'ivoire de Marsiliana d'Albegna et stylet en bronze

complet) correspondant aux 22 sons de l'alphabet phénicien auxquels s'ajoutent, à la fin, 4 caractères grecs (eux-mêmes d'origine phénicienne).

Les alphabets pratiques étrusques ne retiennent que 21 lettres auxquelles s'ajoute le son f (noté *8*). Il s'agit de : *a c e w* (digamma) *z h } (th) i k l m n p ś q r s t u ṡ* ({) *ι (ph) φ* (*{ =kh*) *f* (noté *8*).

On remarque que l'étrusque n'utilise ni la voyelle *o* (contrairement au Lemnien) ni les consonnes sourdes *b g d*, et le tableau montre que les consonnes *q* et *ṡ* (noté {) disparaissent assez tôt.

D'autre part, il va de soi qu'il existe aussi **des variantes locales**, empruntées par exemple à d'autres alphabets grecs. On distingue généralement trois grandes aires de transcription de l'alphabet : une zone méridionale (autour de Caere et Veies), une centrale (avec Vulci, Tarquinia et Volsinii) et une septentrionale (Chiusi, Arezzo, Fiesole, Volterra). Au sein même de ces zones, il est encore possible d'observer des particularités d'écriture, fruits du développement historique local.

Alphabets étrusques			*Transcription*
𐌀	𐌀	𐌀	a
𐌁			(b)
𐌂	𐌂	𐌂	c
𐌃			(d)
𐌄	𐌄	𐌄	e
𐌅	𐌅	𐌅	v
𐌆	𐌆	𐌆	z
𐌇	𐌇	𐌇	h
𐌈	𐌈	𐌈	}
𐌉	𐌉	𐌉	i
𐌊	𐌊		k
𐌋	𐌋	𐌋	l
𐌌	𐌌	𐌌	m
𐌍	𐌍	𐌍	n
𐌎			(ṡ)
𐌏			(o)
𐌐	𐌐	𐌐	p
𐌑	𐌑	𐌑	ś
𐌒	𐌒		q
𐌓	𐌓	𐌓	r
𐌔	𐌔	𐌔	s
𐌕	𐌕	𐌕	t
𐌖	𐌖	𐌖	u
𐌗	𐌗		ṡ
𐌘	𐌘	𐌘	ι
𐌙	𐌙	𐌙	{
	8	8	f

Outre cette écriture alphabétique, nous trouvons **la trace de ce qui fut peut-être une plus ancienne tradition, celle d'une écriture syllabique**, comme l'était par exemple celle du mycénien ou du chypriote. Deux éléments autorisent notamment cette hypothèse : d'une part l'usage, dans l'inscription, d'un ou de plusieurs points disposés verticalement pour séparer les phrases (interponction disjonctive), les groupes de mots (interponction conjonctive), voire placés à l'intérieur même des mots et qui notaient par exemple les syllabes fermées (en Étrurie méridionale) ; d'autre part la découverte de syllabaires dont les plus anciens remontent au VIIe siècle : *ci ca cu ce , zi za zu ze ...*

L'incertitude subsiste quant à la justification et au rôle de ces syllabaires à côté de l'alphabet. S'agit-il en fait de deux types d'écriture qui auraient coexisté ? Leur usage était-il différent, l'un étant par exemple réservé aux documents administratifs et l'autre aux textes religieux ? Les syllabaires ne traduisent-ils que de simples exercices comme il en existe en Grèce ? Certains historiens, qui font le rapprochement avec le mycénien (le linéaire B est une écriture syllabique), se demandent si ces syllabaires ne portent pas en eux le souvenir vague de la fuite des Mycéniens vers l'Italie aux XIIIe-XIIe siècles. **Peut-être cette forme d'écriture aurait-elle alors servi à transcrire les rituels et les textes sacrés** et aurait-elle subsisté quelque temps dans la classe sacerdotale après l'introduction de l'alphabet. Ainsi pourrait s'expliquer la diffusion des textes religieux (rituels, calendriers) pour une religion fondée sur la révélation à une époque si reculée. À partir de -550 environ, l'écriture alphabétique, à usage plus général et donc aussi profane, se serait généralisée, supplantant la forme d'expression syllabique. On remarquera qu'au cœur du VIe siècle, les résistances populaires à la classe sacerdotale, qui s'identifie à la classe dirigeante, peuvent éventuellement se manifester aussi par la prédominance de l'écriture alphabétique.

LA MORPHOLOGIE

S'il est impossible de percer les secrets de la syntaxe de l'étrusque, nous avons quelques lumières (bien que peu de certitudes) sur sa morphologie, du moins en ce qui concerne les noms, les pronoms, les adjectifs, et, très partiellement les verbes.

a/ Les noms :

– le genre : il est difficile de savoir comment il était noté (ni même s'il était distingué), hormis pour les noms propres (la désinence -a , -}a , -ia ou -i paraît désigner le féminin. ex. : *lautni}a* = l'affranchie, fém. de *lautni*).

– le nombre : le pluriel est marqué par un suffixe : -r , -al , -l , -ar. *clan* (le fils) - *clanar* (les fils).

– **La déclinaison** : les désinences des différents cas indiquent la fonction du nom. Il existait **probablement sept cas** dans la déclinaison étrusque :

nominatif : sujet ;

accusatif : indéfini (si le COD est un objet quelconque) ⇒ identique au nominatif défini, qui sert à désigner un objet précis ;

génitif : le cas le plus important ; on distingue trois valeurs : possessive ; partitive (= abl. indo-européen) ; attributive = équivalent du datif (*dativus dedicatorius*) ;

modal : marque toutes les valeurs circonstancielles (sauf le locatif) (temps, instrument, cause, but...) ;

adlatif : équivaut à l'accusatif de direction en latin ;

ablatif : marque le point de départ ;

locatif : fréquent dans les inscriptions pour indiquer le lieu.

On distingue **deux types de déclinaisons,** l'une avec des thèmes vocaliques, l'autre aux thèmes consonantiques, mais identiques sauf aux nominatif et accusatif défini (parfois au génitif)

Le cas le mieux identifié est le génitif, avec généralement une désinence *-l*, *-al/-la*, *-ial* pour les noms terminés par *-i* et les noms propres terminés par *-s, -}* et *-n* (par ex. : la déesse Uni ⟩ gén. *Unial*), et une désinence *-s*, *-es*, *-us* pour les autres noms (*clen* [= *clan* : le fils] ⟩ gén. *clens*).

En outre, on constate que la langue étrusque marque parfois le besoin d'insister sur une fonction en le surdéterminant par le doublement de la désinence (par ex. *Vel* ⟩ gén. simple *vel(u)s* ; double *velusla*), voire en la triplant pour indiquer le génitif du génitif (par ex. *Larθ* ⟩ *larθalsla*, les trois marques du génitif étant *-al*, *-s*, *-la* = du fils de Larθ).

b/ Les adjectifs

Le repérage d'un certain nombre de suffixes a permis de distinguer **trois classes d'adjectifs** : de qualité, d'appartenance et collectifs qui semblent se décliner s'ils sont épithètes ou substantivés (pas en position d'attribut).

adjectif de qualité : suffixes *-c/-{*

zam}i = l'or, *zam}ic* = en or

adjectif d'appartenance : suffixe -na ⟩ -ne

ais = dieu, *aisna* = divin

spur = ville, *spurana* = civique

adjectif collectif (en latin *-osus* ou *-bundus* = plein de telle ou telle qualité)

suffixes = *-{va /-cva* ⟩ *-va* (parfois *-ia*)

LES ÉTRUSQUES

avil = année, *avil{ va* = âgé (= plein d'années)

c/ les pronoms :

Les mieux connus sont les pronoms personnels et les démonstratifs.

		1ère personne	3ème personne
personnels :	Nom. / acc. ind.	= *mi*	*an* (= il/elle)
	Acc. défini	= *mini*	
	Gén.		*enaś*

démonstratifs : *ca* ou *eca* (enclitique à valeur d'article défini sous la forme *-cla*) et *ta* ou *ita*

d/ Les conjonctions et particules

enclitiques : - *ce/-{ e* après *l*, parfois *-c* (= latin : *-que*) = et
-m = mais (pour marquer l'opposition)

suffixes de possession : *-} ur* (cf. le nom *vel} ur* = celui qui appartient à *vel*)

suffixe *-c/-{* pour désigner les ethnies (*ruma{* = le Romain)

e/ Les numéraux

1 : *thu (} u)*	7 : *Semph (semı)*
2 : *zal*	8 : *Cezp*
3 : *ci*	9 : *nurph (nurı)*
4 : *huth (hu})*	10 : *Sar*
5 : *mach (ma{)*	20 : *zathrum (za} rum)*
6 : *Sa*	

Les dizaines sont exprimées par la désinence *-ial{* ou *-eal{*

Ex. : 30 : *ceal{* 50 : *ma{ ial{*

Les adverbes numéraux se forment à l'aide du suffixe *-z*
(ex. : *ci* = trois, *ciz* = trois fois).

f/ Les verbes

Le système du verbe paraît complexe et beaucoup de formes nous échappent. **On reconnaît** :

- les 1ère et 3ème personnes du singulier,
- deux voix (active et médiopassive),
- cinq modes (indicatif, deux impératifs, optatif, participe présent/passé), plusieurs temps (présent, prétérit, aoriste, futur...).

L'indicatif présent se construit avec la désinence *-a* ajoutée au thème

Ex : *am-a* = il est   *ar-a* = il fait

Le prétérit - fort : thème + *ai* ⟩ *e* (*ture* = il donna ; *ame, are*...)
- faible : thème + *-ce/-{ e* (*tur(u)ce* = il a donné ; *amce*...)

L'impératif se rend par la racine seule du mot ou l'adjonction d'une désinence en *-}* (*mulu* = offrir ; *mulu* = offre)

LE LEXIQUE

La difficulté de comprendre l'étrusque ne réside pas seulement dans notre ignorance de la grammaire, elle est tout aussi réelle en ce qui concerne le vocabulaire. **Les inscriptions, essentiellement à caractère funéraire, reprennent toujours les mêmes mots.** Nombreux sont les noms propres, même dans les « grands textes » : par exemple, dans la Table de Cortone, sur deux cent six mots, plus de la moitié sont des noms propres. Si l'on élimine ensuite les mots que nous trouvons pour la première fois et dont le sens nous échappe (les *hapax*), il n'en reste plus beaucoup, et leur interprétation demeure généralement incertaine.

Heureusement, nous reconnaissons un certain nombre de mots que les Étrusques ont empruntés au grec ou aux langues italiques voisines, comme par exemple le nom du vin (*vinum*). À l'inverse, nous comprenons aussi **quelques mots empruntés à l'étrusque par le latin** et qui n'ont pas une origine indo-européenne : ainsi, probablement, l'*atrium*, dérivé de l'étrusque *a} re* désignerait la maison.

L'histoire de l'émigration grecque, symbolisée par l'arrivée à Tarquinia de Démarate de Corinthe, se reflète également dans le vocabulaire. Certes les Étrusques ont adopté et adapté à leur langue un très grand nombre de **noms de dieux ou de héros mythologiques** (Hercle = Héraclès ; Aplu = Apollon), mais les commerçants et artistes installés sur le territoire toscan ont transmis aussi leurs propres noms et les mots propres à leurs techniques et à leurs productions : ainsi des noms de vases. On peut ajouter trois mots très importants **pour l'économie ou l'art** : celui de l'olivier (*eleiva*, issu du dorien *elaiva*) dont les Grecs ont appris l'usage aux Étrusques, celui du taureau (*} evru*, du grec *tauros*) et celui du lion (*leu*, du grec *leôn*), animal exotique immortalisé par les peintres et les orfèvres de la période orientalisante. Certains mots, d'origine grecque, ne s'expliquent, en latin, que par leur passage par l'étrusque, comme « la *groma* » (instrument de mesure à visée verticale utilisé par les arpenteurs), « l'ancre », « la lanterne » ou « le triomphe ».

En ce qui concerne **les mots proprement étrusques**, la comparaison des textes entre eux et les inscriptions funéraires bilingues (latin/étrusque) ont permis d'identifier quelques familles de mots : les noms des mois du calendrier (cf. le calendrier, chap. 5), ceux des numéraux (cf. la morphologie), **ceux du monde funéraire** :

- la tombe : *su} i, sacni, } a(v)ra*
- le sarcophage : *mutnia*
- le défunt : *nes*
- le verbe *lup-* (= être mort)

ceux de la parentèle :

- le grand-père, la grand-mère : *papa, ati nacna*
- la mère : *ati* ; l'épouse : *puia*
- le fils : *clan* ; la fille : *sec / se{*
- le frère : *} uva* ; le neveu : *papacs*
- le petit-fils : *nefts* ; l'arrière-petit-fils : *prumts, pruma} s*

ceux de la sphère politique :

- le peuple (= les citoyens) : *me{ l*
- la cité : *spur*
- les titres des magistratures : *lau{ (u)me* (= le roi ?), *zila}, maru, macstrev...*

ou religieuse :

- la racine *sac-* exprime le sacré
- dieu : *ais* ou *eis* ; divin : *aisna*
- l'haruspice : *netvis*
- les racines verbales *al-* , *tur-* signifient « donner », et *mul-* « dédier ».

Le lexique (cf. en annexe) propose un aperçu un peu plus étendu du vocabulaire étrusque dont nous pouvons espérer avoir déchiffré le sens.

LES INSCRIPTIONS

Nous possédons plus de douze mille inscriptions, et il s'en découvre régulièrement de nouvelles, mais rares sont celles qui dépassent une vingtaine de mots. En 1893, elles ont commencé à être réunis dans le *Corpus Inscriptionum Etruscorum*, divisé en trois parties (Étrurie du Nord et intérieure, le reste de l'Étrurie et le territoire falisque), mais il comporte beaucoup de fautes de lecture, et il est préférable de se reporter aux *Testimonia Linguae Etruscae* (*T.L.E.*) qui réunissent les inscriptions choisies par M. Pallottino.

Elles sont généralement écrites de droite à gauche et en boustrophedon (c'est-à-dire qu'elles alternent les lignes droite-gauche et gauche-droite, à la façon dont un bœuf tirant un araire creuse son sillon de labour dans un champ). Les Étrusques écrivaient le plus souvent de façon continue, sans séparer les mots. Il arrive cependant que les mots soient séparés par un, deux, trois, voire quatre points superposés. Parfois même, on trouve des points à l'intérieur des mots (interponction syllabique) sans qu'il existe à ce phénomène une explication grammaticale (cf. l'alphabet).

Les inscriptions se répartissent en cinq catégories :

a/ les inscriptions **dédicatoires** : on les trouve le plus souvent sur un vase, portant le nom du propriétaire ou du dédicataire (avec un pronom personnel et un génitif) :

T.L.E. 154 : *mi Lar}a* = moi [je suis] (la propriété) de Lar}

T.L.E. 338 : *mi mamerces : artesi* = je suis la propriété de Mamercus Arte

b/ les inscriptions **votives,** destinées à un héros ou à un sanctuaire.

Elles comportent un sujet, un verbe, un COD ; le plus souvent avec le verbe dédier (*mulu*) au passé (*muluvanice, muluenece, muluvenece...*) ou le verbe donner (*tur* = *turuce*) :

T.L.E. 35 : *mini muluvanece Avile Vipiiennas* = Aulus Vibenna m'a dédié

(*mini* = forme forte du COD, ou *mene, mine*).

c/ les inscriptions **funéraires**, sur des ossuaires, des sarcophages ou des tombes.

T.L.E. 242 : *mi mamarces vel}ienas* = moi (= l'ossuaire) [je suis l'objet] de Mamercus Vel}ienas.

T.L.E. 247 : *mi larices tela}uras śu}i* = moi, [je suis] la tombe de Larice Telaθur.

d/ les inscriptions **sur stèles mentionnant un personnage**, dont les exemples recoupent l'une des trois catégories précédentes.

e/ les inscriptions **longues, qui présentent plus de vingt mots.** Elles sont peu nombreuses. On en dénombre notamment huit qui comportent plus d'une quarantaine de mots.

• **Les inscriptions les plus longues :**

1. **Le** ***liber linteus*** (livre de lin), communément appelé « texte de la momie de Zagreb », calendrier liturgique de 1 200 mots, dont 500 différents, datant du IIe siècle (mais comportant des archaïsmes) (cf. la littérature religieuse).

2. **La tuile de Capoue**, des Ve-IVe siècles, offrande à une divinité infernale inscrite sur une tuile, en boustrophédon. 62 lignes, environ 300 mots lisibles.

3. **Le cippe de Pérouse** qui marquait la limite de deux propriétés et rappelait le contrat qui les liait. Un document juridique du IIe siècle, en 46 lignes et 130 mots.

4. **Le ruban de plomb** du Ve siècle, trouvé dans un sanctuaire, sur Minerve, en 11 lignes et 80 mots (dont 40 sont lisibles), en écriture suivie.

5. **Le disque de plomb de Magliano**, du Ve siècle, avec plus de 80 mots.

6. **Un arybale**, du VIIe siècle, en écriture suivie, de 70 mots en langue archaïque.

7. **Les tablettes de Pyrgi** dont deux feuilles d'or, l'une de 37 mots, l'autre de 15, datant du début du Ve siècle (cf. les lamelles d'or de Pyrgi).

8. **La table de Cortone**, découverte en 1992, mais dévoilée au grand public en 2000, gravée de caractères sur les deux faces (écriture de droite à gauche). 32 lignes d'un côté, 8 de l'autre. Cette table de bronze des IIIe - IIe siècles est, comme le cippe de Pérouse, un document juridique. Elle traite d'un transfert de propriété et contient trois listes de noms : celle des vendeurs, celle des acquéreurs et, probablement, celle des garants du contrat. Il s'agit d'un document officiel de 28,5 cm sur 48,5 et qui cite le plus haut magistrat de la cité.

(d'après Agostiniani-Nicosia)

La Table de Cortone (face A)

Quelques inscriptions à traduire à l'aide du lexique *(cf. annexes)*

a - Ca mutna velus statlanes larisal [clan] (*T.L.E.* 185)
NB : les 3 génitifs en *-s, -es* et *-al*
TR : ceci est le sarcophage de Vel Statlana, fils de Laris.

b - Mine mulvanice karcuna tulumnes [clan] (*T.L.E.* 36)
NB : *mine* = variante de *mini*
mulvanice = on note la syncope (*mulu*) et la marque du passé
tulumines = génitif
TR : moi, m'a dédié Karcuna, fils de Tulumnie

c - Vel} ur lar} ial clan pumpual avils ceal{ ls lupu (*T.L.E.* 141)
NB : *clan* est mis en apposition au sujet *Vel} ur*
pumpual doit être rapproché de *lar} ial* (ce sont 2 génitifs)
lupu = verbe (prétérit faible)
TR : Vel} ur, fils de Lar} pumpu, est mort à l'âge de trente ans.

d - Lar} i einanei śe} res sec ram} as ecnatial puia lu} l cuclnies vel} uruśla avils hu} s cial{ ls cel{ ls [lupu] (*T.L.E.* 144)
NB : *vel} urusla* est un double génitif
cel{ ls = *cial{ ls* = marque les dizaines (*ci* = trois)
TR : Lar} i einanei, fillle de Se} re et de ram} a ecnati, épouse de Lar} Cuclenie, lui-même fils de Vel} ur est morte à l'âge de trente-six ans.

e - Spurinas zila} amce me{ l rasnal... (*T.L.E.* 87)
NB : *amce* : prétérit fort du verbe être
TR : Spurinas a été préteur du peuple étrusque...

f - Vel arn} ial ruva clan velusum nefs marniu spurana epr} nec tenve me{ lum rasneas clevsinsl zila{ nve (*T.L.E.* 233)
NB : on remarque les deux verbes *tenve* et *zila{ nve* (formé sur *zila{* ou *zila}* = exercer la fonction de *zila}*)
- on reconnaît l'adjectif *spura-na*, formé sur *spur* (la cité, la ville).
- *velusum* = génétif en *-s* + coordination enclitique (*-m*)
- l'intérêt de cette inscription est de rassembler trois fonctions qui appartiennent peut-être à un *cursus honorum*, et que l'on connaît mal : *marniu, epr} nec* et *zila}*.
- le mot *clevsinsl*, dont le cas est peu clair, désigne la ville de Chiusi.
TR : Vel, fils d'Arn} et de Ruva, petit-fils de Vel, occupa la fonction de *marniu* (= édile ?) de la cité, et celle d'*epr} nec* (?) ; il fut *zila}* (= préteur) du peuple étrusque à (pour ?) Chiusi.

LES LAMELLES D'OR DE PYRGI

La découverte effectuée en 1961 dans une vasque en pierre située entre les deux temples du sanctuaire de Pyrgi diffère des autres, principalement par l'extraordinaire espoir qu'elle a suscité. Ce jour-là, en effet, les archéologues exhument **trois lamelles d'or, porteuses d'inscriptions en deux langues : le punique et l'étrusque**. Aussitôt a germé l'idée que cette « bilingue » pourrait constituer la pierre de Rosette qui manquait pour aider à la compréhension de la langue étrusque. Hélas, il fallut déchanter : non seulement la compréhension de la lamelle d'or en punique restait imprécise, mais il apparut également que les inscriptions étrusques ne transcrivaient pas mot pour mot le texte punique.

Les deux lamelles d'or de Pyrgi portant les inscriptions étrusques E1 et E2

Les trois lamelles, percées d'une dizaine de trous, étaient fixées par des clous à l'entrée de l'un des édifices, probablement le temple B, de l'élévation duquel elles semblent contemporaines. Elles datent en effet du début du ve siècle (cf. les cités de l'Étrurie méridionale, chap. 2).

Le texte punique, malgré les divergences d'interprétation, est une inscription votive et précise l'objet de la dédicace (l'édification d'un édifice religieux), la cause (une faveur faite à celui qui est présenté comme « le roi » de Caere, Thefarie Velianas, la troisième année de son règne) et une formule de conclusion (un vœu pour la longévité du temple). L'une des traductions (celle de A. Dupont-Sommer) dit, par exemple : « À la Dame Astarté ce lieu saint qu'a fait et qu'a donné Thefarie Velianas, roi de Caere, au mois du Sacrifice du Soleil, comme son don, comprenant le temple et son haut lieu parce que Astarté a favorisé son fidèle en l'an III de son règne, au mois de KKK, au jour de sépulture de la déesse, et puissent les années où la statue de la déesse résidera dans son temple être des années aussi nombreuses que ces étoiles-là. »

Les deux inscriptions étrusques (l'une de 16 lignes comportant 37 mots, l'autre de 9 lignes avec 15 mots) sont écrites avec un alphabet courant à Caere. **Malgré quelques mots connus, leur signification reste obscure** (surtout celle de la première). En voici la transcription :

E1 *ita tmia icac he/ ramasva vatie{ e / unialastres } emia/ sa me{ } uta } efariei velianas sal / cluvenias turu/ ce munistas } uvas / tameresca ilacve / tulerase nac ci avi/ l { urvar tesiameit/ ale ilacve alśase/ nac atranes zilac/ al seleitala acnaśv/ers itanim heram/ ve avil eniaca pul/ um{ va.*

E2 *nac } efarie vel/ iiunas } amuce / cleva etanal / masan tiur/unias śelace v/acal tmial a/ vil{ val amu/ ce pulum{ v/a snuiaι*

Dans le texte E1 : on reconnaît

- *tmia* qui semble désigner le lieu sacré (= *templum* ?)
- *unialastres* : la déesse Uni (au génitif), peut-être associé au nom d'Astarté
- *turuce* = a donné
- *ci avil* = trois ans
- *zilacal* (génitif), mention du magistrat (*zila}*)

J. Heurgon voit, dans les lignes 8 à 13, la description de la cérémonie. Cependant, le nom du roi n'est pas au nominatif : il ne serait donc pas celui qui dédie le monument à la déesse ?

Le texte E2 est plus bref, et un peu plus clair. Le nom du roi est ici au nominatif.

- *cleva* semble désigner l'offrande
- *} amuce* = a fait
- *masan* est le nom du mois, en rapport avec le culte d'Uni (*unias*)
- *vacal*, dans les autres inscriptions, désigne une offrande ou un acte sacrificiel

- *tmial* : le temple (au génitif)

- *avil{ val* dérive de *avil* (= année) et peut désigner une cérémonie annuelle

- *amuce* = fut.

On comprend que Thefarie fixe les actes rituels (offrandes) qui doivent être accomplis dans le temple, et en précise la date.

L'ensemble de l'interprétation reste très approximative. Il s'agit néanmoins d'un document précieux puisque l'époque archaïque ne nous a pas livré d'autre inscription à caractère rituelique aussi ancienne. On y lit que celui qui est appelé « roi de Caere » par le texte punique, Thefarie Velianas, dédie un temple à la déesse Astarté, assimilée à la déesse étrusque Uni, dans la troisième année de son « règne », en remerciement d'une faveur politique octroyée par la déesse.

Même ainsi parcellaire, l'information a son importance : **cette dédicace symbolise l'alliance avec Carthage d'une ville connue par ailleurs pour son philhellénisme** (elle a édifié un trésor à Delphes). Pourquoi ? Les historiens ne s'accordent pas sur le sens à donner à ce rapprochement, mais on sait qu'il a pu être lourd de conséquences, vu l'antagonisme entre Grecs et Carthaginois. Sans aller jusqu'à évoquer un revirement de la part des Cérites, ou un retournement d'alliance, il est possible que les Étrusques de Caere, dans le conflit qui les opposait aux Lipariens et à Denys de Syracuse, aient souhaité s'assurer l'appui des Carthaginois, eux-mêmes en délicatesse avec le Sicilien. L'accueil d'une divinité punique à Pyrgi (selon une pratique courante dans l'Antiquité) pourrait, selon J. Heurgon, célébrer la victoire conjointe des Étrusques et des Carthaginois sur les Lipariens. À moins que – autre hypothèse soulevée par M. Pallottino – la présence hégémonique des Carthaginois sur les côtes tyrrhéniennes n'ait abouti à installer « roi » à Caere un homme à eux, ce Thefarie Velianas, qui aurait ainsi remercié les Puniques pour son accession au pouvoir.

De toute manière, ce n'était pas la première alliance étrusco-punique, et celle-ci ne devait pas perdurer bien longtemps. **L'érection, à côté du temple B, du temple A, vingt ans plus tard, traduit la reprise de l'influence grecque** (cf. les cités de l'Étrurie méridionale, chap. 2). Et l'heure est proche (en -474) où les Étrusques face aux Grecs, sans les Puniques, verront, avec leur flotte, sombrer leurs espérances « thalassocratiques » au large de Cumes.

LA STÈLE DE LEMNOS

La stèle funéraire découverte en 1885 près de Kaminia, sur l'île de Lemnos, constitue une pièce intéressante **dans le dossier sur l'origine des Étrusques**, même si, *in fine*, elle pose plus de questions qu'elle semble en résoudre (cf. la question des origines, chap. 1).

La stèle de Lemnos

La face de la stèle présente un guerrier armé d'une lance, entouré d'une inscription et le côté droit de la pierre comporte une seconde inscription. La première date, comme la stèle de 600 avant notre ère tandis que la seconde a été incisée une cinquantaine d'années plus tard, avant qu'Athènes ne s'empare de l'île. Les deux textes sont exprimés dans la même langue, le lemnien, que l'on retrouve sur les graffiti livrés par les fouilles effectuées notamment à Ephestia (à l'est de l'île), fondée au VIIe siècle avant notre ère. **L'alphabet utilisé dérive de l'alphabet grec, mais la langue n'est ni grecque, ni d'origine indo-européenne. Les études ont montré son étroite parenté avec l'étrusque** : mêmes systèmes consonantique et vocalique (mis à part que la voyelle vélaire utilisée est le *o*, au lieu du *u* en étrusque).

Les éléments qui composent ordinairement une inscription funéraire sont : le nom du défunt, sa lignée (nom du père, du grand-père), son statut, l'âge de sa mort, parfois les circonstances de sa mort, un mot d'éloge, le nom de celui qui a fait ériger le monument. Malgré les importantes difficultés d'interprétation qui demeurent, nous retrouvons assez clairement plusieurs de ces mentions grâce au vocabulaire étrusque que nous connaissons. Examinons, par exemple, le début de la première inscription :

holaieś : naı o} śiaśi : maraś : mav
sial{ vei ś : avi ś evis}o : śeronai} śivai...

La stèle est dédiée à la mémoire d'un certain Holaie dont le nom se retrouve sur un tesson provenant d'Ephestia.

- *naι o}* = *napti, nefts* en étrusque : le petit-fils (= *nepos* en latin).
- *maraś* = *mar, maru* : désigne une magistrature
- *sial{ vei* = *cial{* = trente
- *aviś* = *avils* : les années
- *śivai* = *ziva (-s)* : les morts.

Outre le vocabulaire courant, on peut encore reconnaître des toponymes, comme *phokiasiale* (seconde inscription), de *phoke* = la ville de Phocée, en Asie Mineure, avec une forme de génitif qui est la même qu'en étrusque.

Les deux inscriptions mentionnent le même nom : Holaie. **Il apparaît qu'il dut s'agir d'une famille puissante qui détint le pouvoir dans la région de génération en génération**. Le premier était petit-fils de *śiaśi* (?), a été *maru* et est mort à trente ans. Le second a entretenu des relations avec Phocée. Mais sont-ils deux personnages différents ? La deuxième inscription pourrait avoir été gravée cinquante ans après la première, lors d'une commémoration, ce qui supposerait que la famille avait joué (continuait à jouer ?) un rôle prépondérant dans la cité.

L'important est que **cette stèle apporte une preuve irréfutable de la présence d'une communauté tyrrhénienne politiquement organisée dans l'île de Lemnos au VIe siècle**. À partir de là se présentent plusieurs hypothèses dont aucune ne peut être confirmée : ces hommes sont-ils les mêmes Tyrrhéniens que ceux de Toscane ? Si c'est le cas, sont-ce des Toscans qui ont émigré à Lemnos ou des Lemniens qui sont allés s'installer en Toscane ? Lemnos représente-t-elle une étape dans la longue migration des Lydiens qui, selon la légende, sont partis d'Orient pour venir s'établir jusqu'en Étrurie ?... (Cf. la question des origines, chap. 1.)

L'examen de ces hypothèses divise gravement linguistes et historiens parce que aucun argument décisif ne permet de trancher en faveur de l'une d'entre elles.

Sur le plan linguistique, la correspondance existant entre l'étrusque et le lemnien renvoie aussi à la situation du bassin méditerranéen avant la formation de parlers issus de l'indo-européen (grec, langues italiques...). Plusieurs groupes de langues dites méditerranéennes y étaient répandus, qui ont rapidement disparu, subsistant probablement dans quelques îlots, comme l'étrusque, ou le basque aujourd'hui.

LA LITTÉRATURE RELIGIEUSE

Les livres sacrés constituent la partie la mieux connue de la littérature étrusque, même si quasiment aucun n'est parvenu jusqu'à nous et si nous avons perdu jusqu'aux traductions en latin effectuées à l'époque de Cicéron par des Étrusques de bonne souche comme Caecina ou Tarquitius Priscus. Ils forment aussi la part la plus originale de cette littérature **puisque la religion étrusque est la seule qui soit révélée aux hommes par des prophètes parmi les grandes religions antiques du moment, hormis celle des Juifs.**

L'essentiel de cette littérature religieuse est formé d'ouvrages divinatoires permettant au prêtre d'interpréter les signes divins : ce sont les livres haruspicinaux, les livres sur le destin, les livres fulguratoires, les livres rituels (cf. les prophètes, et les livres sacrés, chap. 6).

• Le livre de lin dit de la momie de Zagreb

Un ouvrage, cependant, a traversé les siècles, dans lequel on reconnaît aujourd'hui l'un de ces *libri rituales* qui fixaient les rites à accomplir en l'honneur des dieux selon les fêtes établies. Il s'agit d'un livre de lin comme il devait en exister beaucoup (cf. les outils d'écriture) dont l'histoire rocambolesque lui a permis de parvenir jusqu'à nous pour être livré à la sagacité des savants modernes.

Il se présentait sous la forme d'un *volumen,* forme courante du livre à l'époque romaine, c'est-à-dire d'un rouleau de fin tissu qui, pour la lecture, se déroulait de droite à gauche pour suivre le processus de lecture étrusque, inverse de celui pratiqué par les Romains. Le texte, dont l'original semble dater du IVe siècle, a été recopié à plusieurs reprises en Étrurie dans les décennies qui ont suivi, mais **l'exemplaire que nous possédons fut emporté en Égypte vraisemblablement au dernier siècle de la République romaine, probablement pour des raisons religieuses**. Par qui ? Nous l'ignorons. Est-ce, comme on l'a suggéré, par un de ces Étrusques commerçant en Méditerranée et établis en Égypte ou, comme on l'a dit aussi non sans pertinence, par un haruspice attaché au service d'un de ces généraux romains que les charmes de l'Égypte fascinaient, César, Antoine ? Le fait est possible si l'on tient compte de la faveur dont ces prêtres-devins d'outre-Tibre jouissaient alors à Rome auprès des puissants.

Toujours est-il que ce livre sacré découpé en bandelettes finit sa carrière en enveloppant les membres d'une momie féminine selon un rite qui n'avait plus rien d'étrusque. Les choses en seraient restées là si, dix-neuf siècles plus tard, un Viennois d'origine croate, piqué d'égyptologie, n'avait rapporté chez lui en souvenir ladite momie. À sa mort, il la légua à son frère qui en fit don au musée de Zagreb, d'où son appellation commune de « momie de Zagreb ». Là commence la seconde vie du livre, sinon de la momie. Près de vingt-cinq ans sont nécessaires pour qu'un savant viennois s'aperçoive enfin qu'il s'agit d'un texte étrusque, et encore près d'un siècle pour que d'éminents étruscologues (Pallottino, Pfiffig, Rix...) avancent de façon intéressante dans la voie de sa compréhension, malgré nos graves lacunes en langue étrusque.

Le *volumen* se présentait, déroulé, **sous la forme d'une bande de tissu de près de 14 m de longueur sur 30 cm de largeur**. Le texte se répartit dans 12 colonnes dans le sens de la longueur, et est également divisé en colonnes verticales renfermant chacune jusqu'à 24 lignes de 4 à 7 mots. Au total, **environ 1 200 mots ont été conservés** sur un total estimé entre 2 500 et 4 000 mots. Comme tel, il s'agit néanmoins du témoignage écrit le plus long qui nous soit parvenu. Et le seul qui mérite l'appellation de « livre », à l'exception d'une découverte récente (cf. les outils d'écriture).

Le *liber linteus* est un calendrier rituel. Il indique quel rite doit être fait, et à quelle date, en l'honneur de diverses divinités, en quel lieu et, parfois même, il délivre le texte de la prière à adresser. Les divinités concernées sont parfois bien identifiées (*Ne}uns* = Neptune ; *Tin* = Jupiter ; *Uni* = Junon...), parfois inconnues (*flere in Crapsti ; aiser śic śeuc* = probablement un groupement de dieux).

Les dates ne sont pas toujours clairement compréhensibles, notamment les noms des mois, si tant est qu'ils soient toujours exprimés. On reconnaît par exemple *acale* (juin) ou *celi* (septembre). Les nombres indiqués paraissent aller dans l'ordre croissant des jours du mois : par exemple pour *celi*

ciem ceal{ us = 3 soustraits de 30 (*ceal{*) = 27

eslem ceal{ us = 2 soustraits de 30 = 28

}unem cial{ us = 1 soustrait de 30 = 29

(Les Étrusques comptaient les jours comme les Romains : cf. le calendrier, chap. 5)

Les prières, lorsqu'il est possible de les identifier, se comprennent assez bien si l'on établit la comparaison avec celles que nous a

LES ÉTRUSQUES

2. VIII f3 - IX s 1	*3. IX s 2 - 6*	*4. IX 7 - 13*
[trin	*[trin*	*trin*
flere neθunś]l	*flere neθunśl*	*flere neθunśl*
un mlaχ nunθen	*un mlaχ nunθen]*	*un mlaχ nunθen*
[θaclθi θartei		
ciar] huσ́lne vinum	*zuśleve zarve*	*zuśleve zarve*
eśi [σ́eσe ramue		*faśei-c*
racuśe] faśei-c	*ecn zeri lecin*	*ecn zeri lecin*
	in zec fler θezince	*in zec fler θezinc[e*
śacnicśtreś [cilθś	*śacnicstreś cilθś*	*ś]acnicśtreś cilθś*
śpureśtreś enaś	*śpureśtreś enaś*	*śpurestreś enaś*
eθ]rσ́e tinśi	*eθrσ́e tinśi*	*eθrσ́e tinśi*
[tiurim avilś χiś	*tiurim avilś χiś*	*tiurim avilś χiś*
ciσ́um pute tul	*ciσ́um pute tul*	*ciσ́u put[e] tul*
θanσ́ hatec repinec	*θanσ́ haθe repinec*	*θanσ́ haθec repinec*
śacnicleri cilθl	*śacnicleri cilθl*	*śacnicleri cilθl*
śpureri meθlumeric	*śpureri meθlumeric*	*śpureri meθlumeric*
enaś]	*enaś*	*enaś*

transmises Caton ou avec celles des Tables eugubines, de l'Ombrie voisine. Les répétitions, fréquentes, aident aussi à la compréhension.

Prenons **l'exemple de l'interprétation de H. Rix pour les pièces du rituel de Neptune** qui sont les mieux conservées.

La prière commence par une invocation (*nun}en* = j'invoque) comprenant le nom de la divinité (au nominatif-vocatif) auquel est apposé l'adjectif *mla{* (= noble) et un pronom de la 2e personne à l'accusatif.

flere ne}unsl un mla{ nun}en = Divinité de Neptune, c'est toi, ô noble, que j'invoque.

(La formule rappelle par exemple la Table de Gubbio IV, a 24 : « Ô juste, c'est toi que j'invoque, Jupiter Grabovius ».)

Peut s'ensuivre un locatif indiquant le lieu du sacrifice (*}acl}i }artei*), mais le plus important consiste en la présentation des offrandes. Il en va de même dans les Tables eugubines (par ex. VI a 25) ou chez Caton (*De Agricultura*, 134 : « Père Janus, c'est à toi que j'adresse de bonnes prières en t'offrant ces gateaux »). Dans les prières à Neptune, on reconnaît ici *huslne vinum* (= du vin nouveau) et *faśei* (= la bouillie d'épeautre, en latin *puls*) (cf. 2e prière), *zuśleve zarve* (= les victimes parfaites) (cf. 3e prière), *zuśleve zarve faśeic* (= les victimes parfaites et la bouillie d'épeautre) (cf. 4e prière). Telles sont bien trois offrandes fondamentales : le vin (= le liquide), les céréales et la viande.

5. IX 18 - 24	***1. VIII 11-16***
nunθenθ	*trin*
flere neθunsl	*flere neθunsl*
un mlaχ nunθen	*une mlaχ puθs*
	θaclθ θartei
χiś eσ́viśc	*zivaś fler*
faśei	*θezine*
	ruze nuzlχne
	zati zatlχne
	śacniċstreś cilθś
	śpureśtreś enaś
	eθrσ́e tinśi
	tiurim avilś χiś
ciσ́um pute tul	*hetrn aclχn*
θanσ́ haθec repinec	*aiś cemnaχ*
śacnicleri cilθl	
śpureri meθlumeric	
enaś	
sin {...} flere neθunśl	
χiś eσ́viśc faśe	

*Les cinq prières du rituel de Neptune (*Liber linteus*)*

Enfin, chaque prière comporte la mention des personnes chargées de l'exécution du sacrifice et des dépenses afférentes, sans que l'interprétation soit toujours claire.

śacniśtreś cil} ś = au nom de la fraternité du *cilq*

śpureśtreś enaś = au nom de notre (?) communauté.

Telles sont les différentes parties de la première phrase de la prière.

Voici, par exemple, **la traduction que H. Rix propose pour la 2e prière** : « Dis : Divinité de Neptune, c'est toi que j'invoque *} alc} i } artei* (à ? = indication de lieu) par trois fois trois dons de vin nouveau (qui sont) dans des *śeśa*, dans des *ramu* et dans des *racusa* respectivement, et par une bouillie, au nom de la fraternité du *cil}* et de notre (?) communauté. »

La suite du texte est beaucoup plus complexe et obscure. Elle semble adresser un vœu aux dieux et réclamer leur bienveillance pour ceux qui sont en charge du sacrifice et pour la ville (*spureri*).

Un double constat s'impose : d'une part, ce texte étrusque n'apparaît pas aussi mystérieux qu'on veut parfois le faire accroire, en tout cas à peine moins compréhensible que celui des Tables eugubines qui sont écrites dans une langue indo-européenne ; d'autre part, **il n'y a pas de différences majeures entre les rituels étrusques prescrits dans ce livre sacré et ceux pratiqués chez leurs voisins latins ou ombriens**. Au-delà des différences fondamentales entre les civilisations de l'Italie centrale, on peut observer une certaine osmose des mentalités religieuses quant aux pratiques cultuelles et à l'approche de la divinité.

• **La tuile de Capoue (*T.L.E.* 2)**

La plaque de terre cuite de 62 cm sur 49 retrouvée à Capoue à la fin du XIXe siècle ne constitue certes pas un livre comme le *liber linteus* conservé à Zagreb, mais peut être retenue comme un témoignage de littérature religieuse. Les savants la considèrent en effet comme **la transcription sur un support capable de résister au temps d'un extrait de ces livres sacrés** si importants en Étrurie.

Le texte, à peu près incompréhensible, se présente **en près de trois cents mots sur une soixantaine de lignes.** Il daterait de la première partie du Ve siècle. Les noms des divinités citées ont permis d'établir qu'il s'agit d'un texte religieux. La subdivision en dix sections laisse penser que nous serions en présence d'un calendrier (figurant peut-être les dix mois d'un calendrier lunaire), et de l'exposé d'un rituel religieux que les prêtres auraient pu afficher dans un temple pour rappeler les cérémonies à accomplir aux praticiens de la religion.

M. Pallottino a reconnu depuis longtemps, dans les prescriptions de ce rituel, les mêmes caractéristiques que celles de la momie : il y est mentionné les divinités honorées, les offrandes, les verbes qui expriment ces offrandes, les prêtres qui les offrent et les lieux où elles doivent être faites.

Certaines divinités nous sont connues (*Suri, le}amsul, unial, calu*...), d'autres se devinent (*Se}umsal, natinusnal*). Plusieurs d'entre elles sont attestées dans les inscriptions comme divinités infernales (*sansl*), d'où il a été déduit que ce rituel pouvait avoir un caractère funéraire. Peut-être un extrait des *libri Acheruntici* ? (cf. les livres sacrés, chap. 6).

Même si le document demeure difficile d'accès, il n'en constitue pas moins **le deuxième témoignage littéraire par sa longueur, et, qui plus est, découvert en Campanie, loin de la Toscane**. Il permet aussi de mesurer l'importance de la domination étrusque dans cette région du sud (cf. Les Étrusques en Italie, chap. 1).

LA LITTÉRATURE PROFANE

Nombre d'étruscologues ont mis en doute l'existence d'une littérature profane étrusque sous le prétexte que les auteurs ne nous en avaient quasiment légué aucune trace, à la différence des livres sacrés. Cependant, depuis un bon demi-siècle, les spécialistes, à la suite de M. Pallottino ou J. Heurgon, nous ont appris à revenir sur cette appréciation trop rapidement formulée. Il faut considérer que la littérature religieuse constituait pour les Romains un apport original et précieux auquel rien, chez eux, ne pouvait se comparer. C'est pourquoi ils exprimèrent le besoin de la connaître, voire de la traduire, ce à quoi s'employèrent par exemple au Ier siècle avant notre ère, des lettrés étrusques renommés comme Tarquitius Priscus, originaire de Tarquinia, ou Aulus Caecina, venu de Volterra et ami de Cicéron. La littérature profane, probablement plus proche de celle des Romains, ne nécessitait pas la même attention particulière et dut être connue, peut-être traduite, voire assimilée de façon plus discrète.

De brèves notations disséminées ici et là chez les auteurs nous révèlent la réalité de son existence. Par exemple, le même Tarquitius Priscus qui traduisit en latin le *Traité étrusque des prodiges* (cf. Macrobe, *Saturnales*, III, 7, 2) dont Virgile s'inspira pour composer sa quatrième églogue, fut aussi l'auteur d'un livre *Sur les hommes illustres*, d'après Lactance (*Institutions divines*, I, 10, 2). Varron cite, quant à lui, un certain Volnius qui aurait écrit des tragédies étrusques (*De Ling. lat.*, V, 9, 55). D'une manière plus générale, Diodore (V, 40) note que **les Étrusques « ont cultivé les lettres, les sciences de la nature et la théologie » : il signale les lettres en premier lieu.** Nous avons même le loisir de penser que les classes supérieures de la société jouissaient d'un certain prestige intellectuel, notamment dans le sud de la Toscane, à une époque où Rome s'initiait tout juste aux belles lettres. Tite-Live écrit : « j'ai des textes qui prouvent que **c'était l'habitude générale, en ce temps-là, d'instruire les jeunes Romains dans les lettres étrusques** comme on le fait (s. e. aujourd'hui) dans les lettres grecques » (IX, 36, 3). Et, pour désigner ces « jeunes Romains », l'historien utilise le mot *pueri* qui laisse penser qu'ils n'ont pas encore atteint leur majorité (à dix-sept ans). Comme si les Romains s'étaient adressés à l'Étrurie pour s'enrichir culturellement avant de se tourner vers la Grèce.

Peut-être, d'ailleurs, à travers les Étrusques, Rome cherchait-elle aussi le contact avec l'hellénisme. Une cité comme Caere, à 40 kilomètres au nord, illuminait sans doute la région comme un phare culturel pour la jeunesse dorée de Rome dont les familles (les Fabii, les Claudii...) étaient déjà en contact avec l'Étrurie. Et Caere avait aussi la réputation d'être un foyer d'hellénisme : elle possédait un trésor à Delphes et les fouilles y ont révélé de très beaux témoignages de céramique attique à figures noires ou rouges. Les jeunes gens devaient pouvoir y apprendre le grec et la bonne société étrusque pratiquait certainement les deux langues, comme, plus tard, les Romains dans leur capitale. J. Heurgon a même judicieusement supposé que, **si l'étrusque était nécessairement utilisé pour la rédaction des livres sacrés, une grande partie de la littérature profane s'écrivait sans doute en grec** – comme cela sera le cas à Rome (cf. par exemple Fabius Pictor) jusqu'à la virulente réaction d'un Caton. On peut seulement se demander pourquoi, s'il en alla ainsi, les Romains ne mentionnent pas ces ouvrages écrits en grec alors qu'ils pouvaient les consulter d'autant plus facilement.

Parmi les genres littéraires pratiqués par les Étrusques, trois au moins manifestent des traces qui ne permettent guère de douter de leur existence : l'histoire, la poésie et le théâtre. On aimerait pouvoir ajouter les traités scientifiques et techniques puisque Diodore évoque le don des Étrusques pour les sciences et que nous connaissons l'art de leurs ingénieurs hydrauliciens et agronomes. Du reste, les Saserna père et fils, à peu près contemporains de Caton et auteurs en latin d'un traité *Sur l'agriculture*, portent un gentilice étrusque et sont peut-être les continuateurs d'une tradition familiale.

• **L'HISTOIRE**

Au dernier siècle avant notre ère, les auteurs étrusques déjà cités, Tarquitius Priscus, Aulus Caecina, et certains de leurs amis haruspices auraient fait lire à Varron des *Histoires étrusques* (d'après Censorinus, *De Die nat.*, 17, 6). Le même Caecina n'aurait pas commis que des ouvrages religieux puisqu'un extrait de ses écrits traite de l'origine de l'Étrurie padane. Il fait de Tarchon (de Tarquinia) le fondateur de Mantoue, ainsi nommée d'après le nom du dieu des Morts étrusque (Mantus) et de douze autres cités en Cisalpine, réunies en confédération. Certes, Caecina écrit en latin, mais on n'imagine pas qu'il ne s'appuie pas sur des sources étrusques.

L'empereur Claude s'affirme également comme un fin connaisseur de la civilisation étrusque. Il prononce à Lyon, en 48, un discours fameux conservé sur une table de bronze et dont un extrait nous permet de déchiffrer l'histoire légendaire du roi étrusque de Rome Servius Tullius (cf. les Étrusques à Rome, chap. 1). Il **dit s'appuyer sur la connaissance d'*auctores Tusci* (= auteurs étrusques).** Et sans doute ne fut-il pas le seul à s'y référer parmi les historiens de la République. En outre, Claude écrit en grec une *Histoire des Étrusques*, en vingt livres, hélas aujourd'hui perdue. Là encore, il est aisé d'imaginer que les archives familiales de sa première épouse, Urgulanilla, issue d'une grande famille étrusque, lui ont été d'une aide précieuse.

En Étrurie, comme à Rome, l'écriture d'ouvrages historiques dut sans doute beaucoup aux archives familiales et les traces que nous détectons de ces livres étrusques les rendent contemporains des premiers efforts de l'annalistique romaine : le IIe siècle avant notre ère voit se fonder, en Italie, l'historiographie. À Rome, Fabius Pictor crée, en grec, l'annalistique. Or sa famille est, depuis un siècle, étroitement liée à l'Étrurie : Q. Fabius Maximus Rullianus, consul à cinq reprises entre -322 et -295, fut le premier à pénétrer au cœur de l'Étrurie et à nouer des liens de clientèle avec les rois de Chiusi, d'Arezzo ou de Pérouse ; le surnom du vainqueur de Volsinii en -265, Q. Fabius Maximus Gurges, est la transcription d'un nom étrusque : *curce*, attesté à Chiusi...

Ces traditions familiales, dont nous savons également quelle importance elles revêtaient à Rome, sont bien attestées en Étrurie. Plusieurs poètes latins (Horace, *Satires*, I, 6, 1 *sqq.* ; Perse, *Satires*, III, 28 ; Juvénal, *Satires*, VIII, 1 *sqq.*) se sont gaussés de cette manifestation de vanité qui poussait les Étrusques à afficher leur arbre généalogique comme la signature de la destinée familiale. Mécène lui-même, puissant ministre d'Auguste, grand seigneur héritier d'une vieille et glorieuse lignée d'Étrurie, arborait le sien avec fierté dans l'atrium de sa demeure pour que nul n'ignorât sa noble origine.

Même mort, l'Étrusque refuse de se couper du témoignage de ses hauts faits et de ceux de ses ancêtres. **Les peintures qui ornent les murs de sa tombe** rappellent les heures de gloire de la famille et **tiennent lieu d'archives.** C'est le cas, par exemple, de la tombe François à Vulci (cf. les Étrusques à Rome, chap. 1).

Un dernier exemple du soin que les héros des grandes familles mettaient à conserver par écrit le récit de leur vie jugée exemplaire fut livré par les fouilles menées à Tarquinia. Il s'agit de **fragments**

d'éloges (appelés « *elogia Tarquiniensia* ») écrits en latin, à l'époque romaine, au dernier siècle avant notre ère. Ils évoquent ceux que l'on composait à Rome pour magnifier les héros de la légende. À Tarquinia, Tarchon remplace Énée. Mais ils célèbrent aussi et surtout des personnages réels, inconnus de nous généralement, attestant que les grandes familles devaient faire appel aux services de lettrés pour consigner par écrit ce que la tradition orale risquait de laisser s'effacer de la mémoire des hommes. On se doute que les hauts faits rapportés devaient être enjolivés, comme ce fut le cas à Rome. Mais **ils constituent ces *exempla* qui formaient la base de l'éducation,** et cette conception de l'histoire, qui est aussi celle de Rome, pourrait bien trouver là une de ses sources d'inspiration.

Ainsi voit-on ressusciter des figures qui firent la gloire de leur cité et dont nous avons perdu jusqu'au nom, vaillants combattants ou illustres magistrats, dont la carrière s'inscrit en quelques lignes, un peu comme sur l'inscription du *volumen* que déploie, sur son sarcophage, la représentation de Laris Pulenas. Parfois, nous y rencontrons une famille connue, comme celle des Spurinna, dont un illustre descendant, haruspice de son état, eut le talent de mettre en garde Jules César le 1er mars -44 contre des événements contraires... jusqu'au jour des ides. César le railla pour ses prédictions le 15 en fin de matinée, avant de pénétrer dans la curie de Pompée. Quelques instants plus tard, le destin confirmait le talent divinatoire de l'Étrusque.

• **Le théâtre et la poésie**

Bien que nous n'ayons aucun témoignage littéraire de l'existence d'un art dramatique étrusque hormis la citation, par Varron, d'un certain Volnius qui écrivait des tragédies au IIe siècle avant notre ère, **il ne fait plus de doute que les Toscans connaissaient et appréciaient le spectacle** théâtral. La découverte d'un petit théâtre bordé de gradins proche d'une tombe de Tarquinia, et datant du IVe siècle, en montre l'usage religieux, notamment funéraire (cf. les rites, chap. 6).

De même, la mise au jour, à Tarquinia, Chiusi, Volterra, de **sarcophages représentant des scènes de tragédies grecques et des mises en scène spectaculaires** (comme les goûteront, plus tard, les Romains) permet de comprendre l'intérêt des Étrusques pour l'art dramatique. Or ces sarcophages datant, au plus tard, du IIIe siècle, c'est-à-dire du temps où le théâtre romain balbutiait, il n'est pas permis d'envisager une quelconque influence romaine dans ce domaine. La présence grecque en Étrurie explique l'intérêt manifesté, et la transcription des noms grecs en étrusque (*Achle* pour Achille, *Clutumsta* pour Clytemnestre, *Alechsentre* pour Alexandre...) montre que les Toscans s'étaient familiarisés avec eux au point d'en adapter à leur langue la prononciation. Sans doute même avaient-ils traduit ces œuvres ou avaient-ils écrit de nouvelles pièces dans lesquelles ils mettaient en scène les héros grecs.

Que nous n'ayons pas retrouvé de théâtre s'explique par l'utilisation probable de tréteaux de bois démontables – comme en useront les Romains jusqu'à Pompée – sans que cela empêche le recours à des machineries déjà fort développées. Il est loisible de penser que Volnius ajouta son nom à une longue théorie de poètes dramatiques dont les sujets mythologiques se sont figés dans la pierre des sarcophages, mais dont les noms resteront ignorés de nous à jamais.

Cependant, ce théâtre-là reste avant tout d'inspiration grecque, et **la question se pose de savoir si nous avons trace d'un théâtre plus proprement étrusque.** Tite-Live nous rapporte sur ce point une tradition romaine qui mentionne l'emprunt à l'Étrurie de spectacles scéniques en -364 à des fins apotropaïques (il s'agit de conjurer une épidémie de peste qui sévit à Rome en offrant aux dieux ce que les Romains considèrent comme les premières manifestations théâtrales dans leur ville). D'après l'historien latin (VII, 2, 4), des ludions – ainsi nommés parce qu'ils se produisirent lors de jeux (*ludi*) – furent appelés d'Étrurie pour exécuter des danses au rythme de la flûte, mais « sans texte chanté ni gestes pour mimer l'action d'un chant ». **Ce témoignage nous renvoie à la danse et, surtout, à la musique qui occupent une place tout à fait éminente dans la vie des Étrusques** et dont nombre de peintures dans les tombes de Tarquinia attestent l'importance (cf. la musique et la danse, chap. 9).

Toujours selon Tite-Live, la jeunesse romaine – c'est-à-dire les *iuniores*, âgés de dix-sept à quarante-six ans ; il ne s'agit pas de gamineries ! – se mit à imiter les ludions étrusques « en se lançant des plaisanteries en vers improvisés », c'est-à-dire **des vers fescennins. Il s'agit d'une poésie rustique, volontiers obscène qu'échangeaient les paysans lors des fêtes** et qui tirait son nom de Fescennium, une bourgade étrusque en territoire falisque. Cette coutume étrusque, probablement à caractère religieux, se trouve donc à l'origine de la farce italique. Peu à peu, cette pratique entra dans les mœurs et, toujours selon Tite-Live, on donna aux acteurs romains de cette nouvelle forme d'expression mêlant musique, danse et improvisation le nom d' « histrion » « parce qu'en étrusque, le ludion se dit *ister* ». Mais leur technique se perfectionna et, bientôt, **ces acteurs donnèrent des saynètes nommées** « ***saturae*** » (= des « pièces farcies »), sortes de pots-pourris mêlant chants et mimiques « commandés par un joueur de flûte ». L'interprétation du texte de l'historien ne va pas de soi et pose un certain nombre de questions quant à la nature des *saturae*, aux acteurs et à l'évolution de ce type de spectacles. Mais ces difficultés ne concernent pas le théâtre étrusque dont il faut retenir qu'il était essentiellement musical et dansé. La poésie des vers fescennins semble, à l'origine, avoir connu une autre carrière et s'être exercée dans un cadre différent (par exemple les processions religieuses) de celui des spectacles scéniques, alors que les poésies épique et dramatique semblent être demeurées sous l'influence de la poésie et du théâtre grecs.

LES OUTILS D'ÉCRITURE

Le matériel réservé à l'écriture diffère peu de celui qui fut retrouvé à l'époque romaine, à Pompéi par exemple. Il faut distinguer **deux supports essentiels** dont les représentations figurées (peintures, miroir ciselé, urnes...) nous ont laissé de rares témoignages : **les tablettes de bois enduites de cire et les livres de toile (en lin).** On y écrivait avec un stylet, pour les premières, avec un calame (roseau taillé) ou une plume d'oiseau pour les seconds. **L'encre devait avoir une origine naturelle**, comme plus tard à Rome : suie ou noir de seiche mélangés à une gomme pour l'épaissir. Bien que nous ne possédions aucun renseignement précis sur ce dernier point, il est loisible de penser que dans ce domaine, comme dans d'autres, les Romains ont emprunté leurs techniques aux Étrusques. Souvenons-nous qu'avant de se tourner vers la Grèce, les nobles romains envoyaient leurs enfants faire leurs « universités » en Étrurie, à Caere notamment.

La tablette retrouvée à Marsiliana d'Albegna, datant du VIIe siècle, constitue le modèle de ce type de support, avec l'alphabet inscrit sur le bord gauche (cf. l'alphabet), à ceci près qu'elle n'est pas en bois, mais en ivoire. Trouvée dans une sépulture, façonnée dans une matière précieuse, elle symbolise la dignité et le caractère sacré de l'écriture, qui s'attachait également à la fonction de scribe. D'autres représentations nous montrent des diptyques, jeu de deux tablettes liées entre elles par l'un de leurs longs côtés, et articulées. Elles évoquent immanquablement telle ou telle peinture célèbre de Pompéi. Elles devaient constituer l'instrument nécessaire de tout écolier étrusque, car **nous sommes bien en présence d'une civilisation de l'écrit,** comme en témoignent les nombreuses inscriptions retrouvées. L'usage du verbe écrire (*zi{* -) à la fin du texte de la tuile de Capoue ou du cippe de Pérouse l'atteste, comme pour affirmer le poids conféré à l'écrit.

Les livres étrusques étaient probablement transcrits sur des rouleaux de toile dont le texte de la momie de Zagreb (cf. la littérature religieuse) est le plus étonnant exemple. Il s'agit, en l'occurrence, d'un *volumen,* une bande de tissu de lin d'une longueur totale de près de 14 mètres, qui devait, à l'origine, s'enrouler autour d'un cylindre de bois. L'usage du papyrus restait très rare, et surtout trop onéreux, à époque ancienne. D'ailleurs, ces livres de lin étaient connus également à Rome dès le début de la République, avant l'usage du papyrus, puis du parchemin de Pergame. Tite-Live, suivant les *Annales* de Licinius Macer (qui se suicida en -66), évoque de tels livres pour conserver les noms des magistrats à Rome, dans le temple de Junon Moneta, au ve siècle (IV, 7). Toutefois, les livres dont parle Tite-Live ressemblaient à de petits coussins, le tissu étant plié et replié sur lui-même, à la différence de celui de la momie de Zagreb. **En Étrurie, nombreuses sont les représentations de ces *volumina,* par exemple tenus à la main par les défunts**, sur leurs sarcophages, comme pour attester leur haute position. Parfois, partiellement déroulés, ils révèlent à la postérité les qualités du mort : on pense à Laris Pulenas (à Tarquinia). Ainsi devaient se présenter également les livres sacrés, si importants dans la religion étrusque (cf. la littérature religieuse).

Toutefois, si le *liber linteus* est le seul livre étrusque connu, sauvé pour avoir servi à envelopper une momie féminine en Égypte, il en est un autre, précieux, qui fut retrouvé il y a une soixantaine d'années dans une tombe située dans le sud-ouest de... la Bulgarie. Son découvreur, habitant la Macédoine, et désireux de conserver l'anonymat, en a fait don il y a peu au musée de Sofia. Il s'agit **d'un recueil de six feuilles d'or attachées ensemble par le petit côté supérieur, à la façon d'un bloc-notes**, datant de -600 environ. Ce somptueux recueil, qui évoque aussi les lamelles d'or de Pyrgi, comporte des illustrations (un cavalier, une sirène, des soldats) et un texte qui fut identifié comme de l'étrusque par deux experts, l'un du musée de Sofia, l'autre de Londres. La conservatrice du département des antiquités du musée a fait observer que l'on connaissait déjà d'autres feuilles d'or semblables d'origine étrusque, mais qu'elles n'avaient jamais été reliées ensemble pour former un livre. La découverte est d'importance ; cependant, vu le mystère qui entoure la mise au jour de cette superbe pièce, il convient d'attendre la confirmation de son authentification. Même si l'on accorde que le caractère mystérieux enveloppant une découverte liée aux Étrusques pouvait naguère être déjà tenu pour un signe de reconnaissance !

VIII

LES ARTS

L'air de la Toscane secrète assurément un parfum qui fouette l'inspiration des artistes. Comment expliquer autrement qu'une même terre ait vu naître au fil des millénaires tant d'œuvres majeures, témoignages coruscants du génie humain ? L'art étrusque, en tout cas, éblouit toujours le visiteur des nombreux musées où il s'expose, et étonne par sa présence autant qu'il émeut par sa grâce. La visite des tombes peintes de Tarquinia imprime une trace indélébile dans le souvenir du voyageur qui semble plongé dans un autre monde.

Les productions de cet art riche et varié reflètent pour nous l'âme étrusque. Leur haute technicité manifeste le degré achevé de civilisation de leurs inventeurs. Témoins indispensables d'un peuple mort, elles constituent quasiment le seul message parvenu jusqu'à nous d'hommes dont la langue demeure incomprise et dont les monuments n'ont pas survécu.

Toutefois, l'enthousiasme doit se tempérer de quelques remarques générales qui permettront de mieux apprécier l'exacte portée de ces œuvres artistiques.

Tout d'abord, il s'agit d'un art funéraire, c'est-à-dire que la quasi-totalité de ce qui a été retrouvé le fut à l'ouverture des tombes. Ce qui revêt une double signification : d'une part, même si le défunt était entouré d'objets de la vie quotidienne pour l'accompagner dans l'au-delà, ceux-ci ne constituaient qu'une partie de son cadre quotidien ; le reste nous échappe ; et d'autre part, ce matériel funéraire ne témoigne que de la vie des riches qui avaient les moyens de se faire construire une tombe ; nous ignorons donc presque tout des objets quotidiens les plus modestes.

Cet art funéraire revendique d'abord la puissance et la gloire. Ensuite, l'art étrusque présente une grande complexité. Chaque cité, qui s'administre de façon autonome, privilégie les disciplines dans lesquelles elle excelle (Tarquinia, la peinture ; Vulci, le bronze ; Chiusi, la sculpture sur pierre ; Veies et Caere, celle en terre cuite...), et subit à des moments différents de ses voisines des influences qui ne sont pas forcément les mêmes. **Il est donc difficile de parler d'*un* art étrusque tant la diversité est grande d'un centre à l'autre.** L'émergence des formes nouvelles coïncide avec la montée d'une aristocratie de condottieri et de commerçants que le luxe de leurs partenaires grecs éblouit et qui cherchent à se différencier de leurs voisins rivaux par l'éclat des œuvres qu'ils peuvent s'offrir.

Enfin, la prégnance des influences gréco-orientales rend parfois malaisée la perception de l'originalité étrusque. Néanmoins, **s'il fallait en trois mots sérier les caractéristiques propres de cet art, on parlerait de vie, de spontanéité, de fraîcheur.** L'art pour l'art n'existe pas dans l'Antiquité. Toute œuvre revêt une fonction magico-religieuse. Alors que l'art grec subit l'évolution d'une civilisation qui se rationalise, et se laïcise en donnant à l'étude de l'homme une place centrale, l'art étrusque demeure irrationnel, symbolique et sensible aux forces divines qui gouvernent l'univers. C'est sans doute pour cette raison que les artistes toscans furent plus sensibles à l'art d'Asie Mineure, de Phénicie ou de Syrie qu'au classicisme grec : parce qu'il est resté plus religieux et proche de la nature. Cette immersion dans la nature-corps s'exprime d'ailleurs parfaitement dans les œuvres étrusques, plus foisonnantes, plus animées, plus imaginatives, en un mot plus vivantes que les œuvres grecques. **Les Toscans ont inventé un monde de nature, d'animaux, de rêves... plus brouillon, mais plus expressif, et il apparaît qu'ils ont privilégié la symbolique du message à la perfection du geste artistique.** Dans cette vision parfois excessive, mais toujours roborative de leur vision du monde, ils ont fondé leur originalité comme une signature plus aisée à identifier au-delà des siècles.

On ne parlera donc pas de plagiat de l'art grec. Dans toutes les disciplines littéraires et artistiques de l'Antiquité, l'imitation est une règle, mais imiter ne signifie pas copier, cela veut dire observer, s'inspirer, puis réinterpréter selon son propre génie. Ainsi se transmettent, se transforment les canons de l'art. Et l'Étrurie a toute sa place au sein de cette chaîne qui unit les civilisations méditerranéennes : trait d'union entre le monde gréco-oriental et l'Occident, Rome notamment, elle fut un maillon fécond dans la transmission du fructueux héritage des siècles.

L'ÉVOLUTION DE L'ART

Présenter un bref aperçu de l'évolution de l'art étrusque implique des choix et ne peut que rendre compte partiellement de son histoire. **Deux constats doivent être gardés à l'esprit** :

- d'une part, l'Étrurie n'est pas un pays uniforme et les cités n'ont pas connu un développement concomitant. Certaines cités ont également favorisé certaines formes d'expression artistique au détriment d'autres, privilégiées ailleurs. Il est évident, dans l'ensemble, que les cités maritimes du Sud, en matière artistique, ont manifesté les premières une recherche que ne connaîtront qu'ensuite les cités de l'intérieur ;

- d'autre part, surtout, on constate que le développement de l'art étrusque correspond avec l'arrivée des colons grecs au milieu du VIIIe siècle et avec l'expansion des Étrusques en Italie. Le contact avec les peuples italiques n'y est pas non plus étranger. Cependant, que l'art étrusque ait subi de fortes influences grecques et orientales n'a rien d'unique ni d'anormal, même si ces rencontres rendent parfois plus difficile l'appréciation de la part de l'originalité étrusque. D'ailleurs, l'art étrusque, qui s'est développé avant celui des peuples italiques, a exercé sur celui-ci à son tour une influence prépondérante.

L'évolution de l'art reste étroitement liée au destin politique des cités, au progrès de leur économie et, partant, de leurs techniques. Elle est indissociable de leur devenir historique.

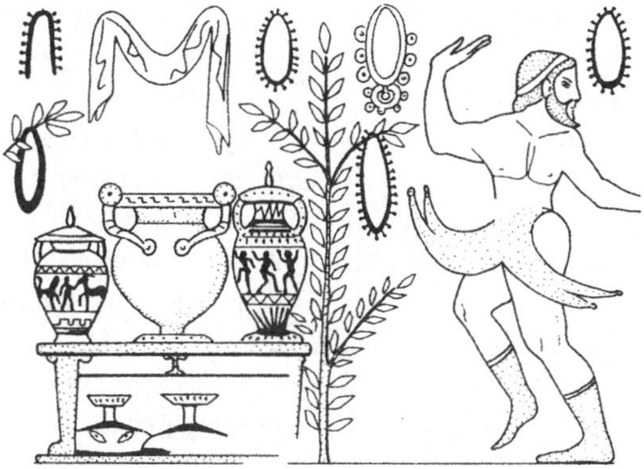

Danseur dans une maison richement décorée

Chronologie : l'évolution de l'art étrusque

Périodes	*Influences*	*Productions*
I- Villanovienne IXe s. - fin VIIIe/déb. VII	Indigènes, puis grecques	Style géométrique
II- Orientalisante 710-600 (580) : a/ 710-675 b/675-600	Syrie (du Nord), Urartu (Arménie) Phénicie Grèce : Ionie, Rhodes, Péloponnèse (Corinthe)	Architecture funéraire (passage aux t. à tumulus) Sculpture sur pierre (dès le début VIIe), et en terre cuite (fin VIIe). Peinture funéraire (vers 620, Veies, Caere) ; art figuratif (animaux, plantes...) Technique du bronze Orfèvrerie, ivoire Canopes de Chiusi (création originale)
III- Archaïque 600-480 (450) : a/ pér. dédalique : 600-560 b/ pér. ionienne : 560-500 c/ pér. attique : 500-480	(d'abord évolution des cités maritimes, puis de l'intérieur) Rhodes et Corinthe Ionie (Éphèse, Milet, Phocée) Ionie, puis Attique, Égine, Grande-Grèce Installation d'artistes grecs à Caere, Tarquinia, Vulci, puis Chiusi	**Âge d'or de l'art étrusque,** **Épanouissement de toutes les formes d'expression :** Urbanisme Sculpture sur pierre (Vulci et Chiusi), et en terre cuite (Veies, Caere) Bronzes (miroirs) (Vulci) Peinture (Tarquinia, Caere) Céramique (figures noires puis figures rouges)

Périodes	*Influences*	*Productions*
IV- Post-archaïque (classique) 475-300 : a/ pér. post arch. : 475-400 b/ pér. classique : 400-300	(après -474, repli de l'Étrurie sur elle-même, régression des échanges avec la Grèce jusqu'en -396) Athènes (de moins en moins) Regain de l'influence attique (mais du siècle précédent)	Toutes les formes d'art, mais décadence des arts mineurs. L'Étrurie conserve les mêmes modèles, et ne semble pas touchée par l'apogée du classicisme grec (Phidias, Polyclète…)
V- Hellénistique 300-Ier s. av. n. ère : a/ 300-100 b/ Etrurie romaine : 100-30	Pergame, Alexandrie (le centre de l'hellénisme est en Asie) L'Étrurie est associée au sort de Rome qui s'impose en Italie	Période prospère malgré les conflits (Gaulois, Hannibal). Quelques foyers d'originalité (sarcophages, urnes funéraires) ; une renaissance artistique (architecture, peinture, bijouterie…), puis complète romanisation

Les disciplines artistiques selon les principales cités

Discipline	**Cités spécialisées dans cette production**
Sculpture sur pierre	Surtout Vetulonia et Chiusi ; Vulci
Sculpture en terre cuite	Dans l'ensemble de l'Étrurie, surtout dans le Sud : Caere, Veies
Bronze	Surtout Vulci ; Chiusi, Caere, Tarquinia, Vetulonia
Peinture	Surtout Tarquinia ; Veies, Caere, Volsinii, Chiusi
Céramique	Pér. orientalisante : le Sud, surtout Caere Pér. archaïque : Vulci et Chiusi, puis Caere et Tarquinia Pér. hellénistique : Volsinii, Vulci et les cités maritimes

URBANISME ET ARCHITECTURE

L'état actuel de nos connaissances sur l'urbanisme des villes étrusques demeure fragile, et il faut espérer que les fouilles archéologiques, déjà éclairantes, permettront de conforter les hypothèses. La tradition a transmis le rite de la fondation, celui-là même que, disaient les Anciens, avait suivi Romulus en traçant les limites de la future Rome, mais les règles édictées par la *disciplina etrusca* se vérifient rarement sur le terrain (cf. les livres sacrés, chap. 6).

Notre méconnaissance, outre le fait que les fouilles, dans ce domaine, ont encore beaucoup à nous apprendre, s'explique au moins par trois facteurs : la géographie des sites les plus anciens ont empêché la mise en œuvre des principes de fondation rapportés par les historiens ; les villes prises par Rome ont souvent subi d'importantes transformations (elles ont parfois même été détruites complètement et reconstruites plus loin) ; et, surtout, **les Étrusques n'ont utilisé la pierre que pour le soubassement de leurs maisons et édifices (mis à part les tombes et les remparts), si bien que tout a disparu**, ne laissant au mieux qu'un plan lisible au sol. Seules quelques parties de nécropoles ordonnées comme une ville (ce qui s'est produit notamment à partir du ve siècle) permettent d'imaginer, à l'échelle réduite, comment

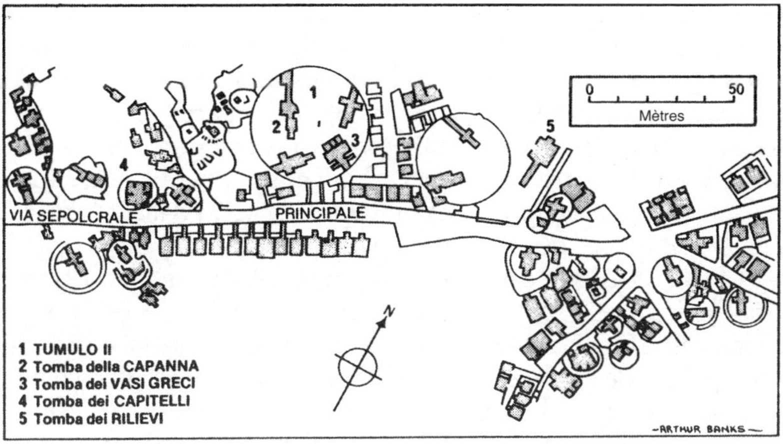

Plan de la nécropole de la Banditaccia (Caere)

pouvaient se présenter une rue entre des maisons en élévation, en gardant à l'esprit que les tombes offrent des façades de pierre quand les maisons étaient faites de briques crues et de bois. Le meilleur exemple en reste le secteur nouveau de la nécropole de la Banditaccia, à Cerveteri (Caere).

Divers centres offrent des exemples clairs de la diversité des règles d'urbanisme suivies. Les collines escarpées, surplombant souvent des rivières, ont donné aux Villanoviens un sentiment de sécurité mais leur ont interdit de s'installer en suivant le traditionnel plan en damier. D'ailleurs, les fouilles menées à Roselle et qui permettent de remonter jusqu'au VIIe siècle, montrent que ces règles ont évolué, ce qui est normal. À l'inverse, **le site de Marzabotto révèle un bon exemple de l'observance des principes décrits par la tradition.** Mais il s'agit là d'une colonie étrusque fondée au VIe siècle sur un site quasi vierge de toute urbanisation précédente, et dont la morphologie se prêtait à la mise en œuvre des règles sacrées. La ville s'ordonne selon un plan à damier (dont l'origine est attribuée à Hippodamos de Milet), mais en respectant les impératifs étrusques de l'orientation de l'ensemble autour de deux axes perpendiculaires (*cardo* et *decumanus*), et avec l'acropole où se dresse le temple des divinités tutélaires (cf. l'Étrurie padane, chap. 6). Les deux voies principales mesuraient 15 m de large.

Il vaut donc mieux imaginer les villes étrusques en général, comme devait l'être Rome à ses débuts, avec un certain désordre urbanistique, des ruelles plus ou moins bourbeuses qui épousent un terrain mouvementé, et des maisons et édifices aux constructions précaires. **Des remparts cernent chaque cité, percés de plusieurs portes** (souvent plus des trois prévues par le rite), et enfermant des espaces libres (jardins ? terrains vagues ?) comme le laisse supposer la grande superficie qu'ils incluent (les remparts de Tarquinia courent sur 10 km !). Cet espace vacant pouvait aussi bien être destiné à l'extension de la ville qu'à la prévision d'accueil des populations alentour en cas de guerre.

La ville étrusque est, semble-t-il, une ville basse. Ses habitants n'auraient pas (ou peu) connu les demeures à étage. Les découvertes effectuées à Acquarossa notamment permettent de se faire une idée assez précise de l'architecture domestique, et de son évolution depuis le temps de la cabane villanovienne (cf. les habitations, chap. 10).

C'est encore une ville colorée et sans doute assez brillamment décorée. Nous connaissons le goût des Étrusques pour les terres cuites aux couleurs vives qui brillaient au soleil sur le toit de leurs temples (cf. la sculpture en terre cuite). Les archéologues ont pu montrer que ces pièces décoratives de terre cuite n'ornaient pas seulement les édifices publics et sacrés, mais aussi les demeures individuelles. Et c'est un élément important pour comprendre la sensibilité artistique du peuple étrusque. Cela ne fait que renforcer le rôle du coroplathe dans la cité.

Il reste à évoquer un dernier type d'édifice, à caractère civil (et peut-être privé, ou semi-privé) : **la résidence princière,** ou du moins ce qui apparaît tel. On a retrouvé à **Murlo** un important bâtiment de forme carrée (61,25 m x 61,55 m) dont les pièces s'ouvraient sur une cour centrale comprenant deux entrées et bordée d'une colonnade sur trois côtés. Cet ensemble monumental daterait du VIIe siècle. Après qu'il a été identifié comme un sanctuaire, il a semblé plus probable qu'il s'agisse d'un palais

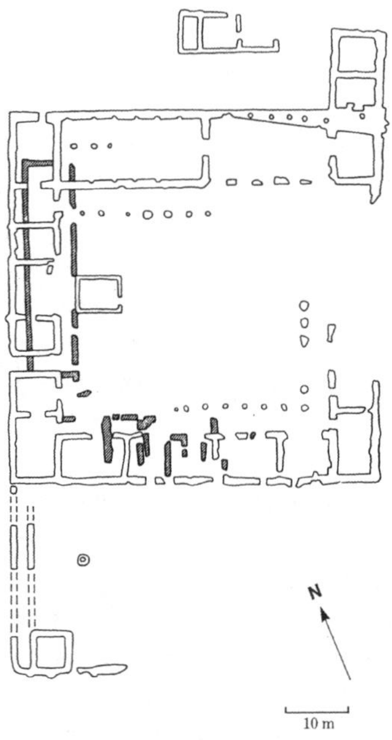

Plan du palais de Murlo (vers -580). En grisé, le palais au VIIe siècle (dans la cour, dans l'axe de l'entrée, un édifice à fonction sacrée).

occupé par quelque condottiere, non sans points communs avec ces résidences princières dont la Grèce et l'Asie Mineure nous ont laissé quelques témoignages.

Murlo n'est pas un cas unique. **Acquarossa** a également révélé un édifice semblable, quoique de forme différente, daté du VIe siècle. Plusieurs bâtiments bordent trois côtés d'une place rectangulaire allongée, dont deux qui forment un angle obtus, chacun précédé d'un portique. Nous retrouvons le lieu de réunion, la colonnade (d'origine grecque) et une architecture locale. Le tout n'est pas sans évoquer la *Regia*, à Rome, avec ses trois pièces et sa cour trapézoïdale à portiques sur trois côtés. Les trois pièces alignées de la *Regia* évoquent assurément le type de demeure étrusque dont Acquarossa a livré la disposition.

Ne sommes-nous pas là à l'origine de ces magnifiques palais seigneuriaux dont la Toscane notamment a laissé de si beaux témoignages ?

L'ARCHITECTURE FUNÉRAIRE

Des villes étrusques, il ne reste rien. Seuls quelques délimitations au sol, quelques fragments de fortifications ou de sanctuaires permettent de s'imaginer ce que furent les lieux de vie et de pouvoir. Les nécropoles en revanche, construites en matériaux plus solides que les maisons, permettent de combler certaines de nos lacunes. **Le monde des morts témoigne alors pour celui des vivants**, même s'il faut attendre le Ve siècle pour que les nécropoles offrent l'aspect de véritables villes, aux constructions variées, dont l'étendue peut atteindre plusieurs dizaines d'hectares. L'exemple de celle de Caere (Cerveteri) est, à plus d'un titre, précieux.

Cependant, l'examen des tombes présente une grande variété de formes, suivant les lieux et les époques, et il est indispensable d'établir quelques repères importants dans leur évolution. **Les premières tombes, dites à puits**, étaient simplement creusées dans le sol pour recueillir l'urne cinéraire et, éventuellement, quelques objets. C'était le temps où les Villanoviens incinéraient leurs morts (IXe-VIIIe siècles). **Dès -750 apparaît la tombe rectangulaire, dite tombe à fosse,** où le défunt est entouré du matériel qui lui servait de son vivant (bijoux, rasoirs, armes...), preuve de la croyance dès cette époque que la vie se poursuivait dans l'au-delà. Dans le même temps, le rite change, et l'incinération laisse la place à l'inhumation. Ce changement, toutefois, ne l'emporte pas dans plusieurs cités du Nord (Volterra, Chiusi, Pérouse) où vont se développer de vastes tombes circulaires, les urnes étant disposées sur des banquettes qui épousent le pourtour de l'édifice.

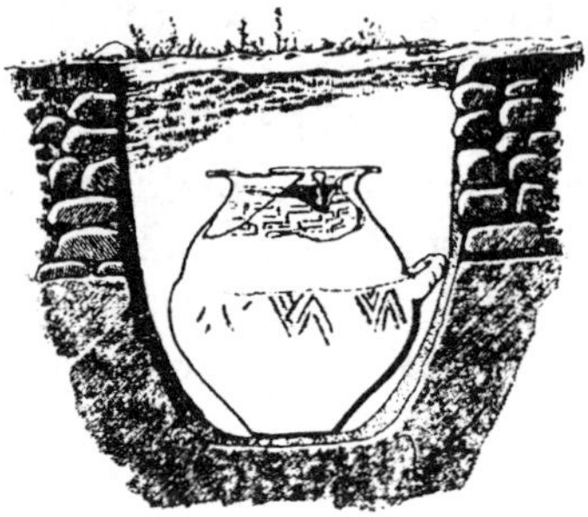

Exemple de tombe à puits (près du lac de Bracciano)

Au VIIe siècle, notamment dans les cités méridionales, **la fosse s'agrandit**. On y pénètre par un couloir ouvert (*dromos*), et ce nouveau type de sépulture **donne naissance à ce que l'on appelle « la tombe à chambre ».** Celle-ci peut alors être creusée directement dans le sol (dans le Sud et le centre) ou être construite sur le sol même, spécifiquement dans le nord où le sous-sol est plus dur à creuser et où l'usage de la pierre de taille est plus courant. Cette nouvelle forme de tombe à chambre, apparue d'abord à Tarquinia et Caere, mettra près d'un siècle pour devenir usuelle à l'intérieur des terres, de Veies à Volsinii et Chiusi.

À partir du VIIe siècle, **une grande innovation architecturale** vient coiffer une ou plusieurs tombes à chambres en terre ou non : **il s'agit de *tumulus***, connu également en Asie et chez les Celtes, sans qu'il soit possible de comprendre comment on en est venu à l'importer en Étrurie, ni la signification exacte qu'on lui attribuait. Sa structure repose sur une base circulaire, délimitée par un crépi, sur laquelle s'appuie un amas de terre à peu près conique, parfois surmonté d'un couronnement (dans ce cas, une rampe peut en permettre l'accès). Les premiers apparaissent dans le Nord (à Populonia et à Vetulonia). On les trouve ensuite le long de la côte, souvent isolés dans la campagne où ils ponctuent le paysage à la mémoire des personnages importants dont ils renferment les restes, avant de se regrouper le long des voies funéraires, dans les nécropoles (Tarquinia, Caere). Ils peuvent parfois abriter plusieurs tombes, comme le tumulus II de Caere. Puis ils disparaissent progressivement au VIe siècle sans que la raison en soit connue.

À l'intérieur, un couloir d'accès conduit à la chambre funéraire. Si celle-ci est située au niveau du sol, l'architecte s'est trouvé dans l'obligation de construire une fausse voûte (la clé de voûte est inconnue) en disposant des cercles de pierre de plus en plus étroits, couronnés *in fine* par une dalle que soutient un pilier. Si la chambre est carrée, il leur faut en plus consolider cette coupole dans les angles par des pendentifs, comme le feront après eux les architectes confrontés à la même difficulté pendant encore plusieurs siècles. On trouve aussi des chambres qui suivent la forme d'un rectangle allongé, ce qui facilite le travail de l'architecte : celui-ci fait peu à peu se rapprocher les murs dans le sens de la hauteur jusqu'à ce qu'une simple rangée de dalles suffise à fermer l'ensemble.

Dans les sépultures construites sur le sol, la chambre unique reste la règle pour les raisons ci-dessus évoquées. En revanche, lorsque la tombe à chambre est creusée dans le sol, sa forme et sa superficie peuvent évoluer. D'abord, la chambre unique se voit adjoindre deux niches latérales (des *loculi*) qui deviennent rapidement de véritables chambres, également rectangulaires. De même, la chambre principale peut être prolongée d'une nouvelle chambre, en enfilade, dont la forme est rectangulaire ou circulaire. La tombe comprend alors quatre chambres, mais de nouvelles excroissances peuvent lui permettre d'en avoir six ou sept. Dans le même temps, on observe la possible subdivision de la chambre principale en plusieurs parties, grâce à des piliers.

Pourtant, **le temps des grandes tombes passe** et, au VIe siècle, on observe une diminution de leur dimension et l'annonce d'une restructuration intérieure. **L'aspect cruciforme laisse progressivement la place à une valorisation de la tripartition de la chambre principale, puis à l'alignement côte à côte des trois chambres qui s'ouvrent sur une antichambre commune** où conduit le *dromos*, le tout s'inscrivant dans un plan carré. Enfin, le nombre des chambres tend à diminuer : il passe à deux au milieu du VIe siècle, puis généralement à une seule au siècle suivant. Cette rétrospective générale doit, naturellement, se compléter d'un certain nombre de considérations particulières dues aux cas spécifiques de certaines formes propres à telle ou telle cité (à Vulci, les tombes dites *a cassone* qui comprennent un espace à ciel ouvert entre la fosse et le *dromos*, les tombes *a dado* – en forme de dés – et *a edicola* – avec toit à double pente –, style orvietan – forme de dé avec toit pyramidal – etc.).

La décoration des chambres nous fournit de précieux témoignages sur la richesse et l'importance du défunt, et sur son cadre de vie. Il est loisible de penser que **la tombe constitue une sorte de décalque de la maison du mort**. Son plan, son mobilier laissent

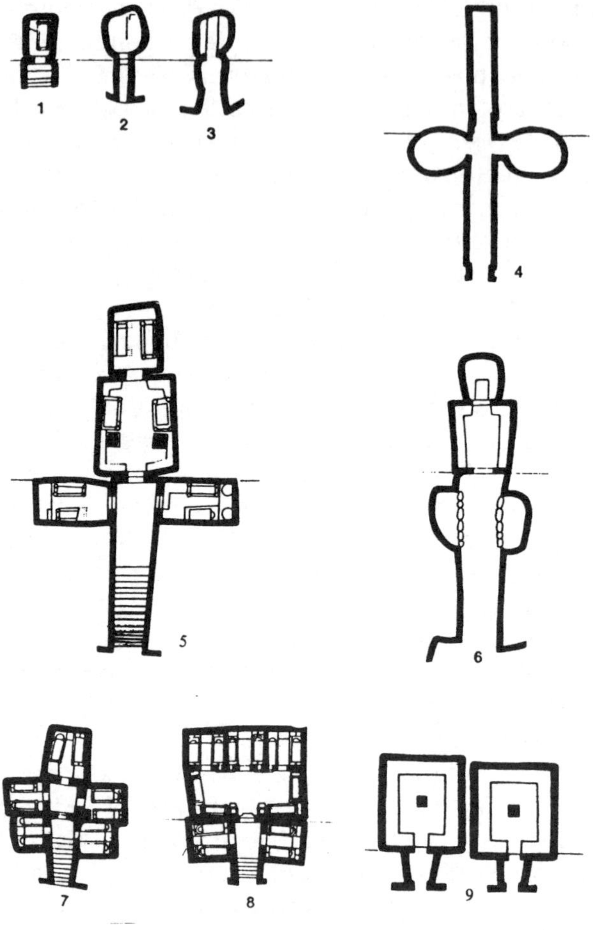

Exemples de plans de tombes (évolution aux VIIe-VIe siècles)

1-3 : tombe à chambre unique
4 : avec deux niches latérales (t. Regolini-Galassi)
5 : plan cruciforme
6 : les niches peuvent prendre une forme circulaire
7 : adjonction de plusieurs chambres
8 : le plan de la maison avec antichambre
9 : VIe siècle, la chambre unique devient la norme

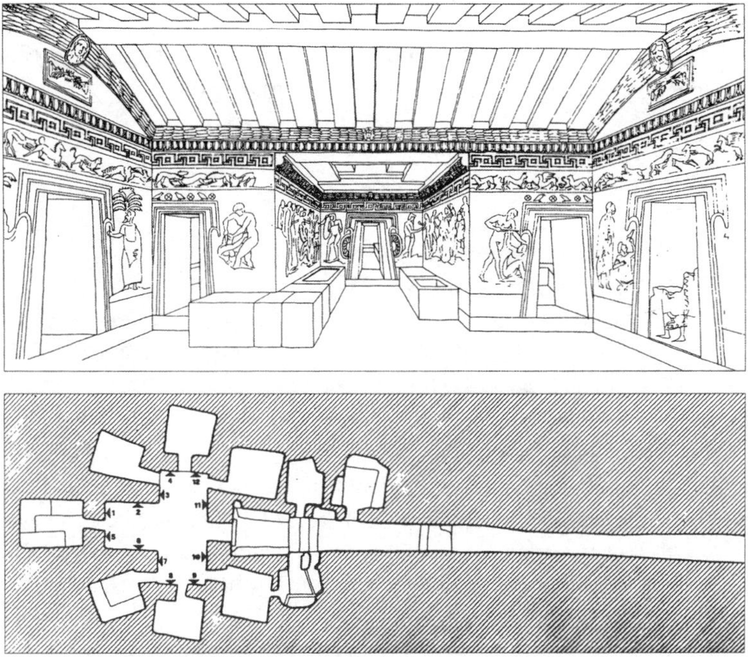

La tombe François (Vulci)

imaginer les éléments qui nous manquent sur l'habitat des Étrusques (cf. les habitations, chap. 10). Cette architecture intérieure est particulièrement riche aux VIIe et VIe siècles. Le défunt est placé sur un lit en pierre qui imite le sien (quand il n'est pas allongé sur son propre lit comme dans la tombe Regolini-Galassi). Les sièges, les ustensiles habituels, les boucliers sont parfois sculptés à même les murs de la chambre. Les peintures ressuscitent les plafonds, les tentures et contribuent à donner à l'ensemble l'atmosphère chaleureuse de la maison étrusque. Mais avec l'évolution de la mentalité, en conséquence des événements historiques, les représentations pariétales revêtent aussi une autre dimension, plus politique, du moins dans les tombes des grandes familles, comme celle des Saties, à Vulci (tombe François). Ce constat s'opère également dans les tombes de l'aristocratie volsinienne dans lesquelles les peintures témoignent de la mobilisation de la cité face aux menaces intérieures et extérieures (tombes Golini I et II). La décoration intentionnelle des parois de la tombe prend alors une dimension symbolique (cf. la peinture).

Chronologie des principales tombes découvertes

	Dénomination des tombes (T. = tombe)	**Quelques repères d'œuvres majeures**
675	T. Regolini-Galassi (Caere)	
vers 620	T. du Licteur (Vetulonia)	
	T. des Canards (Veies)	
	T. des Animaux peints (Caere)	
610-590	T. des Lions peints (Caere)	
	T. I-24 (Massiliana)	Orfèvrerie de Préneste
	T. des Rasoirs (Populonia)	Les canopes (Chiusi)
	T. Regolini-Galassi (Caere)	
vers 580		
	T. Campana (Veies)	
vers 570	T. Barberini et Bernardini (Préneste)	[Vase François (à figures noires)]
550-530	T. des Boucliers et des Sièges (Caere)	Antéfixe Piazza d'Armi (Veies)
	T. des Taureaux (Tarquinia)	Plaques Boccanera et Campana
530-520	T. des Inscriptions (Caere)	Les hydries de Caere
520-510	T. des Augures (Tarquinia)	
	T. des Jeux olympiques (Tarquinia)	Sarcophages de Caere
	T. des Lionnes (Tarquinia)	Peintre Micali
510-500	T. de la Chasse et de la Pêche (Tarquinia)	
	T. du Baron (Tarquinia)	
500-490		Acrotères de terre cuite, statues
490-470		de Portonaccio (Veies)
	T. des Biges (Tarquinia)	Coroplathe Vulca (Veies)
	T. du Singe (Chiusi)	
	T. d'Orphée et d'Eurydice (Chiusi)	
	T. des Léopards (Tarquinia)	
460-450	T. du Triclinium (Tarquinia)	Louve du Capitole
	T. du Lit funèbre (Tarquinia)	Chimère d'Arezzo
vers 400		
	T. des Sarcophages (Caere)	
340-280	T. du Navire (Tarquinia)	Terres cuites du Belvédère (Orvieto)
	T. Golini (Orvieto)	Mars de Todi
	T. de l'Orcus I (Tarquinia)	
280-150	T. François (Vulci)	
	T. des Boucliers (Tarquinia)	Tête en bronze dite de Brutus
	T. de l'Orcus II (Tarquinia)	Petites urnes (Chiusi)
Ier siècle	T. Campanari (Vulci)	Statue de l'Orateur

LES ÉTRUSQUES

LA PEINTURE

De tous les arts étrusques, le plus éblouissant, le plus séduisant, sinon le plus accompli, demeure la peinture. Elle charmait déjà les commentateurs de l'Antiquité et forçait par exemple l'admiration d'un Pline l'Ancien. L'essentiel des œuvres qui nous sont parvenues orne les parois des tombes, principalement à Tarquinia. Leur fraîcheur, leur spontanéité émeuvent encore aujourd'hui le visiteur, et il règne comme un mystère à constater que tant de vie, de couleur et d'élégance était destiné au monde de l'au-delà et au noir de la tombe dès que les flambeaux s'étaient retirés.

La variété des motifs étonne d'abord. Ils sont soigneusement mis en espace dans un lieu plus ou moins exigu censé reproduire, pour le défunt, le cadre de sa maison. Ici des scènes de nature, la pêche, un enfant qui plonge du haut d'un rocher, les poissons et les dauphins qui s'ébattent joyeusement, ailleurs des banquets animés avec des convives amateurs de bonnes coupes qui savourent l'existence au son de la musique, là des danseurs comme en extase, ailleurs encore l'accomplissement de rites, des jeux funèbres (le *ι ersu*), des lutteurs, des cavaliers, parfois une scène mythologique (dans la tombe des Taureaux), partout un décor qui tend au fantastique, peuplé d'animaux extraordinaires et d'éléments naturels, du mouvement, de la sensualité (voire de l'érotisme), de la lumière, des couleurs vives... La vision changeante et poétique d'un monde disparu qui, par delà les inévitables influences, reflète **la mentalité d'une aristocratie qui clame son appétit de vivre et prétend jouir de l'existence au-delà de la mort.** Cette frénésie dont palpitent les parois sépulcrales se traduit jusque dans le soin mis à couvrir chaque centimètre carré de libre : l'Étrusque a horreur du vide, de l'ennui, du laisser-aller. **Sa vision de l'univers se veut optimiste, volontariste, simple et même un peu naïve, mais chaque tableau semble avoir été saisi sur le vif, comme un instantané de bonheur.** Les peintres de la Renaissance hériteront de cette grâce-là.

L'histoire de la peinture étrusque commence véritablement au VIe siècle. Certes, on peut constater ses débuts à Veies au VIIe siècle, puis vers -580 (tombe Campana), mais c'est surtout à Caere, à partir de -550, qu'elle gagne en puissance et en originalité. Les plaques Boccanera et Campana sont encore empreintes d'une rigidité archaïque et d'un ionisme quelque peu austère. Mais les artistes donnent la pleine mesure de leur créativité à Tarquinia dès -540. Leur palette s'étoffe et l'inventivité s'allie à leur trait narratif simple et efficace. Le goût de la nature et du fantastique s'affirme : **la tombe des Taureaux** (-530) montre Achille qui attend Troïlus embusqué derrière la fontaine où le jeune Troyen a mené boire son cheval. Achille s'apprête à le tuer. Homère nous dit qu'Apollon, furieux de ce meurtre, décide aussitôt la mort d'Achille. Le sujet est bien connu sur les vases grecs (un peu plus tard cependant), mais ici son traitement prend une allure à la fois plus dynamique et plus symbolique. L'artiste a saisi l'instant où Achille s'élance pour accomplir le geste fatal. Le soleil qui se couche entre les jambes du cheval de Troïlus n'évoque pas seulement le soir qui tombe (heure à laquelle, selon les textes, a lieu le meurtre), mais la mort qui menace le jeune homme. Cependant, le palmier, arbre d'Apollon à Délos, au milieu de la scène, se dresse comme un avertissement du destin qui attend Achille en punition de son acte. Et il faudrait encore traiter de la symbolique des couleurs (le rouge domine) pour comprendre ce que chaque détail signifie.

Détail de la tombe des Taureaux (Tarquinia)

Après -500, sous l'influence du style sévère (qui atteint sa plus belle expression à Athènes), **le dessin évolue**. Il se raffine, devient plus recherché, moins naïf. On note la luxuriance des détails, et les nuances de couleurs, au service d'une composition vraiment somptueuse. **Les sujets** représentés se modifient également : **jeux funèbres avec leurs épreuves sportives** (tombe des Augures, tombe des Jeux olympiques), et surtout scènes de banquets et de danses ; **le banquet** se déroule généralement sur le mur du fond, face à l'entrée, tandis que danseurs et musiciens opèrent sur les parois latérales (tombe du Triclinium, tombe des Léopards...). L'assurance du trait et une certaine ressemblance avec les œuvres des céramistes grecs ont fait s'interroger certains experts sur la véritable origine de quelques peintres : étrusques ou grecs ? Outre qu'il est impossible de trancher, car il y eut des maîtres grecs, il convient de remarquer la différence de conception des sujets entre un artiste grec et un étrusque, différence que l'on retrouve d'ailleurs à propos de la sculpture : l'homme n'occupe pas la même place chez l'un et chez l'autre dans la façon d'approcher le sujet. Le Grec, plus rationnel, plus attentif à la supériorité de l'homme, lui accorde une place éminente. L'Étrusque, plus proche de la nature, ne l'extrait pas de son cadre naturel. C'est une autre conception de l'univers qu'illustre parfaitement la comparaison de la célèbre peinture grecque du plongeur de Paestum, à celle du jeune plongeur de **la tombe de la Chasse et de la Pêche** (celle-ci est antérieure à celle-là d'un demi-siècle). Sur la première, on ne voit qu'un promontoire rocheux au-dessus duquel se trouve un jeune homme en train de plonger, sans autre décor. La position du corps, par rapport au plongeoir, n'est pas naturelle (et revêt sans doute une signification symbolique quant au passage dans l'au-delà). Le jeune garçon de la seconde est également saisi au moment où il s'élance, mais dans une position tout à fait réaliste ; et toute la scène est immergée dans son contexte de nature. Cette différence illustre celle qui sépare les deux formes d'humanisme.

À partir du IVe siècle, le style des peintures évolue. Le temps de la splendeur paraît révolu et l'inventivité semble se tarir. Il faut rappeler que l'aristocratie elle-même a connu de profonds changements après la défaite de Cumes : la puissante thalassocratie a laissé la place à une aristocratie de propriétaires terriens qui se trouvent en butte aux prétentions de Rome. Et au IIIe siècle, elle devra s'incliner devant son envahissante voisine. Tarente s'impose comme la principale médiatrice de **l'influence grecque, et les courants mystiques (orphisme, pythagorisme, dionysisme) pénètrent peu à peu en Étrurie jusqu'à modifier les croyances populaires**. Ces transformations se traduisent notamment dans la peinture par **une représentation nouvelle des Enfers**, avec aussi les dieux et démons étrusques Van}, Charun et Tu{ ul{ a. Le banquet, lorsqu'il est représenté, se déroule aux Enfers (tombes Golini à Orvieto). L'expression se modifie : jeux de clair-obscur, abandon de la ligne au profit des taches de couleur, recherches sur la profondeur... Le fantastique prend le pas sur le réalisme, exprimant certainement une évolution de la mentalité : l'angoisse qui sourd face aux difficultés du présent et aux incertitudes de l'avenir. Elle traduit la percée de croyances nouvelles qui portent en elles la promesse d'un monde meilleur après la mort.

Les peintures ne sont donc pas seulement un décor, elles ne sont pas faites pour plaire puisqu'elles sont vouées à l'obscurité de la tombe. Elles offrent au mort un substitut de cadre de vie, puis, avec l'évolution, expriment **les conceptions mystiques du temps sur l'au-delà**. Dans l'analyse du détail, elles constituent de remarquables témoignages sur l'évolution de l'aristocratie, la puissance de la thalassocratie, le changement progressif des valeurs d'une élite cultivée qui se referme sur elle-même et sur les influences grecques, notamment religieuses. C'est ainsi que F.-H. Massa-Pairault a pu déceler les allusions au culte dionysiaque et à l'orphisme dans la tombe des Lionnes, la dévotion aux Dioscures, Castor et Pollux, dans la tombe dite du Baron ou la référence aux chasses tragiques d'Adonis et Aphrodite telles qu'elles étaient chantées lors des banquets dans la tombe de la Chasse et de la Pêche. Ces rapprochements culturels trouvent d'ailleurs leur justification dans l'étude du sanctuaire dédié à Adonis retrouvé à Gravisca (le port de Tarquinia). D'autres exemples, plus explicites, comme celui des **danses orgiastiques, en référence au culte dionysiaque dans la tombe du Triclinium,** confirment l'importance de la pénétration de la culture grecque en Étrurie. Les artistes, qui bénéficient évidemment de l'ouverture économique des cités maritimes sur la Méditerranée, véhiculent ainsi des idées qui peuvent également opérer une influence politique, par exemple sur l'autorité des magistrats, comme le prouvent les scènes de réjouissances publiques (jeux divers) placées sous la présidence du magistrat.

Avec l'évolution de la peinture au IVe siècle et l'élaboration d'un caractère plus descriptif des motifs présentés, les scènes peintes peuvent prendre un ton plus explicitement hagiographique et devenir en même temps des éléments de propagande politico-historique. **La célèbre tombe François, de Vulci, dédiée à la famille de Vel Saties,** en est un excellent exemple. Là se trouvent les fameuses fresques qui se rapportent à l'histoire de Mastarna (le roi étrusque de Rome Servius Tullius) et aux frères Vibenna, vainqueurs de Tarquin le Romain (cf. les Étrusques à Rome, chap. 1).

Sur le mur opposé, l'élimination par Achille des prisonniers troyens rappelle la victoire des Grecs. Il convient de lire en parallèle les deux épisodes comme une répétition de l'histoire : les Étrusques (= Grecs) sont vainqueurs des Romains (= Troyens). Mais le vrai héros, le défunt honoré, est bien Vel Saties, homme du IVe siècle, représenté vêtu de la *toga picta* du triomphateur. Il a, à l'évidence, remporté une victoire également sur Rome puisque nous sommes à l'époque où éclatent de longs conflits entre Étrusques et Romains. Vel Saties prend les auspices, en compagnie d'un enfant. En symétrie, nous retrouvons le personnage porteur d'une branche de gre-

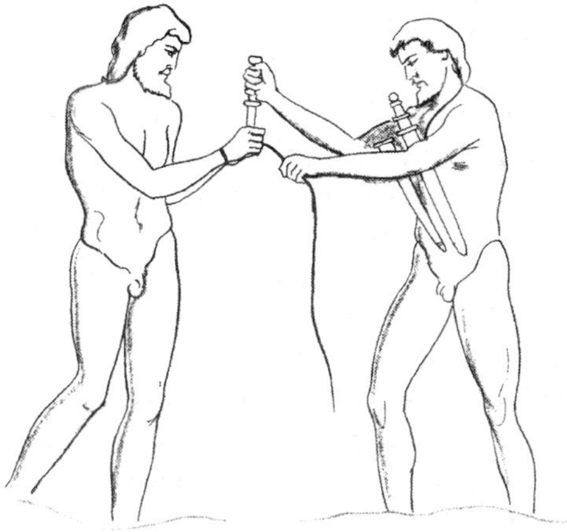

Mastarna délivre Caelius Vibenna (tombe François, Vulci)

nade (ou *arbor felix*) : le présage a été favorable. Quel présage ? Sans entrer dans le détail complexe de diverses autres scènes, on note plusieurs représentations de la guerre de Troie, notamment celle où Achille arrache Cassandre à la statue de Minerve, à laquelle elle demandait protection : rien ne pourra sauver les Troyens de la détermination grecque. Troie sera détruite. Au pays de la *disciplina etrusca* et des livres sacrés, l'histoire légendaire de Troie se déchiffre comme un recueil de prophéties. Le futur se lit dans la geste des héros grecs. Vel Saties, nouvel Achille, réincarnation de l'ancêtre vulcien qui avait défait le roi de Rome, a remporté une victoire qui, c'est écrit, doit briser la puissance romaine. Sur les murs de sa tombe, les épisodes mythiques de la guerre de Troie et les pages de l'histoire passée des Étrusques se conjuguent pour consacrer son héroïsme présent et lui prophétiser la pérennité de sa glorieuse victoire. Le propriétaire des lieux peut donc reposer en paix : Rome sera détruite. Les dieux l'en ont assuré.

• **Les techniques**

Il a existé plusieurs techniques qui ont pu varier selon les époques et les artistes. En général, à l'époque archaïque, la paroi à peindre est recouverte **d'une couche de crépi à base d'argile, puis d'un enduit de lait de chaux**. Celui-ci encore frais avait l'avantage de fixer **les couleurs, obtenues à partir de substances naturelles** diluées dans de l'eau (le blanc = la chaux ; le rouge = l'oxyde de fer ; le bleu = le lapis-lazuli ; le jaune = l'ocre ; le noir = le carbone...). Cette pratique imposait au peintre de travailler rapidement.

Pour se guider, l'artisan dessinait préalablement ses figures, ou les incisait sur le crépi, tantôt avec précision, tantôt à la façon d'une esquisse dont il prenait la liberté de s'écarter selon son inspiration. Jusque vers -470, le dessin reste simple, les couleurs sont réparties à l'intérieur des lignes de contour. Les personnages sont dessinés de profil, parfois avec le torse de face. Dès la fin du ve siècle, la peinture étrusque bénéficie des progrès de la peinture grecque. L'exécution devient beaucoup plus minutieuse. Peu à peu la perspective se met en place, avec le dégradé et le clair-obscur. Les personnages commencent à être représentés de trois-quarts.

Des artisans qui travaillaient à ces œuvres, nous ignorons presque tout. Pline **évoque la venue de maîtres grecs** à la suite de Démarate de Corinthe. Il est vraisemblable que **des écoles furent fondées qui formèrent de nombreux peintres.** Nous avons encore la signature d'un certain Aran}, esclave de Hercnas, dans la tombe des Jongleurs sans que nous sachions si ces esclaves-artistes étaient nombreux. C'est aussi l'époque (ve siècle) où Pline évoque la venue à Rome de Damophilos et Gorgasos, peintres de Tarente. Il est certain que plus d'un artiste de Grande-Grèce ou de Sicile s'est installé en Étrurie pour y enseigner son art. Mais, comme à Rome, et à la différence de la Grèce, les peintres ne signaient pas leur travail.

LES BRONZES

Qui ne connaît que quelques bronzes étrusques peut citer la Louve du Capitole, allégorie de Rome, la Chimère d'Arezzo ou la grande statue de l'Orateur dont la distinction naturelle symbolise dans tous les esprits la dignité du notable romain de l'époque républicaine. Cependant, ce sont là quasiment les seuls grands bronzes étrusques qui nous soient parvenus, alors que **la production dans sa globalité est particulièrement abondante et variée**. Depuis les armes et équipements militaires (casques, boucliers, glaives, poignards...) jusqu'aux objets de la parure (fibules), en passant par les éléments du mobilier (lampes, candélabres, braseros, vases, cistes, brûle-parfums, poignées et décorations de meubles...) et les instruments domestiques (chaudrons, passoires, entonnoirs, vaisselle diverse...), sans oublier les innombrables petites statues, bronzes votifs, ni les extraordinaires miroirs aux scènes finement ciselées, le répertoire des bronzes étonne par sa diversité et par la qualité d'une majorité de pièces. On peut, pour s'en donner une idée, se reporter à la synthèse claire et précise qu'en a faite A. Hus.

La production se révèle inégale suivant les époques et selon les centres d'où elle provient. Si la période villanovienne, jusqu'au VIIIe siècle, ne semble avoir confectionné que des objets utilitaires, le début de l'époque orientalisante, jusqu'au début du VIIe siècle, n'a pas été beaucoup plus fructueux, et les œuvres gardent la trace d'une certaine maladresse, surtout dans les détails (par exemple dans la représentation d'une scène par ailleurs fort intéressante – cf. les rites de passage, chap. 5 – sur le couvercle du vase de Bisenzio). **Il faut attendre l'influence de l'art grec et le début du VIe siècle pour que l'art des bronziers prenne son essor.** Les statuettes fabriquées entre Volterra, Arezzo et Chiusi (homme en caleçon avec un bras à l'équerre) prouvent l'influence orientale, et, surtout, les pièces découvertes dans un dépôt votif à Brolio montrent l'impact des canons ioniens. La seconde moitié du VIe siècle et le début du Ve forment l'âge d'or du bronze étrusque. L'abondance s'ajoute à la qualité pour donner des résultats jugés supérieurs parfois à ceux des bronziers grecs. L'influence de l'Ionie, puis d'Athènes, est prépondérante. Les œuvres s'exportent non seulement en Méditerranée (par exemple en Espagne ou à Chypre), mais aussi jusqu'en Angleterre, au Danemark ou en Pologne (cf. le commerce, chap. 4).

La production varie suivant les régions : **on distingue généralement quatre aires stylistiques** :

• **L'Étrurie méridionale (et le Latium)**, autour de Caere et de Veies. De Caere viennent les bronzes laminés et travaillés au repoussé (par exemple les plaques décoratives comme celles qui ornent le char de Spolète), et quelques belles pièces en bronze fondu (comme le lanceur de javelot de Caere). De Veies, où officient de célèbres coroplathes comme Vulca (cf. La sculpture en terre cuite), provient certainement la célèbre Louve, le plus ancien bronze monumental étrusque en notre possession (vers -470/-450).

• **La région de Vulci et, probablement, de Tarquinia**. Outre des bronzes votifs, en proviennent nombre d'objets caractérisés par une harmonie de style avec des ornements de motifs végétaux (lotus, palmettes, feuilles de chêne...) et aussi du monde animal et monstrueux. Ce sont des candélabres, brûle-parfums, trépieds...

• **La région de Chiusi**, qui n'a pas produit de pièces particulièrement remarquables, mais dont le style se reconnaît dans le choix des objets et la technique employée. Mais les œuvres sont généralement moins expressives.

Exemples de l'art du bronze : la Louve (Vᵉ siècle), brûloir monté sur roues (Vulci, VIᵉ siècle), candélabre de table.

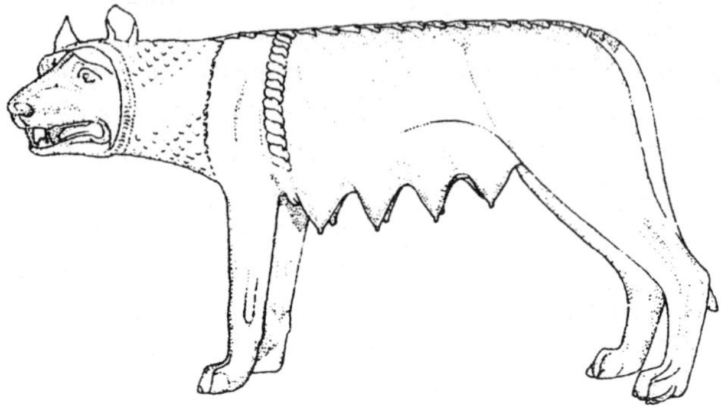

• **L'Étrurie du Nord et du Nord-Ouest**, avec une production abondante et variée, mais sans style particulièrement affirmé. La qualité des œuvres qui sortent de l'atelier de Brolio à cette époque a baissé.

À partir de -470, les événements historiques, la crise économique qui s'ensuit et les réticences des Étrusques face au classicisme grec conduisent les artistes à se replier un peu sur eux-mêmes et à limiter leur production. Avec de belles saillies cependant, comme en témoigne la célèbre Chimère d'Arezzo à l'agressivité expressive, qui demeure « l'un des plus beaux spécimens de l'art « animalier » mondial » (*dixit* A. Hus).

Le siècle suivant, le quatrième, marque le retour aux canons de la tradition classique, celle du ve siècle, celle de Polyclète et de Phidias. Beaucoup de petits bronzes en témoignent : athlètes et guerriers par exemple. Ces derniers ont encore le casque, la cuirasse, le javelot, mais présentent une autre analyse de l'équilibre, plus souple, en prenant appui sur une seule jambe, l'autre étant fléchie (attitude dite du guerrier « à l'aise »). Certaines pièces sont particulièrement remarquables : le Mars de Todi, haut de 1,35 m, au visage curieusement inexpressif, qui offre une représentation monumentale des petites statuettes de guerriers « à l'aise », et une très belle tête de jeune homme, découverte à Gagli, près de Pesaro, qui devait se positionner sur une statue d'environ 1 m de hauteur.

Pour les siècles suivants (IIIe-Ier siècles), il n'est pas sûr qu'on puisse encore parler véritablement d'art étrusque. L'Étrurie est désormais romaine. L'époque hellénistique continue de produire de nombreuses pièces, de nature variée, mais de qualité jugée médiocre en général (ornements de mobilier, statuettes votives...). Pourtant, quelques œuvres retiennent l'attention par la force de leur exécution, comme cette belle tête dite de Brutus, aux traits burinés et au regard pénétrant (sans doute du IIIe siècle) ou la fameuse statue de l'Orateur (l'*Arringatore*, 1,80 m, trouvée près de Pérouse) qui garde le souvenir d'un magistrat local, Aule Metelle. Certes, l'œuvre est étrusque, mais elle appartient déjà à l'école du vérisme romain dont les plus beaux exemples ornent les forums à la fin du IIe siècle ou au début du Ier siècle.

• **Les techniques**

Le cuivre et l'étain sont nécessaires à la fabrication du bronze. Les Étrusques possédaient l'un et l'autre sur leur territoire, mais il apparaît qu'ils importèrent du cuivre – d'Espagne – et surtout de l'étain – d'Espagne et des Cassitérides – (cf. la métallurgie, chap. 4).

Les bronziers pratiquaient aussi bien le laminé que la fonte. La première technique, par le martelage de feuilles de métal, permettait de réaliser des pièces de vaisselle, des armes ou des plaques décoratives destinées au mobilier, rarement et tardivement des œuvres en ronde bosse. Quant à la fonte à cire perdue, elle s'opérait selon deux pratiques : la fonte pleine et la fonte creuse. La première, qui consistait à emplir entièrement un moule en terre cuite de métal en fusion, était réservée à de petites pièces. Vu le coût et le poids de l'œuvre ainsi réalisée, les artistes préféraient la seconde technique pour les pièces plus importantes. Dans ce second cas, ils garnissaient le moule intérieurement d'un noyau en argile dur et le bronze en fusion ne coulait, à la place de la cire, qu'entre le noyau et la paroi intérieure du moule. D'ailleurs, les grandes statues étaient quand même fondues en plusieurs morceaux (six pour le Mars de Todi, sept pour l'Orateur), et certaines parties (mains, pieds) pouvaient être réalisées en fonte pleine. Il restait à assembler les morceaux, ce qui n'allait pas sans poser quelques difficultés, que les artistes apprirent à résoudre.

• **Les miroirs**

Il convient de faire un cas spécial de ces beaux objets **parce qu'ils occupent, avec les cistes, une place à part dans l'univers des bronzes étrusques.** De fait, ils appartiennent au monde féminin, comme objets de toilette, mais ils fournissent également de précieux témoignages sur la civilisation par les motifs finement gravés sur le revers. Seul l'avers, soigneusement poli, est utile à la femme qui l'interroge sur le reflet qu'elle y discerne.

Le miroir est un disque de bronze dont le manche peut également être de même métal, mais, souvent, le disque vient se ficher dans un fourreau en os ou en ivoire à l'aide d'une excroissance de métal appelée « soie ». Son poids peut varier d'une centaine de grammes à... un kilogramme !

Le revers présente des motifs divers touchant principalement à la vie quotidienne (banquets, scènes d'amour, femmes à leur toilette...) et au monde des dieux et de la mythologie (Aphrodite et Adonis ; Hélène et Pâris...). Les scènes sont choisies en fonction de l'univers féminin. Les artistes ont appris à adapter les scènes (en général deux ou trois personnages) dans le cadre circulaire imparti qu'entoure généralement une guirlande au motif végétal. Il s'agit le plus souvent pour eux de reproduire les cartons qui servaient également à la peinture murale ou à celle des vases.

L'artiste qui manie le burin n'a pas le droit à l'erreur : il ne peut effacer un trait maladroit. Mais il est fort probable qu'il n'est pas le seul responsable du travail. Il reproduit un modèle qui a été préparé (et dont les noms à inscrire sont déjà traduits en étrusque). Il existait donc certainement un dessinateur (sachant lire) qui préparait le motif, à partir du dessin original, sur une tablette de bois ou de terre cuite. Peut-être est-ce lui qui, déjà, adaptait la scène choisie au format du miroir. En tout cas, en comptant l'auteur du modèle, nous pouvons imaginer que trois artistes se relayaient à la réalisation de ces petits chefs-d'œuvre de précision et de finesse.

Miroirs (bronze IVᵉ siècle)

Initiée diony-siaque et Hermès psychopompe

Deux initiées dionysiaques

Établir une chronologie de l'évolution du miroir s'avère difficile. Nous pouvons néanmoins retenir que **le IVᵉ siècle en constitue la grande époque, celle qui puise son inspiration dans les dessins de vases attiques du style sévère,** à la composition soignée (par exemple sur le miroir vulcien de Chalcas). Au siècle suivant, la production est importante, mais plus de série ; les scènes sont surchargées (cinq, six personnages), et l'ensemble, plus médiocre, perd en grâce. Il faut cependant signaler le charme des miroirs de Préneste. S'ils se réfèrent à la mentalité latine et usent du latin archaïque, la technique est encore étrusque. Il est vrai que l'Étrurie est déjà romaine. Mais l'humour et le parfum de libertinage qui se dégagent de ces miroirs prénestins n'étaient-ils pas également un emprunt aux Étrusques ?

LA SCULPTURE SUR PIERRE

Les Anciens considéraient les Étrusques comme de grands sculpteurs – Pline en témoigne. Globalement, il est vrai, les Toscans nous en ont laissé des preuves, surtout d'ailleurs en bronze et en terre cuite (cf. les bronzes, et la sculpture en terre cuite). Peut-être ont-ils également sculpté le bois, comme les Grecs avant eux et les Romains après, mais le temps ne nous en a légué aucune trace.

Cependant **leur savoir-faire et leur production ont été plus prolixes et remarquables pour ce qui concerne le bronze et l'argile, car la sculpture sur pierre se montre moins convaincante et moins raffinée.** Les Grecs nous ont transmis, dans ce domaine, des œuvres plus achevées, mais la différence peut s'expliquer par la conception étrusque de la sculpture sur pierre : celle-ci a une destination essentiellement funéraire. En conséquence, les artistes n'ont jamais utilisé un matériau long et difficile à travailler comme le marbre. **Ils ont préféré une pierre tendre (tuf, grès)** dont le résultat n'est pas comparable. Et d'autre part, à la différence des Grecs, leur art est demeuré soumis à la vocation religieuse à laquelle il était destiné, ce qui explique l'absence de recherche dans l'anthropomorphisation. La mentalité étrusque n'a pas cherché à magnifier le corps de l'homme pour illustrer sa quête libératrice.

Ainsi distinguons-nous clairement **la destination de chaque type de sculpture : la pierre (et peut-être la terre cuite) a une vocation funéraire (statues, urnes, cippes...), la terre cuite est réservée à la décoration religieuse (temples) et sans doute aussi aristocratique (palais), et le bronze, généralement de petites dimensions, est préféré pour un usage domestique, utilitaire ou votif** (comme le montrent les objets déposés dans les tombes). Restent certaines inconnues : en quel matériau étaient les sculptures à caractère civil ? La tradition rapporte par exemple que les Romains ont emporté deux mille statues après la prise de Volsinii. Il est loisible d'imaginer que certaines étaient en bronze, à l'image de celle de l'Orateur qui leur est d'un siècle postérieure, ou du Mars de Todi (IVe siècle), remarquables pour leur expressivité, mais rien ne permet de le préciser.

La statuaire en pierre, quant à elle, **apparaît au VIIe siècle à Vetulonia** (tumulus de la Pietrera), avec la tombe à chambre. D'inspiration orientale, elle revêt une fonction décorative et, surtout, apotropaïque : elle doit assurer la protection du mort, à l'instar des démons funéraires. Elle représente des animaux plus ou moins monstrueux : lions (ailés ou non), sphinx, centaures. Le célèbre cavalier marin de Vulci en est un illustre exemple. Mais peu de représentations anthropomorphes, et rarement en pied ; les artistes préfèrent la demi-statue, privilégiant le visage, au détriment du corps et du drapé. Vulci, puis Chiusi en sont les principaux centres de production. Il faudra attendre l'époque hellénistique pour constater une évolution des canons, sans que cette forme de sculpture ne gagne en importance cependant.

Une autre forme de sculpture sur pierre se développe **dès le** VIe **siècle : l'art du relief**. Celui-ci se décline **sur quatre supports : les stèles, les dalles, les urnes et les cippes.**

Les stèles, apparues à Volterra et surtout développées dans la région de Fiésole, sont d'inspiration orientale. D'abord grandes et rectangulaires, représentant des guerriers, elles prennent ensuite la forme d'un fer à cheval (il en reste plus de deux cents). Leur face est généralement divisée en trois zones sculptées de scènes variées, guerrières ou funéraires (une des plus anciennes montre une louve allaitant un enfant).

Les dalles sont surtout produites à Tarquinia et à Chiusi. Leur destination reste incertaine. Elles présentent presque toutes la même disposition : deux bandes verticales divisées en deux ou trois carrés contenant chacun un motif, séparées par une bande dite « en marches d'escalier » qui ne porte pas d'autre décoration ; une bande horizontale portant une frise, chaque bande et chaque motif bordé de tresses. Les motifs sont répétitifs et sans grande originalité : animaux, êtres humains, scènes de chasse, monstres, évocations diverses, ou dessins géométriques.

Les urnes et les cippes produits essentiellement à Chiusi aux VIe et Ve siècles sont de meilleure qualité. Les cippes les plus nombreux sont décorés sur leurs quatre faces de motifs variés de la vie étrusque (danses, cavaliers, courses de chars, jeux, banquets, etc.) qui rappellent les peintures de Tarquinia. Les urnes cinéraires, et les sarcophages (pour accueillir les corps) sont également ornés de reliefs. Les urnes sont de dimensions et de formes variées. Caere en a produit deux de grande taille et surmontées d'un couple, en terre cuite, qui sont célèbres. Celles en pierre de Chiusi, d'abord circulaires, peuvent ensuite être rectangulaires (avec des pieds) ou encore représenter une maison, avec les acrotères et le fronton d'un temple et un toit à double pente. Les thèmes de la décoration sont variés et empruntés à la vie quotidienne.

Les sarcophages, en tuf ou en calcaire, parfois en albâtre ou en marbre, sont d'inspiration grecque et produits plutôt à Tarquinia ou dans le sud de l'Étrurie. Plus tardifs (à partir du IVe siècle), ils sont surmontés d'un couvercle sur lequel le défunt est représenté allongé, seul (ou, rarement, avec son épouse, à Vulci) et, plus tard, appuyé sur un coude, comme sur un lit de banquet, souvent obèse, et l'air peu amène (la morgue de la classe dirigeante !).

Cippe funéraire de Fiésole (fin du VIe siècle)

Les petites urnes cinéraires fabriquées à Pérouse, Chiusi et Volterra à partir du IIIe siècle, dont certaines sont en terre cuite, sont saisissantes de réalisme. Le portrait du défunt représenté allongé sur le couvercle, non sans la disproportion du corps imposée par la petite

*Urne de pierre représentant une scène de l'*Odyssée

taille de l'urne, témoigne de l'effort de la classe aristocratique pour tenter de jouer jeu égal avec le puissant occupant romain. Le choix des motifs mythologiques (le cycle troyen par exemple) pour orner les parois de l'urne peut constituer un moyen d'affirmer l'ancienneté, la noblesse, voire la supériorité de ces grands Étrusques qui n'ont pas eu d'autre possibilité que de s'incliner devant leur nouveau maître. La pierre porte ainsi pour la postérité le témoignage de l'orgueil étrusque.

LA SCULPTURE EN TERRE CUITE

Le travail de l'argile fut très tôt une discipline dans laquelle les Étrusques se montrèrent des artistes accomplis. Certes, on pense aussitôt aux remarquables statues polychromes qui se dressaient sur le toit des temples, ou à ces têtes expressives de l'époque hellénistique qui ouvrent la voie à l'art si spécifique du portrait à Rome. Mais, si la plastique en terre cuite concerne principalement la décoration templaire, elle n'est pas absente de l'art funéraire (urnes, sarcophages). C'est même sa première destination, dès l'époque villanovienne, avant qu'elle ne fournisse leurs éléments décoratifs aux édifices sacrés.

Les Villanoviens avaient eu très tôt le souci de personnaliser les urnes des défunts en signalant leur position sociale par un objet qui signifiât leur condition : un casque, pour les guerriers, une écuelle, pour les femmes, coiffaient l'urne. Puis était survenu le soin de représenter le mort, de façon grossière, le couvercle évoquant la forme d'une tête et le vase lui-même figurant le corps. Nous trouvons trace de cette évolution à Tarquinia, Vulci ou Bisenzio dès la fin du VIIIe siècle. Mais, avec l'usage nouveau de l'inhumation, cette pratique ne se développa pas. **À Chiusi,** cependant, on continuera à incinérer les morts jusqu'au VIe siècle et à enfermer leurs cendres dans **des vases appelés « canopes »** (en raison de leur ressemblance avec les vases égyptiens du même nom). Ceux-ci offraient la représentation d'une tête sur le couvercle, d'abord maladroitement formée, puis plus finement sculptée jusqu'à tenir lieu de portrait du défunt. Dans le même temps, le sculpteur ajoutait au corps du vase des bras, la marque des seins, et, une fois vêtu d'étoffes et paré de bijoux, le canope présentait ce qu'il faut bien assimiler à une statue du mort héroïsé.

Plus tard, et sans rapport avec les canopes de Chiusi, les artistes produisent encore des urnes cinéraires, notamment à Caere, Veies ou Murlo. Celles-ci sont plus ou moins réussies jusqu'à **la réalisation d'urnes plus grandes**, impressionnantes de finesse et d'expression, dont il nous reste deux exemplaires remarquables, **appelés « sarcophages » (à tort) des Époux**. L'un est au Louvre, l'autre à la villa Giulia (à Rome). Ils représentent, quasiment à l'identique, un couple d'époux étendus sur un lit de banquet. La femme est vêtue à l'étrusque (coiffe et chaussons au bout recourbé). La manière de traiter ainsi le couple évoque la considération dont jouissaient la femme et le mariage en Étrurie (cf. la femme et la famille, chap. 10). L'influence ionienne est évidente, mais l'artiste fait preuve d'originalité en transposant en ronde bosse et avec des détails typiquement étrusques une scène généralement représentée en Grèce sur les peintures ou les bas-reliefs. Au-delà du sourire et des yeux inspirés de l'art ionien, on reste frappé par la grande noblesse de ces visages dont la sérénité laisse percer une profondeur et une spiritualité bien peu communes dans une scène traditionnelle de banquet. Les mains aux gestes suspendus sont comme une invitation à pénétrer l'inconnu de l'âme étrusque quand semblent se dérober les regards morts.

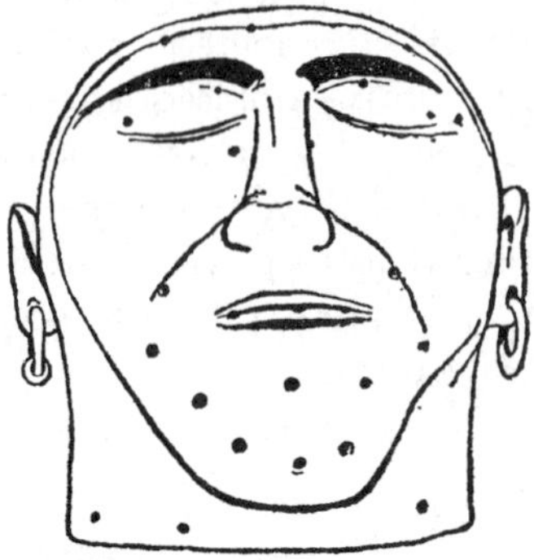

Canope, tête de femme (Chiusi, VIIe siècle)

À l'époque hellénistique, la décoration des urnes funéraires devient plus lourde, plus chargée, parfois plus grossière. En revanche, les dépôts votifs ont livré quelques belles pièces et l'art du portrait atteint sa pleine maturité, dont témoignent aussi les frontons des temples. On connaît **les têtes fameuses de Tarquinia et de Caere qui montrent la parfaite maîtrise de la polychromie et l'extraordinaire rendu de ces visages, pleins d'intensité**, dont chaque ride trahit le souci d'authenticité exprimé par l'artiste.

Mais les œuvres les plus achevées dans leur puissante et radieuse expressivité sont les célèbres statues et décorations destinées à parfaire la décoration templaire : **antéfixes et acrotères**. C'est avec l'influence ionienne, là, encore, que les artistes prennent leur

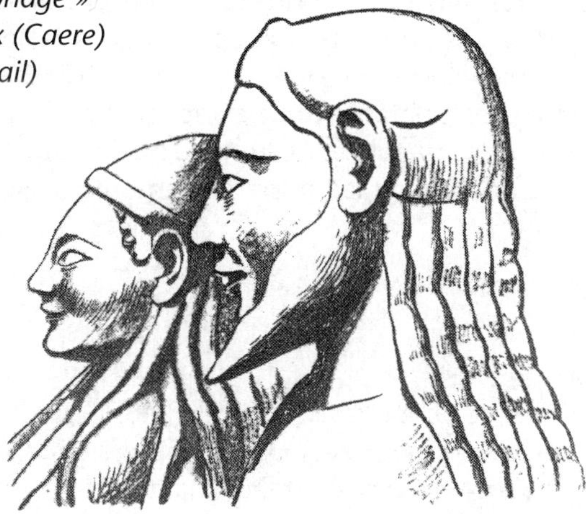

« Sarcophage » des Époux (Caere) (détail)

pleine mesure, même s'ils façonnent des antéfixes depuis le VIIe siècle. Les plus belles, de Tarquinia, Veies ou Satricum, datent de la fin du VIe et du début du Ve siècle. Les têtes féminines de Caere, les ménades et silènes de Satricum ne sont pas originales dans leur conception, mais les Étrusques sont les premiers à les utiliser pour orner leurs temples. Les acrotères impressionnent par leur taille, surtout si on les restitue dans leur environnement, c'est-à-dire au faîte même du temple. Il faut citer **le groupe du temple de Portonaccio de Veies** : il représentait la lutte d'Apollon et d'Hercule pour la possession de la biche de Cérynie, en présence d'Hermès et (probablement) d'Artémis. La grâce du sourire d'Hermès, la puissance du torse d'Hercule et, surtout, la vigueur, le dynamisme irradiant d'Apollon sont de ceux qui imprègnent durablement la mémoire. On imagine leur impact quand ils rayonnaient de toutes leurs couleurs vives sous le soleil italien. Il faut encore se représenter le groupe des Sept contre Thèbes, à Pyrgi, ou le grand quadrige qui dominait le temple capitolin à Rome avec les statues de Jupiter et d'Hercule, œuvre supposée du Veien Vulca (cf. le temple, chap. 6).

L'argile est une matière facile à travailler, bon marché, légère et qui **s'accorde bien au goût étrusque.** Outre les statues, les ateliers produisent des plaques figurées qui fournissent un élégant et coloré cache-misère aux murs des temples et des palais. Animaux, courses de chars, processions, banquets, avec ou sans relief, animent les parois brutes. Tuscania (territoire de Tarquinia), Veies, Caere, Murlo, Satricum en sont les principaux centres de production aux VIe et Ve siècles.

La terre cuite fait ainsi partie du quotidien des Étrusques, et principalement dans un contexte luxueux. Plaques ornementales, tuiles plates ou semi-cylindriques que semblent retenir des antéfixes grimaçantes, acrotères éclatants qui s'élancent dans le ciel, ils ont inventé un monde des couleurs et de lumière qui les rapprochait des dieux en tentant de couvrir les murs éphémères d'un manteau d'éternité.

• **Le travail du coroplathe**

Le coroplathe est celui qui travaille l'argile (littéralement, en grec : façonner des korês, des poupées). Tradition ancienne, même en Italie, quoi que Pline en dise : selon lui, Démarate, le père de Tarquin l'Ancien, en fuyant Corinthe, aurait introduit en Italie trois maîtres en la matière, Eucheir, Diopos et Eugrammos, qui auraient enseigné les techniques de cet art en Occident. Certes l'influence grecque est indéniable, mais les artistes venus faire école en Étrurie ont catalysé des savoir-faire indigènes. Il est normal que les cités maritimes, plus rapidement exposées aux influences, aient développé les ateliers les plus performants et les plus remarquables, mais l'archéologie a montré que l'intérieur du pays n'était pas resté dans l'ignorance (par exemple à Murlo ou à Acquarossa).

En fait, **chaque cité devait posséder au moins un atelier de coroplathe,** et plusieurs dans les grands centres comme Veies, certainement en concurrence. Nous pouvons imaginer ces ateliers comme **des entreprises familiales**, l'artiste s'entourant d'apprentis et d'ouvriers selon l'importance des commandes. Le maître créait les ébauches, les ouvriers se chargeant de façonner les moules qui permettaient de reproduire les œuvres à plusieurs exemplaires. Du reste, la production ne se limitait pas aux pièces évoquées et il est probable que l'atelier fabriquait aussi les moules destinés aux bronziers, les matrices des pièces d'argenterie et des monnaies.

On peut se représenter **l'atelier type** comme une maison divisée en plusieurs pièces, celle où l'on travaille l'argile avec les installations hydrauliques nécessaires au lavage de la matière première, celle où l'on applique la peinture, une réserve et sans doute un magasin. Il faut également prévoir une grande cour pour le séchage des pièces, et l'indispensable four, rond ou rectangulaire (comme celui mis au jour à Caere). Celui-ci peut comprendre deux chambres, l'une, inférieure, pour le combustible, et l'autre, supérieure, destinée à recevoir les objets à cuire.

Le travail de l'argile est difficile. À partir d'un prototype, le maître peut exiger plusieurs matrices, surtout pour les grandes pièces, car le démoulage est délicat. **La peinture** est appliquée après ou avant la cuisson. Dans ce dernier cas, la couleur tient mieux. Celle-ci est naturelle. Les couleurs fondamentales sont le blanc, le noir, le rouge, puis le jaune (à partir du Vᵉ siècle). S'y ajoutent le bleu et, dans une moindre mesure, le vert et l'ocre. La convention qui exige de représenter la chair de la femme claire et celle de l'homme foncée est identique en Étrurie et en Grèce.

Certains artistes jouissent d'une renommée flatteuse et, notamment dans le Sud, il est clair que ces maîtres ont fait école. La postérité, grâce à Pline (*H.N.*, XXXV, 45), nous a conservé le nom de **Vulca, de Veies, créateur de la décoration du temple de Jupiter capitolin, à Rome**, et peut-être aussi du splendide ensemble qui distinguait, dans sa ville, le temple de Portonaccio. Les siècles ont rendu justice à son talent.

LA CÉRAMIQUE

L'histoire de la céramique étrusque a connu trois temps forts qui se succèdent chronologiquement et scandent l'évolution d'un art très présent en Étrurie sans pour autant atteindre le degré de raffinement qu'il a connu en Grèce. **Ces trois moments peuvent se définir comme celui de la céramique d'*impasto*, celui du *bucchero* et celui des influences corinthienne, ionienne, puis attique.**

La céramique d'*impasto* correspond au travail traditionnel de l'argile, d'abord à la main, puis au tour. **Il s'agit d'une production typique de l'époque villanovienne.** Les formes évoluent, et l'influence grecque se fait tôt sentir, sauf pour la vaisselle courante. Les potiers reproduisent les amphores, hydries, œnochoés, canthares... que les commerçants grecs leur apportent.

Au VIIᵉ siècle, les artisans transforment cet *impasto* par fumigation et produisent une céramique à l'aspect noir et brillant, presque métallique. Cette apparence est obtenue par réduction de l'oxyde de fer de l'argile au moyen de l'oxyde de carbone dégagé dans le four de cuisson. Au XIXᵉ siècle, on a nommé cette

Deux exemples de buccheri (Chiusi, Caere)

céramique le « *bucchero* », de l'espagnol *bucaro* qui désigne la poterie noire d'Amérique du Sud. Dans l'Antiquité, cette nouvelle poterie n'est pas une originalité étrusque puisqu'on en trouve en mer Égée et en Orient (principalement dans le Caucase), mais **elle s'affirme néanmoins rapidement comme une spécificité étrusque,** exportée un peu partout en Méditerranée et en Gaule (les amphores étrusques y auraient peut-être introduit le vin), et comme « un marqueur » très sûr du travail des différents centres étrusques en la matière.

La première façon de *bucchero* a produit des pièces aux parois fines et lisses, très belles et résistantes, appelées « *bucchero sottile* » (= fin), et issues des ateliers d'Étrurie méridionale. Elles sont censées imiter à moindre coût les formes métalliques du Villanovien. Le décor, quand il y en a un, peut être obtenu par incision de l'argile, ou, postérieurement, à l'aide de roulettes ou de sceaux qui permettent de reproduire un motif à l'identique de façon plus régulière tout autour d'un vase. Ce type de décor fut une spécialité de Chiusi et de Tarquinia, il était réservé à une vaisselle de luxe destinée à l'aristocratie. **Vers -600 apparaît une autre façon, le *bucchero pesante* (= lourd) plus gris que noir**, ainsi désigné parce que les parois sont plus épaisses et de facture plus grossière. La cité de Chiusi s'en fait une spécialité, mais il faut plutôt retenir que le *buc-*

chero est d'abord la céramique nationale des Étrusques, partout fabriquée au point de fournir la meilleure assurance de l'appartenance d'une région à l'Étrurie si l'archéologie révèle une production de *bucchero*.

Les formes et les décors en sont variés : les artisans puisent leur inspiration tant aux sources grecques qu'à celles des peuples italiques. Ils laissent aussi libre cours à leur imagination, nourrie souvent du style orientalisant : amphores à tête d'animaux (lion, taureau...), ou vases qui épousent eux-mêmes la forme d'un animal (oiseau...). Le *bucchero pesante* se prête également à l'ajout de motifs plastiques en relief. Certains décors annoncent déjà la sigillée arétine à vernis rouge.

L'abondance de la production et la variété des formes expliquent la diversité des usages : vaisselle au quotidien, contenants pour les offrandes aux dieux (vin, huile, miel, graines...), objets réservés aux rituels, à destination des sanctuaires, à caractère votif... Nombreux sont les vases retrouvés dans les sanctuaires, beaucoup portant graffiti ou inscriptions (76 % des pièces retrouvées dans celui de Portonaccio à Veies sont dans ce cas). L'un des exemples les plus célèbres fut retrouvé à l'emplacement de la *Regia*, à Rome : un fond de coupe en *bucchero* portant sur sa face interne le graffito *rex* (s'agit-il du roi de Rome ou du *rex sacrorum* ?). En tout cas, comme l'a montré Jean Gran-Aymerich, il apparaît qu'une « valeur symbolique soit liée à la royauté et à l'aristocratie pour les vases en *bucchero* des VIIe et VIe siècles ».

C'est aux alentours de -600, peut-être un peu plus tard, que commence à se développer **la céramique peinte,** d'influence corinthienne. Elle imite d'abord, de façon bien maladroite, les vases proto-corinthiens (-650/-620), puis les productions des corinthiens ancien, moyen et récent (-620/-550). Le décor se limite à des représentations animales dans les deux ou trois zones délimitées autour des vases ; les artistes se contentent de peindre des défilés d'animaux plus ou moins monstrueux : lions ailés, sphinx, griffons... Ensuite, la venue de peintres ioniens en Étrurie, notamment à Caere, suscite une production locale à figures noires (c'est-à-dire aux motifs peints en noir sur fond naturel de l'argile). **Deux ateliers situés dans la cité de Vulci vont se distinguer** de la médiocrité générale, **l'un dirigé par le peintre de Pâris,** qui produit le groupe des vases dits pontiques, alliant la fantaisie, l'humour et le fantastique, d'inspiration ionienne, **l'autre par le peintre de Micali** (vers -520/-500). Les peintres de ce second atelier, plus influencés par l'art attique, pro-

Détail d'une amphore à figures noires du peintre de Pâris

duisent des œuvres au style plus dépouillé. Une trentaine d'ateliers poursuivent leur travail de très moyenne qualité jusque vers -450.

À cette date, quelques artistes se lancent dans la technique de la peinture à figures rouges, pratiquée en Attique depuis -530 (il s'agit alors, à l'inverse des figures noires, de peindre le fond en noir en laissant les figures de la couleur un peu rougeâtre de l'argile). Auparavant (et jusqu'au IIIe siècle), beaucoup préfèrent produire des vases à la fausse figure rouge (pratique inaugurée en Étrurie à Vulci qui consiste à peindre tout le vase en noir puis à surajouter des figures peintes en rouge). La qualité de cette céramique à figures rouges, due notamment aux ateliers de Vulci, Caere, Chiusi, est jugée correcte jusqu'au milieu du IVe siècle, avant de se dégrader.

LES MATIÈRES PRÉCIEUSES

L'expression artistique des Étrusques fut sans doute la plus raffinée et la plus achevée dans des pièces de petites dimensions, notamment dans celles qui illustraient au mieux la grandeur et la richesse des puissants. Les matières les plus nobles offrirent aux artistes l'occasion d'une démonstration éclatante de leur talent : or, ivoire, argent. Si cette dernière matière fut réservée de préférence à la vaisselle (cf. les repas, chap. 9), **l'or servit à la réalisation de bijoux qui demeurent parmi les plus fins et les plus beaux de toute l'Antiquité.**

• **L'ORFÈVRERIE**

La tradition des bijoux remonte à l'origine de la civilisation étrusque, comme le montrent les fibules de bronze de l'époque villanovienne (cf. le costume et la parure, chap. 10). Mais le grand art de la joaillerie appartient à l'époque orientalisante. Le surprenant est qu'il apparaît d'un coup, et déjà à l'état d'un art mûr vers -675, dans les tombes de Caere, Vetulonia, Préneste et Vulci. **Il est probable que techniques et motifs aient été introduits par des artistes venus de Syrie, de Rhodes, de Phénicie, d'Égypte et du Caucase** qui se sont installés dans le Sud (l'atelier le plus important se situe à Caere) et y ont fait école, formant des disciples.

Les plus belles pièces proviennent des tombes Regolini-Galassi (Caere), Barberini et Bernardini (Préneste) ainsi que des sépultures de Vetulonia et de Populonia. Les fibules, comme la célèbre fibule à disque de 32 cm de longueur (tombe Regolini-Galassi), les pectoraux en or, comme ceux de Préneste, allient plusieurs techniques dans lesquelles les Étrusques étaient passés maîtres et montrent comment une élite dirigeante restreinte parvenait à monopoliser le pouvoir.

Certaines de ces techniques n'ont livré leur secret que récemment, malgré les moyens modernes dont dispose la recherche. Il convient, en effet, d'en distinguer quatre aspects, deux traditionnels et deux nouveaux, probablement venus du Caucase. **Les deux méthodes traditionnelles du travail de l'or sont le martelage et le repoussé.** Les bijoux étant creux et l'or étant livré en lingots, il fallait marteler ceux-ci sur une forme dure jusqu'à l'obtention de feuilles d'or dont l'épaisseur variait de 1/10 à 3/10 de mm. Par le repoussé, l'artiste, en s'appuyant sur un socle, donnait du relief à la feuille d'or en faisant ressortir un motif. Cependant, **les deux techniques nouvelles et spectaculaires qui ont fait la réputation des bijoux étrusques sont le filigrane et la granulation**. Le premier consiste à étirer l'or en un fil très fin et à l'utiliser pour dessiner des figures qu'il faut ensuite souder sur le support en or. La seconde, encore plus subtile, revient à réduire l'or en minuscules granules de quelques centièmes de millimètre (les plus fines sont appelées « *pul-*

viscolo » = fine poussière) et à les souder sur la feuille d'or. Se posent alors les questions de l'alliage utilisé et de la température pour que cette poussière d'or ne fonde pas à l'instant de la soudure. Le principe consiste, en fait, à utiliser deux alliages différents pour la feuille-support et pour les granules ; ainsi la feuille commence-t-elle à fondre avant les granules et la soudure devient possible... à condition que le degré de température où s'opère cette fusion soit scrupuleusement respecté ! En tout cas, le résultat est éblouissant de finesse, de précision et de légèreté.

Ces techniques permettaient de réaliser des bijoux variés (fibules, plaques pectorales, bracelets, colliers, bagues...) et même, plus rarement, quelques coupes et vases en or. La décoration reproduisait les motifs traditionnels orientalisants (animaux et monstres, lions ailés, sphinges, chimères...). L'un des plus beaux exemples en est la célèbre plaque ornementale avec ses cent trente minuscules animaux exécutés en ronde bosse, le dessin étant souligné par le filigrane et la granulation qui permet d'évoquer la crinière des lions (tombe Barberini). À la fin du VIe siècle, on observe une inversion de l'usage de la granulation qui ne sert plus, comme avant, à dessiner quelque motif en relief, mais est utilisée pour tapisser la feuille d'or ; ce sont alors les motifs qui apparaissent en creux, là où il n'y a pas de granules d'or (ce que l'on a appelé « le style tapissant »). La fameuse tête d'Acheloüs barbu (Ve siècle) en offre le meilleur exemple. Ce changement dans la technique de la granulation n'est pas sans évoquer l'inversion des techniques opérée par les céramistes entre les figures noires et les figures rouges. Mis à part ces derniers fleurons de la joaillerie étrusque et quelques autres (comme les bagues dites ioniennes, au chaton en forme de cartouches égyptiens ornés de motifs gravés ou repoussés), et malgré l'usage, dès le VIe siècle, de pierres précieuses, il faut bien constater que l'inspi-

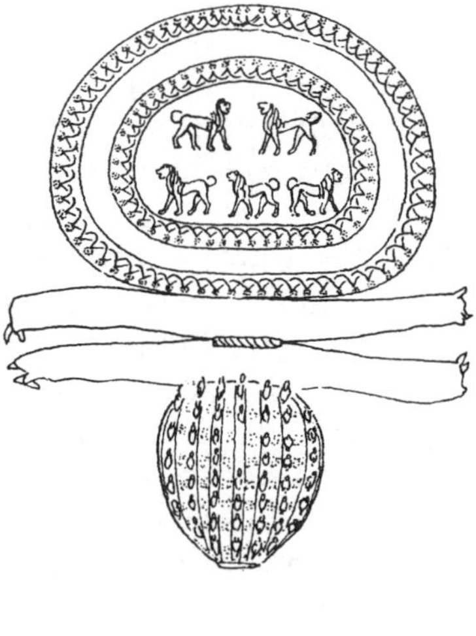

Fibule à plaque (or, Caere)

ration des joailliers s'affadit, se banalise. Les œuvres s'alourdissent. Et même si elles restent belles, il apparaît que s'est ternie une grande part de la fantaisie légère et rayonnante des bijoux étrusques.

• **Les ivoires**

Le travail de l'ivoire est l'un des arts étrusques les plus caractéristiques avec l'orfèvrerie. Toutes les grandes tombes de l'époque orientalisante en ont fourni des exemples souvent remarquables. Apparue assez soudainement au VIIe siècle, sa production commence à décliner au VIe, pour disparaître quasiment au Ve siècle. **Il s'agit donc véritablement d'un art typiquement orientalisant pour lequel on distingue deux périodes**, l'une, ancienne, qui produit un matériel assez grossier, de -675 à -630, l'autre, récente, avec un travail plus fin, de -630 à -590.

La matière première vient d'Asie, via le commerce phénicien. En Orient, les plus belles pièces datent des IIe et Ier millénaires et les ateliers les plus célèbres développent leur art en Syrie, en Phénicie et à Rhodes. Mais beaucoup de pièces sont façonnées en Étrurie même, comme le prouvent les morceaux d'ivoire brut importés qui furent retrouvés à Vetulonia. Là encore, des maîtres orientaux ont dû venir s'installer en Toscane et former des disciples.

L'ivoire est parfois travaillé en ronde bosse, mais principalement dans le relief. La production est très variée : peignes, pyxides (petites boîtes circulaires dont la décoration imite le procédé de la céramique corinthienne), petites boîtes à fards, manches d'éventails, plaques pour recouvrir des coffrets, bras sculptés destinés à porter de petites tables à offrandes, coupes funéraires, quelques statuettes... Certaines pièces, reconnaissables à la perfection de leur facture, mais aussi à la mollesse qui se dégage de leur représentation, semblent importées de Syrie ou d'Égypte. L'habileté des artistes locaux est moins grande. Cependant, il leur arrive d'égaler leurs maîtres, comme dans la réalisation de cette petite statuette de lion (imitée de l'art syrien) tenant dans sa gueule la jambe d'un homme couché sur le dos (tombe Barberini). Il s'agit certainement de la poignée d'un coffret. Tout, dans cette œuvre, est d'inspiration syrienne, sauf la ceinture de l'homme allongé sur le dos qui, elle, est étrusque (la fonction magique de la ceinture est importante pour les

Étrusques). Ce détail montre que la pièce a été sculptée en Étrurie. Par un artiste syrien, ou par un de ses meilleurs élèves ? Nous l'ignorerons toujours.

Parmi les pièces rares, il faut encore citer une statuette qui provient de Marsiliana d'Albegna (cité de Vetulonia, où fut également retrouvée la fameuse statuette en ivoire portant l'alphabet gravé sur son pourtour ; cf. l'alphabet, chap. 7). Elle a été travaillée en ronde bosse, de face comme de dos, et était recouverte d'une feuille d'or (méritant ainsi le nom de « chryséléphantine »). Elle représente une déesse (syrienne ?) de la fécondité qui presse son sein gauche et tient un récipient globulaire sous le droit... Cette statuette est d'autant plus rare que les Étrusques n'ont pas coutume de représenter une femme nue dans la statuaire. Peut-être s'agit-il d'un essai d'identification de cette divinité à la déesse étrusque de la fécondité, dans un bel effort de syncrétisme religieux.

Après le déclin du travail de l'ivoire, au Vᵉ siècle, on assiste à une tentative de renouveau de cet art dès le IVᵉ siècle, mais c'est alors l'os qui est travaillé, et la production qui s'ensuivra sera de médiocre qualité. Le travail somptueux de l'ivoire est encore une branche de l'art étrusque qui n'a pas survécu à la grave crise économique qui suivit la défaite des Étrusques devant Cumes en -474.

IX

LES LOISIRS

Force nous est de reconnaître que nos connaissances sur la vie des Étrusques au quotidien restent très limitées. L'apport si précieux des textes pour d'autres civilisations, comme Rome ou la Grèce, nous fait cruellement défaut. Les représentations figurées sont, certes, abondantes et explicites, mais elles orientent notre vision des faits et nous laissent le désagréable sentiment de nous contraindre à nous contenter du ressenti. Et, de ce point de vue, nous ne pouvons que souscrire aux impressions de Stendhal qui affirmait que les Étrusques ont cultivé « l'art d'être heureux ».

Il est vrai que la fraîcheur et la vivacité qui se dégagent des peintures sont jubilatoires. Elles confèrent une animation extraordinaire à ces femmes et à ces hommes qui semblent « crever » les parois des tombes au sens où l'on dit aujourd'hui de certains acteurs qu'ils « crèvent l'écran ».

Nous les y découvrons dans certaines activités que nous sommes enclins à croire quotidiennes et qui apparaissent comme des activités de loisirs. **Une sorte d'*otium etruscum*,** que nous rapprocherions volontiers de l'*otium graecum*, tous deux unis dans la même condamnation morale portée par les rudes censeurs de la République romaine : ce sont divertissements luxueux, compétitions sportives, exhibitions de saltimbanques, parties de chasse ou de pêche, banquets somptueux, dans l'atmosphère enivrante de danses bachiques et l'omniprésente résonance d'instruments joués par une pléiade de musiciens.

Et, assurément, ces peintures reproduisent des scènes qui durent se dérouler dans ces fastes et baigner dans cette joie de vivre ambiante. **Mais ce sont néanmoins des scènes rituelles, festives, appropriées aux funérailles et réservées à une aristocratie fortunée**. Elles ne témoignent que des mœurs de quelques privilégiés, et, encore, lors de moments particuliers de leur existence. Nous ne pouvons donc les généraliser à l'ensemble du peuple étrusque dont une large part des plaisirs quotidiens nous échappe.

En outre, **il convient de ne jamais occulter la dimension religieuse et symbolique des scènes que nous voyons.** Les rites matérialisent une technique d'approche du sacré, les fêtes et cérémonies en forment une transposition naturelle, et ces moments de la vie quotidienne ont leur résonance dans l'expérience religieuse. Le sport, la chasse ou le banquet sont aussi des ferments de la spiritualité étrusque.

Pourtant, et une fois rappelées ces restrictions à l'interprétation, il n'y a guère de raisons de douter qu'en dehors des moments solennels comme ceux qui sont représentés, les nobles étrusques se soient abandonnés aux bonheurs de l'existence. Pourquoi auraient-ils boudé les plaisirs de la bonne chère, ignoré la détente et l'émotion d'un divertissement culturel ou renoncé à l'excitation d'une chasse haletante ? Ce sont là, après tout, quelques-unes des manifestations raffinées d'une civilisation aboutie.

LES JEUX

Dans les civilisations antiques, les jeux occupent une place de premier plan. Ils ne sont en rien des spectacles, comme dans notre monde moderne, de simples divertissements et ne se résument pas à l'enchaînement de compétitions sportives. L'analyse du sens des Jeux olympiques en fournirait l'exemple le plus symbolique. **Tant en Grèce, en Étrurie qu'à Rome, ils revêtent une dimension religieuse** qui constitue leur principale justification, et, comme tels, **ils ont pour fonction de scander le temps social** (à l'occasion des différentes fêtes du calendrier qui définit les divisions de l'année) **et le cours de la vie,** avec ses grandes étapes naturelles que sont, par exemple, l'entrée dans le monde adulte (l'initiation) ou la mort (les funérailles). Leur représentation exprime donc l'organisation sociale (et politique) dans sa forme culturelle la plus aboutie. Leur déroulement offre l'occasion d'une démonstration de la cohésion du corps social qui traduit une identité collective. C'est pourquoi, en dépit d'indéniables emprunts de l'Étrurie à la Grèce, ou de Rome à l'Étrurie, il serait inexact de penser que les jeux étrusques sont une transposition des jeux grecs sur le sol toscan, sauf à ignorer les caractères spécifiques de la mentalité étrusque.

D'ailleurs, le texte qui a longtemps été considéré comme une preuve de l'origine grecque des jeux étrusques se trouve contredit par les découvertes archéologiques. C'est Hérodote (I, 167) qui décrit la célèbre bataille d'Alalia (vers -540) et rapporte que les vainqueurs ont lapidé les prisonniers phocéens, provoquant par ces exactions la colère divine. Une délégation de Caere se rend à Delphes pour consulter la Pythie, et se voit ordonner d'offrir des sacrifices aux mânes de leurs ennemis massacrés et d'instituer « en leur honneur

Deux jeunes gymnastes (celui de gauche utilise un strigile) (miroir de bronze)

des jeux gymniques et équestres ». Rien ne dit dans ces phrases que les Étrusques n'avaient jamais pratiqué ces activités ludiques. Les frises de terre cuite retrouvées dans les fouilles des temples de Murlo attestent l'existence de courses de chevaux dès la première moitié du VIe siècle. De surcroît, un épisode de la geste de Tarquin, roi de Rome, vient confirmer cette ancienneté puisqu'il est censé se dérouler à la fin du VIIe siècle : dès son arrivée au pouvoir, et pour célébrer sa première victoire, le roi donne des jeux fastueux. Il choisit l'emplacement du Circus Maximus, fait édifier des tribunes de douze pieds de haut pour les dignitaires et présente « des chevaux de course et des pugilistes qu'il avait fait venir principalement d'Étrurie » (Tite-Live, I, 35, 9).

Tout le matériel archéologique témoigne de l'importance des jeux dans la vie des Étrusques. Multiples sont les représentations les plus variées (statuettes, situles, miroirs, terres cuites, vases... et surtout les célèbres peintures des tombes : tombe des Jeux olympiques, celle des Biges, celle des Augures, celle du Baron, celle du Singe...). De ces scènes particulièrement animées, voire colorées, se dégage l'impression que **les jeux sont d'abord l'occasion de fêtes populaires**. Elles reflètent l'image d'une société quelque peu exubérante, qui, dans ces divertissements, trouve matière à exprimer son appétit de vivre.

• **Les différentes catégories de jeux**

Avant la bataille d'Alalia, on ne trouve trace dans les documents iconographiques étrusques que du pugilat, de la lutte et des courses de chevaux. En revanche, il semble que des sports moins violents, le saut en longueur, le lancer du disque et du javelot, la course à pied (parfois en armes), n'apparaissent qu'après -540 et aient été empruntés à la Grèce.

De tous ces sports, il appert que **les courses de chevaux et de chars** (biges, triges – mais jamais de quadrige, du moins en compétition) **ont connu tout particulièrement la faveur des Étrusques**. Le prix du vainqueur consiste, par exemple, en un chaudron de bronze, qui est exposé aux yeux de tous à l'arrivée (plusieurs documents le montrent), et il s'agit là d'une spécificité étrusque. Autre particularité, les auriges ne tiennent pas les rênes à la main, comme les Grecs, mais les nouent derrière leur dos. Avec les mains libres, ils sont plus à même de brandir le fouet pour exciter les animaux mais, en cas de chute, le cocher risque d'être traîné et de se

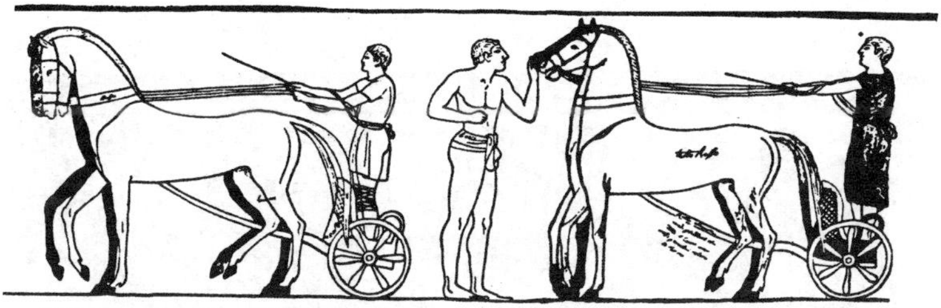

Tombe des Biges (Tarquinia) : préparatifs de la course de chars

trouver plus grièvement blessé. C'est, du reste, ce qui arrive à l'un des compétiteurs d'une célèbre scène de la tombe des Jeux olympiques où l'on voit un conducteur projeté en l'air tandis que son char vient de se retourner, sous le regard horrifié de trois spectatrices qui se prennent la tête à deux mains. On peut penser à la mésaventure légendaire survenue à Ratumenna qui, après avoir gagné une course à Veies, et alors qu'il quittait paisiblement la carrière sur son char, fut brusquement entraîné par ses chevaux affolés dans une course échevelée. L'attelage mena un train d'enfer jusqu'à Rome pour ne s'arrêter qu'au Capitole, non sans avoir éjecté son conducteur près d'une porte de la ville qui prit ensuite son nom (il s'agissait d'un présage destiné à assurer à Rome la suprématie dans la région).

La tombe des Biges (dont il n'est pas sûr que le peintre soit étrusque ; il pourrait être grec) offre au regard **une frise intéressante** que l'on pourrait intituler « **l'échauffement avant les jeux** ». Entre deux coupes des tribunes qui encadrent la scène se trouvent représentés tous les types de sports, mais l'action n'est pas encore engagée et leurs acteurs se préparent : lutteurs, pugilistes, jockeys à cheval, cochers sur leurs chars, lanceurs de disque et de javelot, athlètes du saut en longueur et même danseurs en armes. Cet étonnant catalogue des disciplines sportives laisse penser que se préparent ici des jeux d'une ampleur exceptionnelle. Nous y remarquons aussi un type de personnage un peu énigmatique, portant un bâton en forme de *lituus* (le bâton sacré des augures latins) et qui a longtemps été considéré comme un arbitre. On le retrouve sur d'autres représentations (par exemple la tombe des Augures) et il porte le nom de *tevara}*. En réalité, comme l'a suggéré J.-P. Thuillier, il n'est pas sûr que ce bâton soit un *lituus*, à la symbolique religieuse. Il semble plutôt s'agir, en Étrurie, d'un attribut propre à celui qui détient un pouvoir. Il est vraisemblable que seul tienne cet insigne d'autorité celui qui ordonne les jeux (et non le simple arbitre), peut-être un magistrat-prêtre dans le rôle d'arbitre suprême.

Tombe des Biges (Tarquinia) : vue des tribunes, les préparatifs (lutteurs, etc.)

Quant à la foule qui assiste à ces préparatifs sur la frise de la tombe des Biges, sa représentation est particulièrement suggestive. **Les tribunes** rappellent (en moins élevées) celles que fit édifier Tarquin à Rome pour les jeux qu'il donna au Circus Maximus. Nous y distinguons deux étages, l'un, en haut, où les spectateurs de bonne condition s'abandonnent à des discussions que l'on devine animées, tous mêlés sans distinction d'âge ou de sexe (les femmes sont coiffées du fameux *tutulus*), et l'autre, en bas, incommode parce

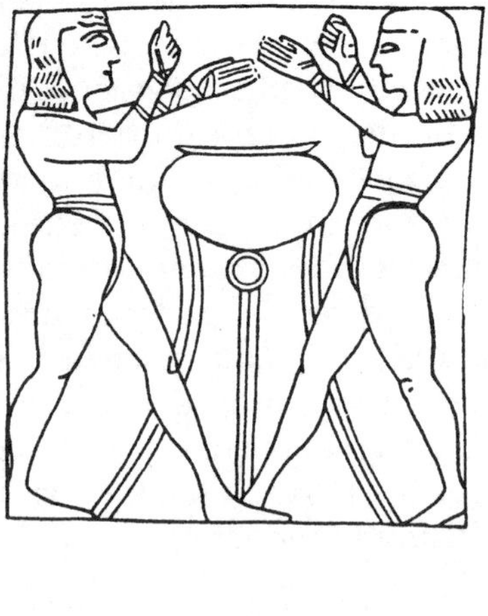

Pugilistes (boucle de ceinturon, bronze). Le chaudron représente le prix réservé au vainqueur

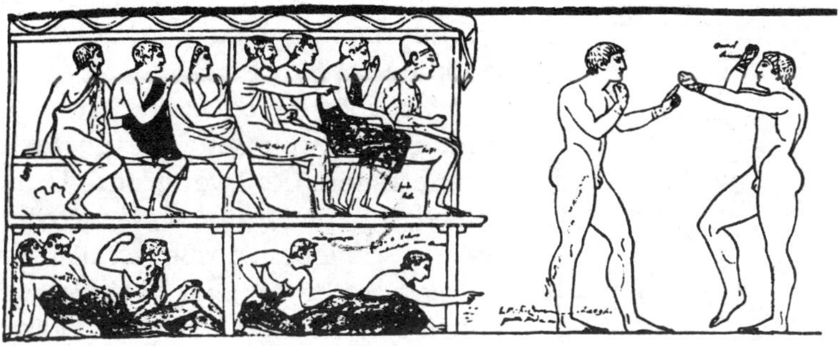

que de faible hauteur, où se regroupent les esclaves, plus occupés à s'offrir quelques loisirs (desquels le plaisir amoureux n'est pas absent) qu'à suivre ce qui se passe sur la piste d'échauffement. Ce qui frappe, une fois encore, c'est la libre animation, la vivacité de ces scènes prises sur le vif, pour lesquelles le peintre ne s'est fixé aucun tabou, désireux seulement que s'en dégage **une atmosphère de fête et de bonheur de vivre.**

Les compétitions sportives ne forment pas la totalité des jeux étrusques, loin s'en faut. **Les saltimbanques et acrobates y tiennent leur place, notamment ces *desultores*** que l'on voit représentés sur les parois des tombes dès le VIe siècle. Il s'agit en fait de figures de cirque exécutées par un cavalier, debout et en équilibre sur deux chevaux lancés à pleine vitesse, qui saute de l'un à l'autre, puis entre les deux, réussissant diverses positions périlleuses dont celle qui consiste à relever alors une jambe par-dessus le cheval (on en voit par exemple dans la tombe du Singe, à Chiusi). Ces « écuyers-sauteurs », bien connus à Rome, portent une tenue (pagne, bonnet et fouet) qui fut identifiée comme d'origine étrusque. Ce type de divertissement a de quoi satisfaire le goût des Étrusques pour les émotions fortes et les activités violentes, à l'instar des disciplines pratiquées avant les emprunts à l'athlétisme grec. Mais **d'autres jongleurs, plus paisibles, emportent également la faveur du public.** C'est ainsi que l'on peut admirer l'adresse étonnante de cette danseuse qui porte un candélabre en équilibre sur la tête tandis que son compagnon puise dans un panier placé à côté de lui des

Lutteurs (Tarquinia, tombe des Inscriptions)

anneaux qu'il envoie avec précision s'accrocher au sommet du candélabre (dans la tombe des Jongleurs).

Il faut encore évoquer une autre catégorie de jeux que sont **les spectacles dramatiques.** Tite-Live raconte la présentation à Rome, pour la première fois, de jeux scéniques dans le but d'apaiser les dieux et de conjurer l'épidémie de peste qui ravageait la ville : « des ludions, c'est-à-dire des artistes figurant dans les jeux furent appelés d'Étrurie » pour y pratiquer des mimes dansés « à la manière étrusque » (VII, 2). Tels sont, pour les Romains, les débuts du théâtre latin (cf. La littérature profane, chap. 7).

Une défunte, assise, admire la danseuse-acrobate (tombe des Jongleurs)

À observer les différents types de jeux (sportifs, acrobatiques, scéniques...) qui, sans doute, composaient dans leur totalité et leur complémentarité les jeux étrusques, nous remarquons **une discipline omniprésente**, sans l'accompagnement de laquelle rien ne semble pouvoir se dérouler : c'est **la musique** (et parfois la danse). Les flûtistes, en général, donnent le rythme aux lutteurs comme aux jongleurs ou aux comédiens. On ne soulignera jamais assez l'importance des musiciens dans la vie quotidienne des Étrusques (cf. La musique et la danse).

• **La nature des jeux**

On imagine sans peine que les jeux étrusques ont évolué au cours de leur histoire. **Un de leurs caractères originaux semble avoir été une certaine violence.** Nous avons vu que les premiers sports exercés requéraient cette violence, avant l'adoption de disciplines grecques s'inspirant davantage de la compétition entre athlètes. **Il n'est pas impossible que ces jeux, aux origines, aient été sanglants.** Toutes les civilisations ont procédé à des sacrifices de prisonniers ou voué aux dieux des êtres humains pour se concilier leurs faveurs. Nous savons que les vainqueurs d'Alalia ont lapidé les Phocéens capturés pendant la bataille, et qu'en -358 encore, lors d'une guerre entre Rome et Tarquinia, trois cent sept soldats romains furent immolés sur le forum de cette ville. Et ce ne sera pas la dernière fois. L'art étrusque (sarcophage, urne, vases, peintures...) a illustré à plusieurs reprises les épisodes sanglants des funérailles de Patrocle... La tombe François de Vulci en offre sans doute la représentation la plus connue. Pendant longtemps, les historiens ont pensé que ces sacrifices accomplis à l'occasion des funérailles d'un personnage important étaient à l'origine des combats de gladiateurs à Rome. Nous savons aujourd'hui que ces joutes souvent mortelles sont en réalité originaires de Campanie, mais il ne faut pas pour autant négliger la cruauté symbolique des jeux funéraires. Nous la retrouvons dans une représentation mystérieuse et typiquement étrusque : celle du **jeu du *ι ersu*** qui mérite une mise au point (cf. le *ι ersu*).

Cependant, en dépit de ce qui nous apparaît comme une violence toujours possible dans leur déroulement, il convient de considérer ces jeux étrusques – et c'est là un autre de leurs caractères – comme un divertissement, voire une fête populaire. Le climat qui s'en dégage est certainement bien différent de l'atmosphère sacrée de compétition qui régnait en Grèce. La diversité des spectacles le prouve. **En Étrurie, les jeux forment un tout, une sorte de grande kermesse musicale avec ses concours sportifs, ses numéros de cirque et même ses jeux cruels, sans oublier ses représentations théâtrales et ses mimes dansés.** Imaginerait-on des jongleurs dans le stade d'Olympie entre deux courses ? Mais la principale différence, et qui change tout, concerne les acteurs de ces différentes démonstrations. En Grèce, les athlètes sont des citoyens qui, si l'on peut dire, défendent les couleurs de leur cité. En Étrurie, dans la plupart des cas, les artistes sont des professionnels dont le statut se rapproche de celui d'esclave. Ils appartiennent à l'aristocrate qui offre les jeux et qui, lui, ne concourt pas. Et il est vrai que la difficulté de certains numéros requérait bien le talent de spécialistes. Une anecdote rapportée par Tite-Live (au début du livre V) le précise : le roi de Veies, furieux de ne pas avoir été élu au *fanum Voltumnae* pour représenter l'ensemble des douze cités étrusques, décide de rentrer chez lui, et retire les artistes (*artifices*) qui « étaient presque tous des esclaves, au beau milieu du spectacle ». Lesquels artistes, laisse supposer le flou du terme, devaient exercer dans toutes les disciplines. **Il s'agit donc, en Étrurie, de cérémonies à caractère aristocratique** grâce auxquelles les puissants pouvaient se valoriser auprès des autres citoyens qui se contentaient d'assister comme spectateurs.

Il en découle que l'atmosphère religieuse était très différente de celle des jeux grecs, même si l'on imagine mal que ce caractère n'ait pas été essentiel chez « les plus religieux des hommes ». Mais nous ne possédons aucune trace réelle d'une dédicace des jeux à Apollon ou à Hermès comme en Grèce. Tout au plus peut-on être sûr de l'offrande à Tinia (Jupiter) des fêtes du *fanum Voltumnae*, puisque Voltumnus (Vertumnus) est l'autre nom de Tinia. Ce qui ne signifie pas qu'il faille négliger la dimension religieuse des jeux étrusques.

À quelle occasion ceux qui en ont les moyens organisent-ils ces grandes manifestations populaires ? Il faut sans doute distinguer la sphère publique (ou politique) de la sphère privée. **En ce qui concerne le domaine privé, il s'agit principalement des cérémonies funèbres telles qu'elles se déroulent devant nos yeux sur les parois peintes des tombes.** On y remarque que les jeux s'accompagnent toujours d'un banquet dont la signification symbolique ne va pas sans soulever quelques questions (cf. les repas).

Pour ce qui est des jeux publics, il est à peu près certain qu'ils accompagnaient des fêtes religieuses ou des cérémonies qui n'avaient pas toujours lieu à date fixe. Par exemple, ils peuvent recouvrer un caractère expiatoire, pour conjurer tel ou tel fléau. C'est d'ailleurs pour une semblable occasion, la conjuration d'une peste, que les Romains, en -364, firent appel à des ludions étrusques (Tite-Live, VII, 2). Il peut s'agir aussi de fêtes à caractère rituel, comme pour l'intégration des jeunes gens dans la cité et leur accession au monde adulte. Il semble qu'alors, ces adolescents au point de devenir des hommes aient pu participer eux-mêmes aux épreuves pour satisfaire à un rite très ancien (cf. les rites de passage, chap. 5).

Pourtant, les principaux jeux (et avec les mêmes spectacles) se déroulent lors de quelques grandes fêtes à date fixe dont **la plus importante a lieu au *fanum Voltumnae*,** près de Volsinii, pour la grande célébration de la confédération des douze grandes cités étrusques, avec l'élection du *rex Etruriae* qui, pendant un an, symbolisera par sa personne le *nomen etruscum*. Rappelons que ce « roi » n'a aucun pouvoir politique réel, mais qu'il assure plutôt le rôle religieux de la fonction royale. Il serait plus exact de parler de « grand prêtre » de l'Étrurie. Au reste, Tite-Live ne s'y est pas trompé qui, dans l'épisode du roi de Veies mécontent de n'avoir pas été choisi, parla de l'élection d'un *sacerdos* (un prêtre). Ce qui montre que, pendant longtemps, la ligue des douze cités se comprenait comme une communauté religieuse. Au *sacerdos* d'ordonner les jeux en l'honneur de Tinia. Quand ont-ils lieu ? Il n'est pas improbable qu'ils aient accompagné le rituel de la nouvelle année (cf. le calendrier, chap. 5).

Comme le souligne J.-P. Thuillier, ces grands jeux sont sans doute les plus importants (en tout cas les plus connus), mais ne sont pas les seuls, même si rien n'a subsisté des autres, ou presque. La frise de Murlo déjà évoquée et représentant une course de chevaux avec le prix réservé au vainqueur en constitue une preuve probable. Cela signifie qu'à différents niveaux, celui des cités, celui des petits centres (comme Murlo), celui de ligues mineures réunissant les cités d'une région, ont pu exister des fêtes dans lesquelles le caractère politique se mêlait au religieux et qui se célébraient par des cérémonies diverses et des jeux. La découverte de demeures princières, à Murlo, à Acquarossa, pourrait venir étayer cette hypothèse.

Comment ne pas concevoir que, même dans les centres les plus reculés de l'Étrurie, des potentats locaux n'aient pas eu le souci d'asseoir leur autorité en flattant le goût des Étrusques pour les divertissements et leur appétence pour les plaisirs de l'existence ?

LE *HERSU*

Le personnage est énigmatique. Il apparaît à plusieurs reprises, dans des situations différentes, dans trois tombes (celle des Augures, celle des Jeux olympiques et celle du Polichinelle). À deux reprises, son nom est inscrit à côté de sa tête. Son costume varie peu : il porte une sorte de casaque qui semble faite de plusieurs morceaux de tissu (ou de cuir ?) cousus ensemble, et, particulièrement dans la tombe du Polichinelle (qui lui doit sa dénomination), celle-ci se compose d'un damier de carreaux noirs et blancs (ce qui fait dire à J. Heurgon qu'il évoque Arlequin). **Plus caractéristiques encore sont le masque qu'il porte toujours, et le bonnet**. Ce dernier, de forme conique, accessoirement terminé par un pompon, se prolonge de deux larges bandes qui couvrent les joues et se rejoignent sous le menton où elles s'attachent. Elles peuvent aussi se relever sur les côtés du bonnet et venir se fixer au sommet du cône. Ce couvre-chef, de couleur sombre, apparemment en cuir ou en feutre, évoque celui des archers ou des chasseurs et il est généralement porté pour les activités de plein air. On a pu également remarquer que des représentations de silènes en montrent de semblables, sans qu'il faille nécessairement y voir un rapport avec la religion dionysiaque. Quant au masque, il est important et couvre tout le visage et le cou : surmonté par une simulation de cheveux stylisés en matière rigide qui fait la jonction avec le bonnet, il se prolonge, en bas, par une barbe postiche noire ou grise, longue et probablement en pointe. La face, sans doute en cuir et de couleur rouge foncé (symbolique de la carnation masculine), ne semble percée que de petites ouvertures aux emplacements des yeux et de la bouche, ce qui laisse penser que le personnage reste muet. L'ensemble évoque les masques de théâtre, et plus spécifiquement ceux des danseurs de mimes. J. Heurgon n'hésite pas à faire le rapprochement avec les masques typés des comédiens des farces populaires (les Atellanes) dont les costumes (entre autres semblables à celui d'Arlequin) sont à la source des personnages de la Commedia dell'Arte, dans la longue et riche tradition du comique italien. Et de rappeler encore que Plaute, le Molière latin, était né à Sarsina, à la frontière de l'Étrurie.

Le nom même de « *ι ersu* » est lié à ce masque, élément essentiel de son personnage et pièce constitutive du costume souvent attestée dans les représentations étrusques (statuettes, sculptures...). Le mot est à situer entre le *prosôpon* grec et le *persona* latin, dont il est à l'origine et qui désigne le « masque » avant de signifier le personnage de théâtre et de donner notre « personne ». *Persona* transcrirait à l'étrusque *ι ersuna* qui serait « le nom du masque » (comme le remarque J.-R. Jannot) tandis que ***ι ersu* constituerait le terme générique pour caractériser « l'homme masqué »**. De ceci, il ressort que le *ι ersu* n'est pas un nom de personnage particulier et, en soi, ne désigne aucunement le rôle joué par celui qui porte ce masque.

Le mystère demeure donc entier : que représente ce personnage récurrent ? Nous ne le voyons pas toujours en train d'accomplir les mêmes actes. Parfois même, comme dans la tombe des Augures, il peut apparaître deux fois, dans deux situations différentes, sans qu'il soit possible d'établir un lien entre elles. Ici, il semble s'enfuir (dans une des représentations de la tombe des Augures), là il domine la piste où se déroule la course de chars (tombe des Jeux olympiques), ailleurs encore, il paraît esquisser une danse légère (tombe du Polichinelle). Mais surtout, **à deux reprises, il est le maître d'un jeu cruel dont la signification nous échappe** (tombe des Augures et tombe des Jeux olympiques) ; ce sont les scènes les plus célèbres. Le *ι ersu* tient un dogue furieux au bout d'une longue laisse. Devant lui, un homme nu (à l'exception d'un pagne), armé à la main droite d'une massue et la tête entièrement enveloppée d'un sac qui l'aveugle, tente de lutter contre les assauts du molosse ; celui-ci l'a déjà mordu et le corps de l'homme saigne. On remarque que la laisse est rattachée au collier du chien par une sorte de poignée (utilisée par ailleurs dans les dressages) que l'individu aveugle tente de saisir de la main gauche, sans doute pour maîtriser l'animal, et aussi que, malgré le sang et (on l'imagine) la douleur, l'homme ne semble pas vouloir se servir de sa massue (il la tient même derrière lui).

De nombreuses hypothèses ont été proposées pour élucider cette scène difficilement compréhensible. La plus ancienne, et qui a longtemps perduré, considérait ce que l'on appelait « le jeu du *ι ersu* » comme l'origine des combats de gladiateurs, passés d'Étrurie à Rome. On y voyait une forme dramatisée des sacrifices humains offerts pour leurs funérailles aux riches Étrusques. Il s'agissait donc de rites à caractère privé. L'évolution de nos connaissances a permis de comprendre que la gladiature ne trouve pas son origine en Étrurie, mais en Campanie, et que les Étrusques n'ont accueilli des gladiateurs que tardivement (probablement à la fin du IVe siècle, ou au début du IIIe).

G. Ville a proposé de lire ce jeu du *ι ersu* comme un épisode de la *uenatio* (= chasse) au cours de laquelle, dans l'amphithéâtre, une mise en scène simulant une chasse permettait d'exécuter des condamnés à mort en les livrant aux bêtes. Or, à époque ancienne, la *uenatio* se distingue des combats de gladiateurs en ceci que la première se donne lors des jeux publics quand les seconds appartiennent à la sphère privée. Cette thèse, intéressante à bien des égards, ne va pas sans présenter quelques difficultés, la première étant que les peintures des tombes où apparaît cette scène commémorent précisément des jeux privés, donnés en l'honneur du défunt. Cela nous ramène à la notion de sacrifice rituel à valeur funéraire, dont

A. Hus a certainement raison de noter qu'à l'époque des tombes précitées, il ne devait plus être exécuté réellement, mais simplement simulé. Il n'empêche que « l'acteur » mordu par le chien risquait sa vie, mais il faut se souvenir que la violence n'a pas la même signification dans la société antique et dans la nôtre, que la vie humaine n'y a pas non plus le même prix et que ces ludions ne sont que des esclaves (cf. les jeux).

Par ailleurs, ce rite ne pouvait-il pas exprimer une symbolique se référant à la mythologie ? D. Rebuffat remarque un certain nombre d'éléments qui ne concordent pas avec une scène de *uenatio* et préfère voir dans cet affrontement entre un homme aveuglé (= dans l'obscurité des Enfers) et un chien une représentation du mythe d'Hercle (Héraclès) et de Cerbère. Du coup, on comprendrait que la massue ne serve pas : elle ne serait là que pour permettre d'identifier le personnage, non comme une arme. De toute manière, l'action mise en scène, quelle qu'en soit la véritable signification, s'accomplit comme un rituel funéraire dont la violence, courante dans l'Antiquité, a pour but de conférer au défunt la force nécessaire à sa nouvelle vie dans l'au-delà. Le sang éventuellement versé représente un succédané de sacrifice, mimé par des acteurs dont c'est le rôle (au péril de leur vie). Mais ces histrions donnent en outre une autre dimension à ces jeux.

En effet, J. Heurgon et J.-R. Jannot ont bien mis en lumière la dimension parodique du *ι ersu*. Le rire, extériorisation sonore du souffle de vie, revêt dans ces cérémonies un caractère magique qui s'ajoute à l'aspect religieux. Denys d'Halicarnasse (VII, 72, 10) avait déjà noté la particularité de ces satyres vêtus de peaux de chèvres, qui dansaient en mimant les athlètes lors des jeux de -499 : « Ils imitaient de manière comique les mouvements des autres en en donnant une représentation dérisoire ». Or, précisément, toutes les images de *ι ersu* ne se limitent pas au jeu cruel de l'homme aveuglé et du chien. J.-R. Jannot interprète même l'une des représentations figurées à côté d'un couple de boxeurs comme une parodie de ce combat. **Ainsi faudrait-il voir dans les gesticulations du *ι ersu* la parodie clownesque des jeux, réalisée par des acteurs masqués, à la fois mimes et danseurs**, capables également de « jouer » la violence des mythes ou des sacrifices originels et conférant par là même aux jeux leur dimension magico-religieuse. Certes, cette interprétation suppose que l'homme mordu par le chien et pratiquement sans défense du fait du sac qui emprisonne sa tête soit aussi un de ces acteurs, ce que nous ne pouvons que supposer. Mais alors, il est possible de parler de « jeu du *ι ersu* », au sens théâtral du terme, cette fois.

LA CHASSE ET LA PÊCHE

Il n'y a rien d'étonnant à ce que les Étrusques aient consacré une place importante à ces deux activités tant les forêts de Toscane sont giboyeuses et les eaux poissonneuses. De nombreux auteurs en témoignent (parmi lesquels Varron, Stace, Pline l'Ancien, Pline le Jeune, Strabon, Columelle, Rutilius Namatianus...). **En Étrurie même, plusieurs tombes, notamment aux Vᵉ et IVᵉ siècles, ont révélé des peintures explicites,** à commencer par la plus célèbre, celle justement dénommée « de la Chasse et de la Pêche ».

Scène de chasse et de pêche (Tarquinia)

Sa renommée n'est pas usurpée. Dans l'harmonie des bleus et des verts se déroule une double scène en bord de mer. Il s'en dégage un sentiment de paix et de détente. Des pêcheurs en barque, fêtés par les dauphins qui plongent alentour, jettent le filet ou jouent du harpon pour attraper quelques poissons tandis que des chasseurs ajustent leur fronde pour atteindre une proie parmi la nuée de canards sauvages qui s'échappent à tire-d'aile. Quelques jeunes baigneurs, plus détendus, plongent dans la mer, non sans rappeler la célèbre tombe du Plongeur de Paestum, mais probablement dans un autre registre symbolique. Ici, l'homme reste prédateur, mais il s'intègre à la nature et semble en éprouver insouciance et liberté. La superstition n'est jamais absente : on remarque l'œil protecteur qui orne l'avant des barques et éloigne le mauvais sort. N'oublions pas que **les Étrusques sont, pour une grande part, un peuple de**

marins. Nous savons qu'ils pratiquaient, en mer, la pêche au thon dont ils observaient le déplacement des bancs depuis des promontoires naturels, et que leurs ports (notamment Pyrgi) abritaient des pêcheries renommées. En outre, ils acclimataient certaines espèces à l'eau douce et les grands lacs (Bolsena, Bracciano, Vico) regorgeaient de loups et de dorades.

Plus fréquemment représentée que la pêche sur les peintures des tombes, la chasse revient, entre autres, sur celles de la tombe de la Chasse au Cerf, du Chasseur ou de la Laie Noire. Il faut y ajouter une allusion dans la tombe du Biclinium, ou les scènes aujourd'hui quasiment perdues dans la tombe Querciola I (étudiée par A.-M. Adam). Nous y rencontrons des chasseurs armés de javelots, d'épieux ou de filets, qui poursuivent un sanglier, un cerf, un lièvre ou tentent d'attraper des oiseaux. La scène dans laquelle le poète Stace décrit le retour des chasseurs, le terrible sanglier attaché par les pattes à une perche tenue par deux esclaves, est célèbre. Varron, quant à lui, évoque les parcs fermés où de riches propriétaires (comme Q. Fulvius Lippinus, près de Tarquinia, sur un terrain de 10 ha) élèvent cerfs, lièvres et autres gibiers pour le plus grand bonheur de quelques amateurs de chasse. Cette pratique n'est pas sans rappeler les « paradis » des rois orientaux dans lesquels ces riches tyrans s'exerçaient à poursuivre des fauves dévolus à leur plaisir. En Étrurie, les fauves n'existaient que sur les peintures, et le gibier était moins exotique, même si J. Heurgon a montré qu'à l'époque ancienne, il dut y avoir des singes dont on appréciait la malice comme animaux domestiques.

Les chasseurs vont à pied, escortés de quelques serviteurs, ou à cheval lorsqu'ils poursuivent le cerf ou le sanglier avec leurs chiens. Cependant, **l'usage du filet et, surtout, de la musique suggère d'autres pratiques que celles que nous pouvons imaginer**. Le chasseur reste alors statique et ce sont les animaux qui viennent à lui. Elien, dans son *Histoire des animaux,* raconte comment, une fois installés les filets et autres pièges à gibier, « un flûtiste de talent » joue « les mélodies les plus harmonieuses, et fait ressentir tout ce qu'il y a de plus doux dans l'art de la flûte ». Dans « la paix générale » de la nature, cette musique se répand des vallées aux sommets et « pénètre dans tous les repaires et tanières des bêtes ». Celles-ci, d'abord apeurées, se laissent rapidement prendre par « le pur et irrésistible plaisir de la musique » jusqu'à en oublier la prudence et la sécurité de leur gîte. Et, comme enchantées, « sous la fascination de la mélodie, elles s'approchent et tombent dans les rets des chasseurs, victimes de la musique ». Cet usage de la musique n'est pas pour nous surprendre de la part des Étrusques (cf. la musique et la danse), et des chasseurs y ont aussi recours dans d'autres civilisations, même si nous imaginons plus son impact sur les cerfs ou les biches que sur les sangliers. Le cor et la trompette étaient également utilisés pour battre le rappel et rameuter les chiens. Dans ces récits, **la chasse apparaît bien comme un des raffinements de l'art de vivre des Étrusques**, assez éloigné, au demeurant, de la violence du fils de Mézence, Lausus, que Virgile nous dépeint comme un grand pourfendeur de bêtes sauvages devant les dieux (*Énéide*, VII, 659).

Les oiseaux aiguisent également la convoitise des chasseurs qui les visent de leur fronde ou les capturent dans leurs filets. Ils sont très nombreux et les profondes forêts de Toscane leur fournissent un abri sûr. Toutes les espèces sont représentées, des simples moineaux, grives et merles aux poules d'eau et canards sauvages qui hantent les marais. Ce sont ces palmipèdes que nous retrouvons représentés dans la tombe de la Chasse et de la Pêche. Certains sont préférés par les augures pour prendre les auspices, comme le pic qu'un serviteur s'apprête à lâcher pour que Vel Saties puisse en observer les circonvolutions (dans la tombe François, de Vulci). Pline estime que l'Étrurie abrite des espèces rares et inconnues ailleurs. Les prédateurs, eux, sont identifiés, et nous en connaissons même le nom étrusque (*antar* = l'aigle ; *arac* = l'épervier ; *capu* = le faucon).

La chasse est une activité dangereuse. C'est la raison pour laquelle, sur les peintures, nous voyons surtout des esclaves accomplir les gestes les plus périlleux, par exemple achever un animal qui vient d'être capturé. Cependant, **il s'agit d'un loisir aristocratique** (d'ailleurs seuls les nobles sont à cheval). C'est là une différence importante entre les mentalités étrusque et romaine. À Rome, avant que ne s'exerce l'influence gréco-orientale, la chasse est considérée comme un travail servile et se limite à l'élimination d'animaux nuisibles aux récoltes. Les esclaves effectuent ce « nettoyage ». En Étrurie, comme en Grèce ou en Orient, elle est liée à l'activité guerrière et réservée aux aristocrates et aux princes. Nous ne pouvons savoir d'où les Étrusques tenaient cette conception d'un loisir comme signe de classe, mais la structure politique du pays (ce monde de potentats) convient mieux que celle de Rome à cette interprétation. En Orient, la chasse fait partie de l'éducation princière telle que la vantent Xénophon ou Polybe. Rappelons-nous par exemple que Paul Émile, vainqueur de Persée, confiera son jeune fils (le futur Scipion Émilien) au grand veneur du roi pour qu'il l'initie à ce privilège royal, et que les mille otages ramenés en Italie après la victoire de Pydna (en -168), tous d'origine aristocratique, feront découvrir aux jeunes Romains de bonne famille ce plaisir réservé aux nobles. Alors seulement, et progressivement, les Romains pratiqueront la chasse ; mais ce loisir est connu depuis longtemps des nobles étrusques.

Il reste à évoquer une question importante qui se pose au-delà même des scènes peintes sur les murs des tombes et qui, sans l'ombre d'un doute, nous offrent le spectacle d'activités bien réelles et fréquentes : **quel rôle ces représentations jouent-elles au sein même des compositions picturales funéraires ?** Car la tendance actuelle des archéologues – et, sans doute, avec pertinence – consiste à lire les scènes figurées sur les murs d'une tombe comme un discours iconographique cohérent et non comme une simple juxtaposition de sujets. Cette vision d'ensemble permet, du même coup, d'insister sur sa signification symbolique, toujours importante dans l'Antiquité.

Il a été observé, à ce titre, que la chasse s'intègre dans un tout qui comprend encore le traditionnel banquet et le spectacle de jeux variés. Les trois sujets sont très liés, même si, comme le note J.-P. Thuillier, la représentation de scènes de chasse semble se développer à une époque où les jeux sportifs sont moins dépeints (peut-être parce qu'ils coûtaient trop cher ? Cf. les jeux). Plusieurs interprétations ont été suggérées par différents étruscologues (et résumées par A.-M. Adam) ; elles ne sont pas incompatibles entre elles. La première souligne le caractère aristocratique de la chasse. Associée au banquet, elle rappelle l'appartenance du défunt à son groupe social par ce qui lui est le plus caractéristique et valorisant. C'est ainsi la *uirtus* du mort qui s'en trouve magnifiée. Une autre hypothèse (due à J.-R. Jannot) évoque la possibilité que le spectacle d'une chasse ait été associé à celui des jeux et offert aux participants du banquet. Divers monuments funéraires et la disposition des peintures dans la tombe de la Laie Noire peuvent permettre de le penser. Il en découle logiquement une autre interrogation : ces « chasses funéraires » sont-elles à l'origine des spectacles de chasses (*uenationes*) qui figurent dans le programme des cérémonies funèbres avant de devenir, à Rome, avec les combats de gladiateurs, un des grands spectacles offerts dans l'amphithéâtre ? Aller dans ce sens conduit à s'interroger sur la valeur symbolique de ce qui devient de véritables combats contre des animaux et qu'on peut rapprocherdu fameux jeu du *ι ersu* (cf. Le *ι ersu*) : ces images de chasses et de combats fictifs (le *ι ersu*) pourraient-elles être « des images de substitution, évoquant, dans ce contexte funéraire, l'idée du sacrifice » (comme le suggère A.-M. Adam) ? Aucun élément fiable ne vient donner de réponse claire à ces questions. Toutefois, d'autres tombes comme la tombe François présentent aussi des scènes de mises à mort (en rapport avec la mythologie et l'histoire de Vulci) qui peuvent se lire comme des duels mis en parallèle avec des sacrifices humains. Or, dans cette même tombe, la frise qui court tout autour de l'atrium représente des combats et des chasses d'animaux. Ce choix ne relève certainement pas du hasard et nous devons convenir qu'une large part de la lecture symbolique de ces fresques nous échappe.

La chasse, activité importante et noble par excellence, prend ainsi une autre dimension dès lors qu'elle figure dans les cérémonies funèbres ou du moins dans leur représentation symbolique, sur les parois des tombes, ajoutant une valeur potentiellement sacrificielle à ses fonctions ludique et sociale.

LES REPAS

Le seul mot de repas chez les Étrusques suscite aussitôt l'image des banquets qui se déroulent sur les peintures murales des tombes tarquiniennes. **Une sensation de raffinement suprême qui corrobore la réputation de mollesse faite aux Toscans par leurs détracteurs**, tel Théopompe (cf. la *truphè*, chap. 10). Nous retenons surtout la grâce de ces scènes animées, l'élégance du trait, la symphonie de couleurs, et le charme de ces représentations qui se déclinent comme autant de **variations de l'art de vivre heureux dans une véritable fête des sens**. Les dîneurs ne se régalent pas seulement des mets qu'une théorie d'esclaves leur a préparés ; ils subliment le goût par la musique que jouent aulètes et citharèdes et par le spectacle des danseurs qui les enivrent du rythme bachique. Ils sont beaux, jeunes et amoureux de la vie. Installés par deux sur des lits, un homme hâlé et sa compagne au teint de lait, selon les conventions de la peinture et celles de la mode féminine, conversent, s'amusent ou jettent un regard empreint de désir au corps divin du jeune échanson nu venu remplir leurs coupes. Le décor, onirique, mêle ce sobre mobilier recouvert des plus fines couvertures multicolores tissées de laines milésiennes aux grandes fleurs stylisées d'un jardin imaginaire dans lequel se dandinent quelques canards dans une touche ultime de symbolique érotique.

Scène de banquet (tombe des Léopards, Tarquinia)

On comprend la critique des Grecs. Non qu'ils aient ignoré semblable raffinement sensuel, mais ils ne pouvaient admettre que la femme partageât ainsi le lit de banquet d'un homme, fût-il son époux. D'ailleurs, **l'influence hellénique sur ces banquets où la consommation de vin devient un rituel est depuis longtemps établie.** À l'origine, les Étrusques ne cultivaient pas la vigne et importaient leur vin. Et le décor de situles du VIe siècle montre, dans le nord de l'Étrurie, des convives assis, et non allongés sur des lits. L'habitude de banqueter couché est prise par l'aristocratie à l'époque orientalisante. Il s'agit d'une coutume importée. Avec elle, sans doute, et avec le développement de l'économie, s'introduit le besoin de ce faste poétique artistique. On comprend aussi la critique des Romains pour qui le luxe engendre la *luxuria*, ennemie principale de la *uirtus* sous la République. Ces banquets, pour les contemporains de Caton, constituent l'un des principaux symboles de la richesse corruptrice et il faudra plusieurs lois somptuaires pour tenter d'en limiter l'action néfaste. Pour beaucoup, ces agapes dispendieuses illustrent en même temps qu'elles expliquent la décadence morale. Grecs et Romains avaient donc chacun de bonnes raisons de condamner ces banquets étrusques.

Toutefois, il convient de faire **deux remarques restrictives à propos de ces représentations picturales** (que l'on trouve aussi sur des vases, voire sur des bas-reliefs) : d'abord**, elles ne concernent que**

l'aristocratie et ne présument en rien des habitudes quotidiennes de la population en général ; ensuite, **il s'agit de scènes festives qui s'insèrent dans le cadre de cérémonies funéraires**. Il ne convient pas, sauf à en fausser la signification, de les dissocier des autres scènes représentées dans ces tombes, et en particulier celles de jeux (sportifs, scéniques ; cf. les jeux) et des spectacles dansés et musicaux. Elles s'intègrent donc dans un rituel qui, dans sa globalité, se déroule en plusieurs phases et dont, par ailleurs, nous ignorons encore la véritable signification : il peut s'agir soit de montrer le déroulement des funérailles, ou bien de rappeler ce que fut la vie du défunt, ou encore de fixer celle qui l'attend dans l'au-delà (du moins comme on l'imagine), et plusieurs de ces hypothèses interprétatives ne sont pas incompatibles entre elles.

Il faut d'ailleurs noter **une évolution dans la représentation du banquet**. Dès l'époque orientalisante, l'image de l'Étrusque en train de banqueter n'a rien de négatif. Dans les derniers siècles de l'Étrurie, nous voyons souvent représentés des hommes obèses (notamment sur des urnes) qui vont donner naissance au mythe de l'Étrusque trop gras parce qu'il s'est laissé aller à la *luxuria* condamnée par la morale romaine. Mais le point de vue romain n'est pas forcément celui des Étrusques, et cette représentation de l'obèse revêt sans doute en Étrurie une connotation plus sociale que morale : l'obèse est celui qui jouit d'un certain niveau de vie, un aristocrate.

L'observation des peintures laisse également apparaître une évolution : aux VIe et Ve siècles, le banquet semble rappeler, avec les jeux et les spectacles, les diverses phases des funérailles. Au IVe siècle, en revanche, on remarque souvent la présence d'Hadès et de Perséphone, dieux des Enfers, ce qui signifie que le banquet se tient dans l'au-delà et préfigure le luxe de la vie *post mortem*. Cette évolution accompagne probablement celle de la vie religieuse et des croyances orientales qui séduisent aussi les Étrusques, mais nous manquons trop d'éléments pour en apprécier la portée. En tout cas, ces images de banquets funéraires prennent une dimension symbolique importante, et certains de ces symboles sont clairs ; ils peuvent s'interpréter comme la traduction de la situation sociale du défunt, comme la manifestation d'un haut degré de civilisation, comme la représentation de la vie enjouée qui attend le mort dans l'au-delà (à partir du IVe siècle).

• **La table des Étrusques**

Si nous quittons la sphère du symbole pour revenir aux réalités de la vie quotidienne, nous sommes très démunis quant aux repas des Étrusques. L'archéologie nous fournit, certes, quelques éléments, tous en rapport avec les classes aisées de la société, mais nous ressentons cruellement le manque de textes. Posidonius a noté : « les Étrusques se font dresser deux fois par jour des tables somptueuses avec tout ce qui contribue à une vie délicate, préparer des couvertures brodées de fleurs, servir une quantité de vases d'argent... » Posidonius, tout philosophe qu'il soit, se laisse évidemment séduire par « le mythe étrusque » de la mollesse, vite déduit de la différence de vie des Toscans avec les Grecs ou les Romains.

Ainsi, si l'on compare avec les Romains qui ne prenaient véritablement qu'un seul repas par jour (la *cena* ; le *ientaculum* du matin et le *prandium* du midi se réduisaient généralement à un simple grignotage), les Étrusques, avec leurs deux repas principaux, paraissent-ils faire ripaille permanente. Mais il est fort probable que cette habitude ne concerne que les riches, et non les paysans ou les artisans. De la même façon, l'évocation de cette abondance qui défile devant les convives dans une théorie de vases d'argent a peu de chances d'avoir concerné grand monde. Certaines tombes princières (de Vetulonia, Caere, Préneste..., le service de coupes et de tasses gravées du nom de leur propriétaire – une femme – de la tombe Regolini-Galassi...) ont bien révélé de magnifiques pièces d'argenterie, mais elles demeurent rares. **La vaisselle mise au jour est plutôt de bronze et de céramique, notamment du VIe au IVe siècles.** Le goût pour les pièces d'argent semble revenir à la fin de l'histoire étrusque, à partir du IIIe siècle, quand l'Étrurie, devenue romaine, bénéficie des trésors rapportés des conquêtes orientales. Mais cette absence dans les tombes ne signifie pas qu'un tel luxe ait été délaissé dans les palais après le VIIe siècle. **Les pauvres, eux, n'ont jamais cessé de boire dans des coupes en terre.**

La nourriture du pauvre, comme sa vaisselle, est des plus modestes, et **se rapproche certainement de celle du paysan de Virgile** qui n'a rien oublié de son pays d'origine, Mantoue. Voici Symilus qui, à peine levé dans la fin de la nuit hivernale, craint « les sinistres privations d'une journée nouvelle ». Aussi doit-il préparer sa maigre pitance à l'aide du mortier qui est l'instrument essentiel en cuisine, avec le four. Symilus nettoie la pierre et l'intérieur du moulin. « Puis ses mains se mettent au travail... : la gauche approvisionne l'appareil, la droite le fait fonctionner ; d'un mouvement continu, elle fait tourner le disque et lui donne de l'élan. » Le blé moulu, il recueille la farine qu'il pétrit en faisant couler de l'eau tiède. Quand la pâte a absorbé toute l'eau, « il y incorpore progressivement le sel ». Il se rend alors dans le jardin pour y chercher quatre têtes d'ail, une touffe de persil, de la rue, de la coriandre. Il broiera le tout et le mélangera avec du fromage dur « que le sel a rongé ». Le travail avance, et le pilon « progresse plus pesamment, avec lenteur ». Symilus ajoute quelques gouttes d'huile d'olive et « verse par-dessus un soupçon de vinaigre fort. De nouveau il mêle le tout et pétrit le mélange à la main. Alors, enfin, de deux doigts il fait le tour du mortier et rassemble la pâte éparse en un seul disque rond afin qu'elle prenne l'aspect et le nom d'un vrai *moretum* ». Pendant ce temps, le pain a cuit. Symilus le défourne et, heureux, contemple son repas : « La peur de la faim est chassée et le souci est absent de cette journée. » Il peut aller cultiver son champ et surveiller les choux, poireaux, concombres, raiforts et courges qu'il ne manquera pas de vendre au marché. Car telle est la production, non d'un maître, mais « d'un homme du peuple qui, tous les neuf jours, porte sur son épaule à la ville ses bottes de verdure pour les vendre ». La vie de labeur du petit paysan de Virgile ressemble sans aucun doute à celle de ces Italiens, de ces Étrusques modestes dont la survie reste la première préoccupation.

Les repas des riches, eux, n'ont rien à voir avec le *moretum* de Symilus. Pour autant, les témoignages sont maigres. Le plus éloquent reste **cette peinture de la tombe Golini** à Orvieto (bien décrite par J. Heurgon) qui date de la fin du IVe siècle. Une fois n'est pas coutume, le peintre a représenté les préparatifs du banquet funèbre. Onze esclaves cuisiniers travaillent à la réussite du festin. On sait en quel honneur les peuples de Grande-Grèce tenaient les cuisiniers, particulièrement les Sybarites. Or ceux-ci exercèrent une influence importante sur certaines cités étrusques. Plus tard, les Romains succomberaient à la même mode gréco-orientale des raffinements culinaires. Dès l'entrée de la tombe, sur le mur de gauche, différentes pièces de viande attendent le couperet du boucher : un bœuf (dont la tête est déjà coupée), un lièvre, une biche et deux canards.

Sur la paroi latérale qui fait suite, l'esclave boucher, justement, découpe la viande à la hache devant un réchaud sur lequel il s'apprête à la faire rôtir. Viennent ensuite quatre petites tables à trois pieds en forme de fer à cheval ; elles sont déjà garnies chacune de deux assiettes bien servies que deux servantes élégantes et un escla-

Pièces de boucherie (tombe Golini I, Orvieto)

ve s'apprêtent à emporter devant les convives. Puis voici le boulanger qui, sur son mortier, pétrit le pain comme le fait le paysan de Virgile. Au-dessus de la plupart de ces personnages sont inscrits deux noms qui sont interprétés comme le nom et la fonction du sujet. Ce pétrisseur, nommé « *pazu* », a pour titre « *mulu*(.)*ane* » : J. Heurgon propose un rapprochement avec le verbe latin *molo* (= moudre). Il est vrai que sa fonction est essentielle dans la cuisine, notamment dans la présentation des épices si prisées dans la cuisine. Et comme son geste doit s'accomplir selon un rythme régulier, un joueur de flûte l'assiste (le terme *suplu* qui le désigne est à rapprocher de *subulo* dont Varron nous dit qu'il est le nom étrusque du flûtiste). Sur le mur du fond est représenté le foyer : un serviteur vêtu d'un simple pagne tend le bras pour y introduire une poêle à frire tandis que, derrière, un autre personnage brandit une casserole et semble donner des ordres. Sans doute est-il le *curator*, le cuisinier qui commande à ce bataillon d'esclaves. Sur l'autre mur, on distingue encore une table de bois derrière laquelle s'affairent trois esclaves. Sur la table, de la vaisselle : coupes, bols, gobelets dont les couleurs variées suggèrent qu'ils sont de diverses matières. Enfin, sur les lits de banquets, les maîtres, élégamment vêtus, qui s'apprêtent à boire au son de la musique (flûte, cithare) tandis que, sous le lit, quelques animaux domestiques (un chien, notamment) font leurs délices de morceaux qu'on a bien voulu leur abandonner.

Le contraste est frappant entre l'atmosphère fiévreuse des préparatifs et celle, détendue et suave, du banquet. **Le travail des esclaves garantit le plaisir de la table qu'agrémentent le décor raffiné et le fond sonore**. Le vin, surtout, boisson des dieux, promet l'oubli de leur condition aux humbles mortels et leur offre pour un temps l'illusion de partager les agapes de l'Olympe.

LA MUSIQUE ET LA DANSE

Les flûtistes dont les doigts allongés semblent voleter sur leur instrument, le mouvement frénétique qui paraît s'emparer des danseuses au teint clair, aux vêtements légers et diaphanes... autant d'images qui restent imprimées dans la mémoire des visiteurs éblouis descendus dans les tombes peintes de Tarquinia. Qu'on ne s'y trompe pas : **la musique revêt une importance capitale dans la vie des Étrusques jusque dans leur quotidien. Elle accompagne chaque instant de leur existence**. Quant à la danse, elle ne se réduit pas à un simple divertissement mais joue un rôle symbolique remarquable dans de nombreuses circonstances, notamment à caractère religieux.

• La musique

Il est difficile d'imaginer à quel point la musique est omniprésente dans la civilisation étrusque. Sans doute doit-elle beaucoup à l'influence des Grecs chez qui nous savons combien l'expression musicale était déjà élaborée, mais il est difficile de dire si les Étrusques usent des mêmes modes musicaux, et les nombreuses représentations de scènes accompagnées de musiciens laissent penser que les Toscans vivent plus que les Grecs dans un environnement musical. J. Heurgon a probablement raison d'écrire, avec humour, que le silence est « ce qu'il devait y avoir de plus difficile à découvrir dans une ville étrusque ».

En réalité, cette musique n'est pas à considérer comme un agrément acoustique ou la quête d'un abrutissement censé, comme de nos jours, faire oublier les misères du monde. **Elle s'apparente plutôt à la manifestation d'un tempo, propre à chaque activité, destiné à soutenir l'action en cours et à lui donner un rythme.** Ainsi les musiciens sont-ils présents à chaque instant de la vie publique ou privée : une fête (mariage, funérailles...), un banquet, des épreuves sportives, des cérémonies religieuses, les moissons, les vendanges, le pétrissage de la pâte à pain, la cuisine, un combat de boxe, voire le fouet administré aux esclaves (Aristote le cite et s'en étonne)... autant d'activités qu'on ne saurait conduire sans le soutien de la flûte. De nombreuses représentations l'attestent. D'autres textes évoquent des pratiques également supportées par l'envoûtement magique que crée la musique. Elien, par exemple, décrit la chasse au filet : c'est le flûtiste, dont la mélodie va séduire l'animal jusqu'au fond de sa tanière, qui le ramène ainsi irrésistiblement dans les rets du chasseur. Voilà une pratique parfois empruntée par les Romains. Il en va de même pour les orateurs qui, à Rome, dans les premiers temps, parlaient d'une voix uniforme tandis que le flûtiste, à leurs côtés, conférait son rythme au discours par celui de son accompagnement. Cette présence musicale, cet univers sonore qu'il ne faut pas imaginer comme un mol enjolivement des actions quotidiennes, mais plutôt comme leur expression consubstantielle, nous laissent entrevoir un peu de la singularité de l'âme étrusque.

Joueur de double flûte (tombe du Triclinium, Tarquinia)

L'instrument préféré des Étrusques reste la flûte (*aulos*), simple ou double, considérée comme dionysiaque, souvent accompagnée par la lyre ou la cithare (une lyre perfectionnée qui peut avoir jusqu'à sept cordes), d'essence apollinienne. Encore faut-il corriger l'idée que chacun se fait de la flûte : celle-ci, en os, ivoire ou buis, n'appartient à la famille des flûtes (à tessiture aiguë) que pour les petits modèles. Les plus grandes sont des instruments à anche dont la sonorité s'apparente à celle de nos hautbois et clarinette. Le son en est un peu plus rauque (« grossier », dira Ovide) et, dans la double flûte, l'un des tuyaux tient le rôle de bourdon. **Un son chaud, sans mièvrerie**, bien propre à donner le rythme à l'unisson des battements de cœur des Étrusques.

Vu l'importance des flûtistes au quotidien, il est loisible de penser qu'ils sont réunis en un collège de professionnels auxquels on fait appel, au moins pour les cérémonies officielles. Leur réputation a franchi les frontières et nous savons qu'à Rome, il existait un tel collège de musiciens venus d'Étrurie, dévolus à l'accompagnement des sacrifices. Or il se trouve que ces flûtistes, privés d'un de leurs avantages acquis, se retirèrent à Tibur et firent la première grève de l'histoire. Il fallut les enivrer pour les reconduire à Rome, entassés sur des chariots, et les contraindre à jouer... non sans avoir souscrit à leurs revendications (Tite-Live, IX, 30). L'histoire montre à la fois l'importance de leur rôle et le manque de considération dont ils souffraient, du moins à Rome.

Des autres instruments qui devaient exister (à caractère orgiastique ou non, tambourins, cymbales...), nous ne savons quasiment rien. En revanche, **la musique militaire contribua à la réputation des Toscans**. D'après Pline (*H.N.*, VIII, 209), Pisaeus l'Étrusque aurait inventé la trompette, en cuivre (totalement ou parfois seulement le pavillon). Les fouilles de Caere et de Tarquinia et quelques représentations figurées nous permettent de distinguer la trompette droite (*tuba*) et celle dont l'extrémité est recourbée (nommée en latin « *lituus* » parce qu'elle évoque la forme du bâton utilisé par les augures), le cor (courbé comme un cor de chasse simple), et une trompette marine au mugissement terrifiant dont usaient les pirates pour effrayer l'ennemi (les Grecs appelaient les marins étrusques « les pirates-trompettes »). Certains de ces instruments connurent à Rome une belle carrière (cf. la marine, chap. 3).

On pense à Virgile (*Énéide*, VIII, 524-526), le Mantouan : « un éclair jaillit à l'improviste de l'éther avec grand bruit ; soudain tout parut s'écrouler ; une éclatante sonnerie de la trompette tyrrhénienne mugit dans les airs. »

• **La danse**

La danse, comme la musique, joue **un rôle primordial dans la vie sacrée et profane des Étrusques** et revêt une signification magico-symbolique, ainsi d'ailleurs que dans toutes les sociétés anciennes. Il ne faut donc pas lui accorder une fonction de divertissement privé. Il suffit, pour s'en convaincre, d'observer ces danseurs si expressifs, si bondissants, qui animent les parois de la tombe des Lionnes, celle des Bacchantes ou celle du Triclinium. Leur caractère bachique est évident, et le déhanchement savamment orchestré par le joueur de flûte et le citharède n'a rien à envier aux élans des silènes et des ménades qui, jusqu'au sud de l'Italie, célèbrent, jusqu'à l'enivrement, le culte de Dionysos. Nous savons comment la folie orgiaque est venue de Campanie en Étrurie avant de contaminer Rome. Les silènes et les satyres, revêtus de leurs manteaux à fleurs (pour les premiers) et de leurs peaux de boucs (pour les seconds), infiltreront la *pompa circensis* lors des jeux romains. Les danses bachiques dénatureront même de leurs débordements les processions funèbres des grands, reproduisant sans doute dans la ville de Romulus les excès qui se sont emparés des cités étrusques.

Les danseurs étrusques évoluent probablement en troupes dont la formation n'a rien d'aisé : les jeux de jambes et, plus encore, la subtilité des mouvements des mains nécessitent un entraînement, et les bonds en rythme une belle santé ! **Ce sont ces jeunes gens dont Tite-Live nous dit qu'ils se nomment des « histrions »** (de l'étrusque *ister*) et qu'on appelle à Rome les « ludions », en raison de leur rôle lors des jeux (*ludii*). Leur exhibition principale consiste en une danse à trois temps (il faudrait dire « en trois sauts »), le *tripudium*, celle-là même dont le spectacle, selon Ovide (*Art d'aimer,* I, 111-112), a donné aux Romains le signal de l'enlèvement des Sabines, « tandis qu'au rythme grossier d'un joueur de flûte toscan, un ludion frappe trois fois du pied le sol aplani ». Les danseurs, parfois masqués comme dans la démonstration de ce que l'on a nommé « le jeu du *ι ersu* » (cf. le *ι ersu*), s'avèrent avoir joué un rôle non négligeable dans la naissance de l'art théâtral et de son développement sur le sol latin (cf. la littérature profane, chap. 7).

Les artistes professionnels ne sont pas les seuls à danser. Les jeunes gens, particulièrement, se produisent en plusieurs circonstances et leurs danses revêtent une signification magique, notamment lorsque leurs exhibitions ont un rapport avec les cérémonies d'initiation ou avec des rituels de purification. C'est le cas, par exemple, des Saliens, dont les manifestations à Rome sont assez bien connues et dont nous trouvons une trace significative en Étrurie (cf. les rites de passage, chap. 5). Eux aussi dansent le *tripudium*. C'est encore le cas avec des danses en armes (qui n'ont pas nécessairement une signification guerrière) comme en montrent le vase de Bisenzio ou l'œnochoé de Tragliatella, dont l'interprétation ouvre la voie à diverses hypothèses. Entre autres signes remarquables, cette œnochoé montre le dessin d'un labyrinthe assorti de la dénomination « TRVIA » qu'il faut mettre en relation avec le fameux *lusus Troiae* (que, par ignorance, les Romains ont cru en rapport avec la ville de Troie). La danse du labyrinthe, non sans lien avec la symbolique crétoise, s'assimile à une opération magique dont certains peuples ont conservé jusqu'à aujourd'hui la tradition.

Mais les analyses interprétatives restent hasardeuses parce qu'il nous manque beaucoup d'éléments pour percer les arcanes des mentalités. Néanmoins, ce que les chercheurs mettent jour après jour en lumière conforte ce que nous soupçonnons du rôle fondamental de la musique et de la danse dans le comportement des Étrusques.

Deux danseuses et un musicien (tombe du Triclinium, Tarquinia)

X

LA VIE PRIVÉE

Qui sont donc les Étrusques ? Les avis divergent dès l'Antiquité et le flou s'installe. Pour les uns, ce sont de dangereux pirates dont la sauvagerie a peu d'égal dans le monde méditerranéen ; pour d'autres, des noceurs invétérés qui s'abîment dans les plaisirs les moins avouables. Les Romains les disaient confits en dévotion, « les plus religieux des hommes », même si, selon Caton, un haruspice ne pouvait en croiser un autre sans rire. Les historiens modernes, selon leurs inclinations, ont volontiers mis en évidence l'une de ces opinions en occultant les autres. En réalité, ils sont probablement un peu tout cela à la fois, avec des dominantes selon les époques, les lieux et les points de vue des commentateurs.

Évoquer leur vie privée dans ces conditions relève de la gageure. À l'évidence, il nous manque des textes étrusques pour donner du sens à certaines représentations figurées. Néanmoins, l'observation des peintures et des reliefs permet de mettre l'accent sur certaines particularités de leur civilisation, notamment sur la place des femmes dans la société, sur leur goût des plaisirs raffinés, sur leur façon de se vêtir. Et les progrès de l'archéologie nous laissent mieux pénétrer l'intimité de leurs habitations. C'est alors tout un peuple cultivé et original qui semble se laisser approcher par-delà des siècles de silence.

Leurs différences par rapport aux autres peuples de la méditerranée expliquent l'incompréhension dont ils ont parfois pâti de la part de leurs contemporains. Les témoignages grecs et latins, même lorsqu'ils sont sincères et admiratifs (ce n'est pas toujours le cas !), sont à lire avec beaucoup de précautions. À l'inverse, les charges grossières, comme celle d'un Théopompe (cf. la *truphè*), ne sont jamais dénuées d'intérêt et révèlent souvent des indices qu'il faut examiner.

Il est vrai que les scènes peintes sur les parois de tombes inventent un monde féerique qui peut expliquer qu'à la même époque, tant de richesses, de joie de vivre affichée aient pu éblouir des peuples moins développés, voire susciter jalousie et rancœur. Toutefois, il convient de faire la part du rêve et celle de la réalité. Ce monde festif qui s'ébat sous nos yeux n'appartient pas au quotidien de l'existence et n'est de toute façon réservé qu'à une partie aisée de la société. Des autres, les acteurs anonymes d'une prospérité évidente et enviée, nous ignorons presque tout.

Parmi les témoins les plus honnêtes de la civilisation étrusque, il faut souligner les efforts d'analyse de Posidonius d'Apamée (à la fin du IIe siècle) dont le propos est rapporté par Diodore de Sicile (V, 40). Dans le large panorama qu'il brosse des talents des Étrusques, il évoque évidemment leur goût pour les plaisirs de la table et de l'amour, mais aussi ce qu'ils ont transmis aux Romains, de la trompette de guerre dite « trompette tyrrhénienne » aux symboles du pouvoir (chaise curule, licteurs) et à la toge des citoyens (la tébenne ; cf. le costume et la parure) sans oublier la maison à atrium (cf. les habitations). Il insiste **sur leur haut degré de culture et de religiosité** (« Ils firent progresser les lettres, les sciences de la nature et celle du divin… »). **Quant au trait de leur caractère qui lui semble le plus remarquable, c'est leur énergie et leur force créatrice** : « ils se distinguaient par leur énergie, conquirent un vaste territoire et y fondèrent de nombreuses villes. » Et lorsqu'il parle de leur « maîtrise des mers » et des conquêtes terrestres, c'est pour mieux illustrer leur courage (*andreia*) et leur force morale.

Il n'est pas étonnant que cette force ait insufflé à la civilisation étrusque la dynamique de son épanouissement et inspiré aux hommes et aux femmes un désir manifeste de jouir de la vie.

LES NOMS DES ÉTRUSQUES

À Rome, le nom d'un citoyen comprend trois éléments : le prénom, le gentilice (nom de sa *gens*) et le surnom. Par exemple : Marcus Tullius Cicero. Cet état de fait ne se retrouve que rarement chez les peuples italiques avant l'ère romaine. En Étrurie, **la dénomination des hommes diffère suivant les lieux, les époques et les types d'inscriptions** (funéraires, dédicatoires, honorifiques…). Les trois noms existent dès le début de la romanisation, mais leur usage n'en est véritablement accepté qu'à la fin du Ier siècle avant notre ère.

Les prénoms sont très nombreux à l'époque archaïque (moins par la suite). On note par exemple : *Avile/Aule* ; *Arn}* [*Arruns*] ; *Lar}*, *Lar, Laris, Lars...* ; *Vel, Ve}ur* ; *Se}re* (en rapport avec le nom de Vulcain) ; *Tar{ i...* qui sont d'origine étrusque. D'autres ont une origine italique, comme *Vipe* (*Vipina*(s) = Vibenna), *Tite* (= Titus), *Cae* (= Caius)...

Certains ont connu une fortune toute particulière. *Vel*, par exemple, suivant son traitement, est à l'origine d'autres noms comme *Volturnus, Vulci* ou *Volsinii*, ainsi que de divers noms de villes, en Espagne, en Italie du Sud ou dans le sud de la France.

Les prénoms féminins sont une originalité étrusque. À Rome, une femme ne porte que le nom de sa *gens* au féminin (ainsi Horatia est-elle la fille du vieil Horace, Tullia celle de Cicéron). En Étrurie, la femme reçoit un prénom qui lui est propre, porte un gentilice et parfois même un surnom (cf. la femme et la famille). Parmi les prénoms féminins, notons *}an{ vil, Ram}a, Lar}i* (*Lar}ia*), *Velci* (*Velia*), *Se}ri* (*Se}ria*)...

Le nom de famille peut présenter diverses formes. Néanmoins la plus fréquente se remarque par le suffixe *-na* : *Caecina, Mecena, Perpenna...*

Le surnom se révèle rare, tardif et étranger à l'esprit étrusque. On note que sur quatre mille inscriptions dans le Nord, le cognomen n'est présent que dans 15 % des cas, et moins encore dans le Sud. De plus, lorsqu'il est mentionné, il est souvent d'origine italique ou romaine (ainsi *Brute* = Brutus).

Les inscriptions révèlent donc plutôt **le système de dénomination suivant** :

- prénom + nom de famille : *arn} vel{ a*
- prénom + prénom du père + nom : *arn} vel}urus vel{ a*
- prénom + prénom du père + prénom et, souvent, nom de la mère + nom : *arn} vel}urus }an{ vilal{ [pumpu] vel{ a* (cf. les inscriptions, chap. 7).

• **Comment s'appelaient les Étrusques**

Nous sommes habitués à parler d'Étrusques et de Toscans d'après la terminologie romaine. **Les Romains, nous dit Strabon, les nommaient *Etrusci* et *Tusci*.** La Toscane doit son nom à cette dernière appellation, même si les limites de la province actuelle ne recouvrent pas exactement le territoire étrusque. **Les Grecs**, toujours selon

Strabon, usaient d'autres mots : ils **les appelaient « Tyrrhéniens »**, « en souvenir de Tyrrhénos, fils d'Atys, qu'on dit avoir envoyé de Lydie des colons dans ces parages ». D'où la mer Tyrrhénienne. Ils les nommaient aussi *Tursenoi.* On trouve ce nom chez Hérodote et même sur certaines inscriptions de Delphes (où les gens de Caere avaient fait édifier un Trésor).

En fait, tous ces noms remontent à une même racine (**turs*-) que nous retrouvons sur une fibule en or découverte près de Chiusi et datée de la fin du VIIe siècle : *Tursikina.* Tel est le nom du propriétaire du bijou (on reconnaît la désinence *-na* fréquente pour les gentilices). « Étrusque » serait donc le nom de famille de ce personnage, comme d'autres s'appellent France ou Espagnol. Il existait d'ailleurs en Étrurie d'autres patronymes qui évoquaient des pays : *Craice* (= Grec) ou *Lati}e* (= Latin) ; probablement des étrangers d'origine grecque ou latine installés en Toscane.

Néanmoins, nous connaissons d'autres appellations qui n'ont plus de rapport avec la racine **turs.* **Les poètes les dénomment « Lydiens »** (*Lydi*), en raison de la légende de leurs origines à laquelle on prêtait quelque crédit dans l'Antiquité. Virgile les nomme ainsi dans l'*Énéide* pour les associer au destin d'Énée, venu de Troie. De surcroît Dardanos, l'ancêtre d'Énée, parti pour l'Asie Mineure, était réputé être originaire de Cortone, importante ville d'Étrurie. Une manière d'associer les Étrusques au destin de Rome et de dénier l'influence grecque !

À cette appellation fortement symbolique, il convient d'ajouter enfin celle que nous révèle Denys d'Halicarnasse pour qui **les Étrusques se désignaient du nom d'un de leurs princes, Rasenna, devenu Rasna au Ve siècle**. Or ce terme est bien connu dans quelques expressions comme *zila} mel{ l rasnal*, longtemps comprise comme le titre de « préteur des peuples étrusques ». Certains étruscologues contestent aujourd'hui la formule et préfèrent traduire par *praetor reipublicae.* Pour autant, la nouvelle interprétation est loin d'être toujours convaincante, notamment dans d'autres inscriptions où le mot apparaît.

Est-ce à dire que le doute continuera de planer sur le nom par lequel les Étrusques eux-mêmes se désignaient dans leur propre langue ?

LES HABITATIONS

La maison étrusque est une maison basse, de type méditerranéen. **Jusqu'au VIIIe siècle, voire au VIIe siècle, elle revêt la forme d'une cabane ronde ou ovale**, aux murs de torchis et au toit de chaume soutenu par des poteaux, avec porte, fenêtre et trou d'évacuation pour la fumée. C'est l'aspect que nous offrent les urnes-cabanes dont nous voyons les substructures sur le Palatin, avec les cabanes dites de Romulus.

Urnes cabanes de l'époque villanovienne

À partir de -850, les premières influences extérieures et le début de l'urbanisation conduisent les Étrusques à transformer leur habitat. **Fondations en pierre, murs en torchis, en briques crues ou en tuf**, la demeure évolue en épousant **la forme rectangulaire** et en se couvrant de tuiles plates dont le poids important pose quelques difficultés (on a calculé que le toit d'une maison de 8 m sur 12 pesait 12 t !). Il faut donc une solide charpente, et les murs, trop légers, sont souvent renforcés de montants en bois (des troncs ont même été insérés dans les murs du sanctuaire de Murlo). La pièce unique se divise en deux, l'une des parties étant réservée au foyer, puis en trois, parfois davantage.

Les demeures mises au jour à Acquarossa montrent **un développement horizontal de la maison :** deux ou trois pièces juxtaposées (et non plus en enfilade), précédées d'une antichambre qui occupe toute la largeur et sur laquelle s'ouvrent les pièces. Cette disposition peut être considérée comme typiquement étrusque au VIe siècle ; elle rappelle également la structure du temple à trois *cellae* (cf. le temple, chap. 6) et ne manque pas d'évoquer certaines tombes. L'ensemble paraît avoir été décoré de ces terres cuites colorées dont les Étrusques étaient friands (cf. urbanisme et architecture ; et la sculpture sur terre cuite, chap. 8).

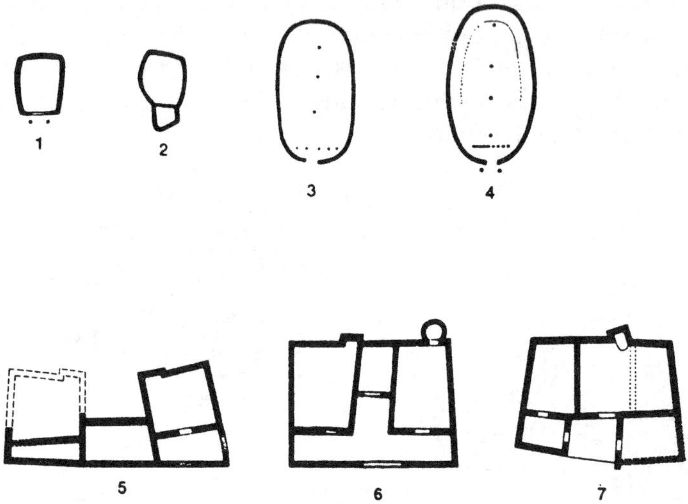

Évolution de la maison étrusque

1 à 4. la forme de la cabane (pièce unique)
5. VIe s. : forme rectangulaire avec 2 ou 3 pièces alignées
6-7. (même époque) : apparition d'une antichambre sur laquelle s'ouvrent des pièces (cf. les tombes)

Ces maisons n'ont généralement pas d'étage. A-t-il pu exister des surélévations ? Le fait n'est pas impossible si l'on tient compte de demeures à deux étages représentées sur des urnes, ou des nécropoles rupestres qui en reproduisent. Mais la tradition (rapportée par Posidonius) voulait que la maison individuelle fût la règle la plus générale.

L'exemple de Marzabotto apporte d'ailleurs une confirmation partielle : les demeures de cette colonie construite selon un plan en damier se présentent en « blocs » de 150 m sur 35. On avait d'abord cru qu'il s'agissait d'*insulae* à la romaine, mais il a été montré que chaque îlot est divisé en habitations basses et individuelles, chacune ouvrant sa façade sur une largeur de 17 à 25 m. Chaque maison présente généralement un long corridor d'entrée qui conduit sur une cour centrale. Au fond, dans l'alignement de l'entrée, se situe une pièce d'habitation qui rappelle le *tablinum* de l'ancienne maison romaine. Comme ces demeures sont occupées surtout par des artisans, des ateliers et magasins donnent sur le corridor d'accès ou occupent les côtés de la cour.

Le puits se trouve dans la cour. De la cour également part la rigole qui évacue les eaux usées vers les canalisations qui courent le long de la rue – ou sous la chaussée. (cf. l'hydraulique, chap. 4).

Demeure la question de savoir si, comme le prétend l'architecte Vitruve dans un passage célèbre, **la maison étrusque est à l'origine de la maison traditionnelle romaine**, et particulièrement son *atrium* (dont une des variétés se nomme « *atrium* toscan »). Varron ne dit pas autre chose lorsqu'il écrit que les Romains se sont mis à « imiter les cours intérieures des Étrusques ». En réalité, la question est fort débattue et plus complexe qu'il n'y paraît. Sans entrer dans les détails, nous pouvons formuler quelques remarques simples. La maison romaine est, à l'origine, une petite ferme dont la cour s'est peu à peu fermée, avec, au fond, la modeste demeure du propriétaire. Le bassin, destiné à recueillir la précieuse eau de pluie, sert aussi d'abreuvoir aux bêtes qui dorment dans la cour. Dans les agglomérations, les étables deviennent des ateliers ou des magasins, des logements pour les esclaves ouvriers quand le maître continue à vivre au fond de la cour, derrière laquelle s'ouvre le jardin. Telle est la structure des maisons d'artisans que nous trouvons à Marzabotto, à ceci près que la cour n'accueille pas un bassin mais un puits. Chez les personnages plus importants, l'*atrium* devient le centre de la maison, le lieu d'accueil des clients, la partie « publique » de la demeure alors que le *tablinum* et les chambres restent privés. La cour a reçu un toit, sauf en son centre où une ouverture laisse la pluie tomber dans le bassin *(compluuium/impluuium)*. Les tombes étrusques de l'époque archaïque nous offrent de nombreux exemples de ces antichambres qui occupent la largeur de la tombe et sur lesquelles s'ouvrent les chambres où reposent les défunts (tombes des Sièges et des Boucliers, tombe des Chapiteaux, etc.). Cette structure rappelle celle des maisons mises au jour à Acquarossa. Et les tombes plus élaborées, avec la chambre principale au fond, donnant sur un grand vestibule, et avec des chambres latérales ouvrant sur cette même pièce centrale, s'ordonnent selon un plan qui correspond parfaitement à celui des maisons pompéiennes dont les pièces se répartissent autour de l'atrium.

Urne cinéraire en forme de maison (dont une avec impluuium)

La difficulté vient de ce que ces tombes, qui, à n'en pas douter, reproduisent dans le monde des morts les demeures des vivants, ne semblent évoquer aucune ouverture dans le toit, comme si l'antichambre n'avait jamais pu être une cour. Néanmoins deux ou trois tombes en font apparaître le dessin sur le plafond, et une urne de Chiusi, en forme de maison, la représente. **Cela signifie peut-être que l'atrium inséré au cœur de la maison aristocratique n'est apparu que dans un deuxième temps**, alors que la cour de la ferme ou de la maison de l'artisan, située *en avant* de la partie habitée, a une existence plus ancienne et une origine différente. Les quelques exemples cités et le texte de Vitruve ne permettent guère de douter de l'existence d'un atrium dans certaines maisons étrusques dont les Romains se seraient inspirés, mais il ne s'agit sans doute que d'un type de demeure qui correspond à une époque donnée de l'évolution de la maison étrusque.

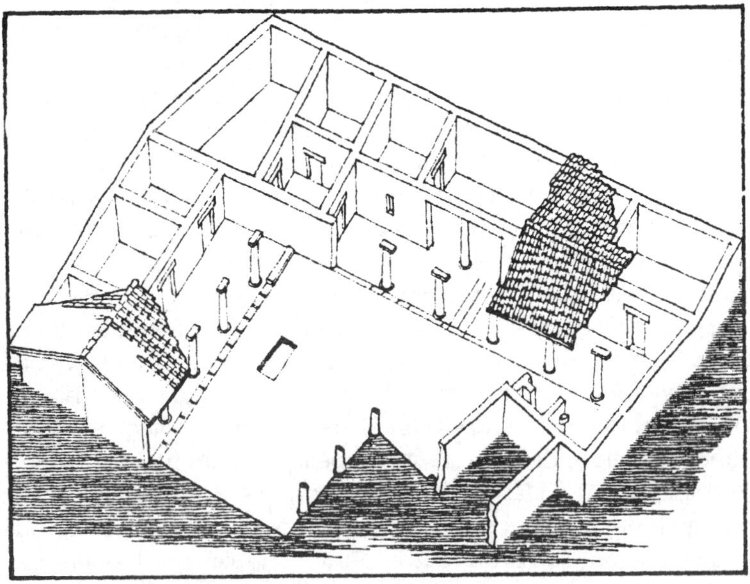

Acquarossa : vue axionométrique

• **Le mobilier des Étrusques**

Il est difficile de connaître avec précision les meubles dont les Étrusques ornaient leurs maisons. Les seuls témoignages que nous en avons se trouvent évidemment dans les sépultures, principalement peints sur les parois de la tombe ou sculptés en relief à même les murs. Encore faut-il se rappeler qu'il s'agit alors d'un mobilier utilisé par l'aristocratie et que les classes sociales modestes ne devaient pas en posséder beaucoup, comme c'est le cas en Grèce ou à Rome. Il convient d'ajouter la documentation fournie par quelques sarcophages et urnes, certains vases et des miroirs.

L'essentiel du mobilier consiste en lits, tables, sièges et coffres à linge. Nous possédons plusieurs types de lits, réels ou reproduits en pierre ou en terre cuite (par exemple ceux des urnes baptisées « sarcophages des Époux » de Caere). Parfois le défunt reposait sur son propre lit, mais le lit sert aussi pour les banquets, comme le montrent les peintures de Tarquinia. Les tables, souvent de petite taille, rondes ou rectangulaires, aux pieds travaillés, servent notamment pendant le banquet pour recevoir les mets et la vaisselle. **Les sièges adoptent des formes très différentes : tabourets, chaises ou fauteuils**. Nous retrouvons le siège curule des magistrats romains qui fut emprunté aux Étrusques. Les plaques murales peintes nous montrent qu'il fut aussi celui des dignitaires étrusques, et, dans cet usage, il pouvait être richement décoré (par exemple de plaques d'ivoire). La tombe des Sièges et des Boucliers présente également de petits fauteuils au dossier plein et arrondi, dont il existe plusieurs versions. On en retrouve par exemple à Chiusi, en bronze ou en terre cuite, destinés à recevoir les urnes canopes. Sans doute s'agit-il d'anciens trônes dont certains archéologues ont pensé qu'ils pouvaient parfois être en osier. Les coffres, eux, étaient en bois, plus ou moins décorés et enrichis de pièces de bronze artistement ciselées ou tournées, comme d'ailleurs les autres pièces du mobilier de bois.

Exemples de pièces de mobilier : lits, sièges, tables

LES ÉTRUSQUES

La décoration de la maison se complète d'un certain nombre de pièces, certes utiles, mais qui confèrent à l'ensemble une note de raffinement et d'élégance : candélabres, brûle-parfums, braseros et trépieds en bronze dont les tombes nous ont livré de merveilleux modèles. La recherche de leurs sculptures apportait la vraie note de luxe.

Pour restituer un peu de l'atmosphère de ces intérieurs dont les peintures nous laissent imaginer la gaieté, il faut enfin évoquer les étoffes, tissus d'ameublement, richement brodées, aux couleurs chatoyantes, dont parlent les auteurs anciens. Elles contribuaient assurément à donner à l'ensemble une sensation de volupté. (cf. la *truphè*).

LA TRUPHÈ

Beaumarchais en connaissait le redoutable pouvoir : la calomnie s'imprime plus durablement dans les mémoires que les témoignages de la vérité. C'est ainsi que le document le plus important et le plus détaillé concernant la vie intime des Étrusques est dû à ce qu'il faut bien nommer une grande commère de l'histoire, comme il en a existé quelques-unes. Il s'agit de **Théopompe**, qui écrit au milieu du IVe siècle, plus de cent ans après la défaite de Cumes, en un temps où les Toscans sont aux prises avec Rome et ont vu leur puissance singulièrement décliner. Ses propos (voir encadré) sont à prendre avec les plus extrêmes réserves. Nous devons nous souvenir qu'ils sont dus à un Grec, dont la mentalité était bien différente de celle des Étrusques, qu'il développe avec emphase un thème traditionnel de la critique des peuples (la mollesse, la *truphè* en grec, la *luxuria* en latin), et qu'il convient aussi de laisser une place à l'expression des frustrations et des fantasmes de l'auteur lui-même qui, pour être historien, ne jouit pas pour autant nécessairement d'un esprit élevé.

Que les Étrusques aient aimé le luxe et se soient adonnés aux plaisirs avec raffinement n'a rien d'infamant pour eux ni d'étonnant pour nous. D'autres auteurs en font mention (parfois inspirés par Théopompe) : **Aristote** note : « les Tyrrhènes dînent en compagnie de leur femme, couchés sous le même manteau » ; **Timée**, qui stigmatise avec beaucoup d'autres les mœurs des Milésiens et des Sybarites, rappelle que l'amitié entre ce peuple d'Ionie et celui de Grande-Grèce s'était forgée à partir d'une prédilection partagée pour les célèbres manteaux de laine teinte fabriqués par les

Scènes de bain
(miroirs de bronze)

LES ÉTRUSQUES

premiers, et il ajoute : « les Sybarites aimaient les Étrusques entre tous les peuples de l'Italie, et, parmi ceux de l'Orient, avaient une préférence pour les Ioniens parce qu'ils étaient portés comme eux sur la *truphè*. » Quant au philosophe stoïcien **Posidonius** d'Apamée, à qui sa morale stricte pouvait permettre une critique sévère des mœurs dévoyées, il ne cache pas la réalité d'une vie « molle et sensuelle » en Étrurie (même s'il ne précise pas qu'elle devait concerner une bien maigre partie de la population), mais il en donne une explication économique.

Certes, reconnaît-il, « ils se font dresser deux fois par jour des tables somptueuses avec tout ce qui contribue à une vie délicate » (à l'époque, les Romains ne prennent qu'un seul vrai repas par jour, la *cena*), s'allongent sous des couvertures « brodées de fleurs », se font servir « une quantité de vases d'argent », sont entourés d'une multitude d'esclaves parfois somptueusement vêtus,... mais doivent toutes ces richesses à leur travail intensif de la terre qui, par sa fertilité, suffit à leur subsistance et fournit « en abondance à leurs jouissances matérielles ». Encore ce constat n'est-il valable que pour une époque tardive, car, ajoute-t-il, « ils se sont détachés de la vaillance qu'ils prisaient dans l'ancien temps et, à force de vivre dans les banquets et les délices efféminés, on comprend qu'ils aient perdu la réputation que leurs ancêtres s'étaient acquise à la guerre ». Nous retrouvons là le thème traditionnel de la décadence et de la corruption des esprits par les richesses (thème cher à Caton, à Rome). Le poncif est déjà usé à l'époque de Posidinius (à la fin du IIe siècle), mais que le philosophe y ait recours prouve son effort d'objectivité vis-à-vis des Étrusques : il veut trouver une explication à ce goût des Toscans pour le luxe et les raffinements. **Dans la réalité, cette appétence pour les plaisirs n'est pas la conséquence de leur déclin**, et le thème célèbre de l'obèse n'est qu'une caricature (il existe des obèses partout, peut-être davantage parmi les riches, mais ce n'est pas l'image donnée par tout un peuple). La richesse alliée au développement du luxe et à son expression sensuelle dans les plaisirs date de l'expansion des Étrusques vers le sud de l'Italie, de l'essor des échanges commerciaux dès l'époque orientalisante et des contacts avec un Orient brillant, enchanteur et raffiné. Tous ces éléments de culture et de spiritualité ont rencontré, en Toscane, dans les esprits d'une aristocratie qui se structure, un terreau propice à leur épanouissement immarcescible.

Le reste – les propos diffamatoires d'un Théopompe – ne fait que traduire un racisme ordinaire, celui de qui ne cherche pas à comprendre les différences entre les peuples, mais préfère s'en gargariser pour satisfaire une évidente jalousie. Les calomnies de Théopompe manifestent l'étroitesse d'esprit et la fausse pruderie de leur auteur. Nous savons bien, par exemple, que les enfants ne venaient pas au monde sans que l'on connût leur père. Les inscriptions montrent au contraire l'importance accordée à la famille et les tombes sont conçues comme de véritables demeures d'éternité à destination de la *gens* dans sa totalité, avec la claire identification de chacun de ses membres.

Jeune homme entre deux femmes (miroir de bronze)

Les médisances de Théopompe

« Théopompe, au livre XLIII de son *Histoire*, dit que chez les Tyrrhéniens les femmes sont en commun, qu'elles prennent très grand soin de leurs corps et qu'elles s'exercent nues, souvent avec des hommes, quelquefois entre elles ; car il n'est pas honteux pour elles de se montrer nues. Elles se mettent à table non auprès de leurs propres maris, mais auprès des premiers venus des assistants, et même elles portent la santé de qui elles veulent. Elles sont du reste fort buveuses et fort belles à voir. Les Tyrrhéniens élèvent tous les enfants qui viennent au monde, ne sachant de quel père est chacun d'eux. Ces enfants vivent de la même façon que leurs nourriciers, passant la plupart du temps en beuveries et ayant commerce avec toutes les femmes indistinctement. Il n'y a point de honte pour les Tyrrhéniens à être vus eux-mêmes faisant en public un acte vénérien ni même le subissant ; car cela aussi est une mode du pays. Et ils sont si loin de regarder la chose comme honteuse que, lorsque le maître de maison est à faire l'amour et qu'on le demande, ils disent : « Il fait ceci ou cela », donnant impudemment son nom à la chose. Lorsqu'ils ont des réunions, soit de sociétés, soit de parenté, ils font comme ceci : d'abord, quand ils ont fini de boire et sont disposés à dormir, les serviteurs font entrer auprès d'eux, les flambeaux encore allumés, tantôt des courtisanes, tantôt de fort beaux garçons, tantôt aussi leurs femmes ; lorsqu'ils ont pris leur plaisir avec eux ou elles, ce sont des jeunes gens en pleine force qu'ils font coucher avec ceux ou celles-là. Ils font l'amour et prennent leurs ébats parfois à la vue les uns des autres, mais le plus souvent en entourant leurs lits de cabanes faites de branches tressées, et en étendant dessus leurs manteaux. Ils ont certes beaucoup commerce avec les femmes, mais se plaisent toutefois beaucoup plus avec les garçons et les jeunes hommes. Ceux-ci sont dans leur pays tout à fait beaux à voir, parce qu'ils vivent dans la mollesse et ont le corps épilé. D'ailleurs, tous les barbares qui habitent vers l'Occident s'enduisent le corps de poix et le rasent ; et même, chez les Tyrrhéniens, il y a beaucoup d'ateliers établis et de praticiens pour cette opération, comme sont chez nous les barbiers. Lorsqu'ils y vont, ils se prêtent au travail de toute façon, sans avoir honte d'être vus, même des passants. »

(Athénée, *Banquet des Savants*, XII, 517 d *sqq.*)

Quant aux femmes et à la place qu'elles occupent dans la société, on comprend qu'un Grec ait quelque mal à concevoir qu'elles ne restent pas confinées au gynécée, à filer la laine et à boire de l'eau. Les peintures et sculptures nous offrent d'elles une image assez exceptionnelle dans l'Antiquité et l'historien grec n'a pas résisté au plaisir misogyne de les taxer de lubricité puisqu'elles s'affichent en public, même si c'est généralement en couple (cf. la femme et la famille).

La sexualité a largement fait l'objet de ses récriminations. Laissons de côté ses propos sur l'échangisme qui relèvent sans doute plus d'un fantasme que d'une information authentique : des femmes aussi libres ne pouvaient être que libérées de toute contrainte morale ! Son grief contre l'homosexualité est plus surprenant. Les Grecs pratiquaient cette forme de sexualité avec les codes que l'on sait. Cette relation n'était reconnue qu'entre un adulte et un jeune garçon de naissance libre et était censée prendre fin lorsque l'enfant devenait adulte. À Rome, au contraire, un citoyen pouvait indifféremment prendre du plaisir avec une fille ou un garçon à la condition que ceux-ci fussent des esclaves. Qui sont « les garçons et les jeunes hommes » dont parle Théopompe ? Sont-ce des serviteurs, des prostitués ? S'agit-il des jeunes esclaves nus à la silhouette orientale et au corps sculptural fait pour le plaisir qui déambulent entre les convives sur les fresques tarquiniennes ?

Les tombes présentent parfois des scènes érotiques (comme, d'ailleurs, certaines peintures sur vases), mais il serait erroné de les interpréter comme des scènes d'orgie. Leur valeur symbolique est certaine et plus porteuse de sens, même si nous sommes souvent incapables d'en mesurer la portée exacte. Peut-être faut-il y voir une signification apotropaïque, ou l'affirmation de la force vitale en un lieu où celle-ci doit l'emporter sur la mort. Nous pourrions comprendre qu'elles aient choqué notre auteur, mais pouvait-il tomber dans le piège grossier d'une lecture au premier degré ? Rien ne permet d'en décider.

Au final, nous ne pouvons que déplorer que ces médisances gratuites ne nous fournissent même pas quelques indications sérieuses sur la sexualité des Étrusques.

LA FEMME ET LA FAMILLE

La femme étrusque ne jouit pas, dans le monde antique, de la meilleure réputation. Il est vrai qu'elle ne partage pas la même vie que la femme grecque ou la romaine, et ne pouvait guère susciter que l'incompréhension chez les visiteurs ou les peuples voisins. La charge la plus lourde vient de Théopompe, éloquent expert en commérages (cf. la *truphè*). Si nous voulions l'en croire, la femme étrusque ne connaîtrait ni la pudeur ni la décence. Elle aimerait se mêler aux hommes, partager les lits de banquets avec eux et boire sans retenue. Elle n'éprouverait aucune honte à faire l'amour en public et pratiquerait l'échangisme avec enthousiasme, au point qu'elle ne saurait plus dire qui est le père de ses enfants. Seule concession dans ce réquisitoire : elle est belle, prend soin de son corps et soigne son apparence (cf. le costume et la parure).

Médisances ? En grande partie, sans doute, mais il est clair que **la femme étrusque jouit d'une liberté mal interprétée par les étrangers.** Les auteurs latins sont prêts à souscrire aux dires de Théopompe. Plaute glisse, dans une comédie, que l'Étrusque est une femme facile qui se prostitue pour réunir l'argent de sa dot, et Tite-Live, en historien sérieux, brosse en opposition les portraits des épouses des Tarquins et celui de la Romaine par excellence : Lucrèce (I, 57 *sqq.*). La légende est connue : les fils de Tarquin le Superbe, dernier roi de Rome, s'ennuient devant Gabies qu'ils assiègent. Un soir, après boire, la conversation tombe inévitablement sur les femmes. Chacun de vanter la sienne. Sur le point d'en venir aux mains dans cette confrontation, les jeunes princes décident d'aller à Rome vérifier sur-le-champ la conduite de leurs épouses et conclure ainsi cette compétition des vertus féminines. Or toutes les jeunes femmes étrusques trompent leur ennui allongées sur des lits avec des jeunes gens de leur âge dans un fastueux banquet bien arrosé. Seule la femme de Collatin, la Romaine Lucrèce, assise au milieu de ses servantes, file la laine dans la sombre quiétude de sa demeure. Elle incarne à elle seule la *pudicitia* qui est à la femme romaine ce que l'honneur est à l'homme. Le contraste est saisissant et la preuve fournie, par comparaison, de ce qu'un Romain juge comme une manifestation de dépravation. Or ces scènes de banquets n'ont rien d'imaginaire : ce sont elles que l'on admire sur de nombreuses peintures (dont les plus connues demeurent celles des tombes du Triclinium et des Léopards, au ve siècle). **La place des femmes auprès de leurs maris y est clairement attestée. On les voit de même assister aux jeux au côté des hommes** dans les tribunes représentées dans la tombe des Biges, ce qui serait inimaginable à Rome pour d'honorables matrones. Malgré l'évidente sensualité qui se dégage de ces scènes festives, et la preuve manifeste que la femme étrusque n'occupe pas, dans la société, la même place que la grecque ou la romaine, rien ne permet de parler, à leur sujet, de débauche caractérisée.

Plusieurs éléments propres au monde étrusque viennent apporter la preuve de la considération particulière dont jouit la femme dans cette société. Le premier consiste dans **l'usage du matronyme** qui apparaît dans un grand nombre d'inscriptions funéraires à côté du patronyme. On le trouve même mentionné sur de modestes urnes de Chiusi et il arrive que seul le nom de la mère soit inscrit, là où, à Rome, nous ne pourrions lire que celui du père. Par exemple, cette inscription du IIIe siècle (*T.L.E.* 129) :

Vel} ur Larisal clan Cuclnial [an{ vilus lupu avils XXV

= Vel} ur, fils de Laris et de Cuclniei [an{ vil, mort à vingt-cinq ans.

Ce premier constat montre **l'importance de la mère dans la cellule familiale.**

Ensuite, nous pouvons remarquer qu'à la différence de Rome, où une femme ne porte qu'un nom, formé sur le gentilice, en Étrurie, **elle porte un prénom qui lui est propre, un gentilice et parfois même un surnom** : elle s'appelle par exemple Lar} ia Vipina, ou encore [ana{ vil Pumpnei (cf. les noms des Étrusques). Cette différence avec Rome est capitale parce qu'un nom qualifie juridiquement celui ou celle qui le porte. La parité onomastique entre l'homme et la femme pourrait laisser penser que celle-ci bénéficie d'une reconnaissance juridique (à la différence de la femme romaine) et jouit au sein de sa *gens* de droits que l'on dénie à sa consœur d'outre-Tibre. Malheureusement nous n'en savons pas davantage sur le statut de la femme étrusque.

En tout cas, les Romains n'ignorent pas son importance dans la hiérarchie familiale. L'exemple de Mécène, célèbre ministre d'Auguste, en fournit la preuve. Mécène était très fier de ses ancêtres maternels, les Cilnii, qui avaient régné sur la cité d'Arezzo. Les poètes qu'il protégeait aimaient à le flatter en célébrant cette ascendance étrusque dont il se montrait si fier. Et Horace, dans une de ses *Satires*

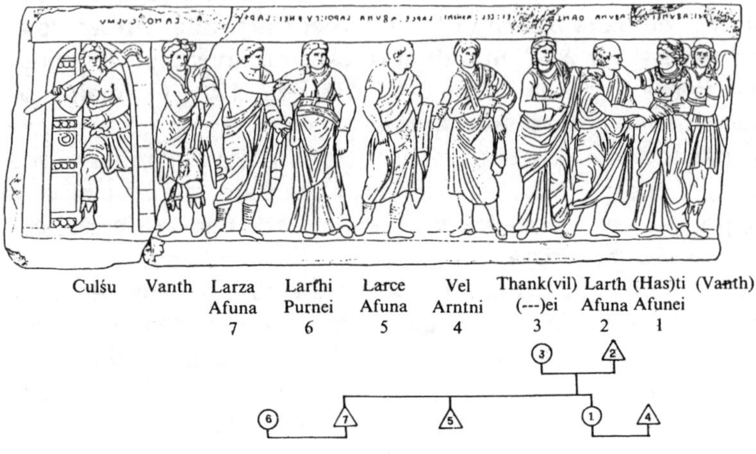

Sarcophage de Hasti Afunei (Chiusi) : la défunte (à droite, conduite par van}) prend congé de sa famille : 1 : Hasti Afunei ; 2 : son père ; 3 : sa mère (ou sa sœur) ; 4 : son mari ; 5 et 7 : ses deux frères ; 6 : la femme de son frère Larza

(I, 6, 4), prend soin de citer d'abord cette souche maternelle : « Tu as eu des ancêtres maternels et paternels qui commandaient jadis à de puissantes légions. » Le poète, dans son énonciation, suit-il cet ordre par hasard ? Ou pour respecter une préséance chère au cœur du grand homme ? Ou pour reprendre une tradition étrusque ?

De fait, **la femme étrusque n'a pas seulement un nom, voire une reconnaissance juridique, elle veut jouer un rôle dans la société et exercer une influence,** peut-être même politique, qu'on ne peut négliger. La légende – forcément romaine – nous en fournit quelques exemples avec des personnages hors du commun comme Tanaquil. Évoquons brièvement la figure haute en couleur de l'épouse de Tarquin, premier roi étrusque de Rome. Tarquin, que Tite-Live (I, 34 *sqq.*) nomme Lucumon, est le fils d'un émigré, Demarate, et d'une Étrusque. Il épouse une fille de l'aristocratie de Tarquinia, Tanaquil, qui nourrit de grandes ambitions pour elle et son mari. Mais la cité étrusque n'a rien à offrir au fils du réfugié. Elle décide alors de s'exiler avec lui à Rome, chez « un peuple neuf où toute noblesse se gagnait vite et par le seul mérite ». Le couple hisse quelques affaires sur un chariot, et les voilà en route. Alors qu'ils arrivent au sommet du Janicule, alors que la modeste ville de Romulus moutonne sur les collines de l'autre rive du Tibre, un prodige se produit : un aigle vient enlever à Tarquin son bonnet et, après quelques circonvolutions aériennes, le replace sur sa tête. Tanaquil, dont l'historien précise qu'en bonne Étrusque, elle sait interpréter « les signes célestes », comprend aussitôt que les dieux prédestinent son époux à conduire le destin de Rome. C'est ainsi que Tarquin, qui a su se faire apprécier des Romains, devient le premier roi étrusque de la Ville. C'est encore la même Tanaquil qui interprète un autre signe divin à l'occasion de la naissance de Servius Tullius et qui sait l'imposer au peuple comme successeur de son mari décédé, et même de préférence à ses propres fils, bien que le nouveau roi soit né, selon la légende, d'une servante du palais.

Une pareille influence politique a permis à quelques historiens, depuis le XIXe siècle, de proposer une hypothèse qui, de toute manière, ne tient pas en ce qui concerne l'Étrurie : celle de l'existence d'une société matriarcale. La légende de Tanaquil, sur laquelle repose partiellement cette théorie, en fournit d'elle-même la dénégation. Si nous étions dans une société matriarcale, Tanaquil, femme étrusque issue d'un haut lignage, n'aurait pas eu besoin de pousser son mari à s'exiler pour satisfaire ses ambitions. Et d'autre part, même s'il plaît à Tite-Live de lui accorder des dons de divination, il n'y eut jamais de femme-prêtre ou haruspice en Étrurie. Il s'agit encore une fois d'une légende dont il convient surtout d'analyser le caractère symbolique. Enfin, pour reprendre l'exemple historique de Mécène, il nous suffit de constater, quelle qu'ait été la gloire de ses ancêtres maternels, qu'il porte le nom de son père, et non celui des Cilnii.

Pour autant, ces remarques ne signifient pas que certaines femmes étrusques, à la différence des Romaines (et encore !), n'aient pas pu jouer un rôle prépondérant, même dans la sphère politique. **Les fouilles ont révélé des tombes de femmes au matériel particulièrement riche,** et dès l'époque villanovienne. Un des plus beaux exemples nous est fourni par celle de Lar}ia, à Caere (tombe Regolini-Galassi, vers -650). C'est son squelette couvert de bijoux, entouré d'un véritable trésor en or, en argent, en ivoire, qui repose dans la chambre principale. C'est son nom qui est incisé sur chaque pièce d'un service en argent (six tasses, cinq coupes et une petite amphore). Nul doute : il s'agit d'une princesse qui appartient à cette aristocratie raffinée et cultivée, comme le montrent aussi ces céramiques grecques du potier Nicosthène et qui mentionnent le nom de sa propriétaire, une autre femme amateur d'art, une certaine Culni. Peut-on hasarder que ces femmes-là tenaient peu ou prou les rênes de la cité quand les princes, leurs maris, partaient combattre l'ennemi sur terre ou sur mer ? Par la position éminente qu'elles occupaient, il est loisible de penser que l'ambition de la légendaire Tanaquil reposait sur un fonds de réalité propre à la société étrusque. C'est d'ailleurs un trait de caractère qui persiste, chez les femmes étrusques des grandes familles jusque sous l'Empire romain. Urgulania, qui vivait à la cour d'Auguste, ne badinait pas avec l'honneur : elle s'estimait « au-dessus des lois », selon Tacite, et refusa même de répondre à une convocation lors d'un procès. Il fallut lui envoyer un préteur pour l'interroger à domicile. Elle s'occupa de la carrière de chacun de ses enfants et petits-enfants : les garçons épousèrent des princesses étrusques, et la fille, Urgulanilla, fut mariée au futur empereur Claude... qui en conçut un intérêt immodéré pour l'étruscologie ! Urgulania était, on l'a compris, une maîtresse-femme devant qui chacun s'inclinait.

L'attitude protectrice d'Urgulania vient apporter un démenti formel à l'accusation de Théopompe selon laquelle les enfants auraient été élevés en commun dans l'ignorance de leur véritable père. Du reste, la documentation épigraphique du IVe siècle atteste clairement la pratique courante de l'endogamie. En outre, les peintures, les sarcophages, les tombes mêmes mettent en évidence **l'importance du couple pour les Étrusques et la tradition de reconstituer jusque dans la mort le noyau familial.** Les superbes « sarcophages » dits « des Époux », notamment, montrent précisément le rapprochement de l'homme et de la femme, qui pouvait paraître scandaleux à un Grec comme Théopompe, et le fait de placer mari et femme côte à côte dans une chambre funéraire (comme par exemple dans la tombe des Chapiteaux) permet de comprendre que la *materfamilias* n'est pas traitée en inférieure par le *paterfamilias*. Sans doute avons-nous là, exprimée pour l'éternité, la vérité d'un lien entre époux que ni les Grecs ni les Romains (du moins jusqu'au IIe siècle de notre ère) n'ont connu.

Cependant, il ne convient pas de généraliser le rôle de la femme dans la société, mais il faut tenter de rapporter celui-ci à sa condition sociale. Il est évidemment plus aisé de trouver des témoignages de la place des femmes des couches sociales les plus élevées. Et, dans le même temps, de prendre en compte l'évolution de cette société : la femme ne joue pas le même rôle suivant que nous considérons les petits centres ruraux du VIIIe ou du VIIe siècle, ou les grands centres urbains, comme Caere ou Tarquinia, au VIe siècle par exemple. On peut remarquer **qu'une nouvelle classe sociale féminine se développe dans la seconde moitié de l'époque orientalisante, alors que les femmes de l'aristocratie sont libérées de certaines tâches par un nombre croissant d'esclaves.** Elles peuvent alors davantage participer aux fonctions sociales impliquées par le banquet ou les jeux, et gouverner la maisonnée (jusque dans le contrôle du service du vin, ce qui est interdit à la matrone romaine). Néanmoins, le travail de la laine et le tissage demeurent les activités nobles de la femme, même aux VIe ou Ve siècles (c'est ainsi que Pline définit Tanaquil), car seule une famille d'un rang social élevé peut posséder un troupeau qui fournit la matière première. La préparation de la nourriture et du pain relève également de ses compétences, mais dès le IVe siècle, toutes ces tâches domestiques sont accomplies par les servantes, sous l'autorité de la *domina*. Ces esclaves sont encore chargées des soins du corps de leur maîtresse et certaines sont spécialisées dans la coiffure ou le maquillage, comme ce sera la cas à Rome dès l'époque républicaine.

En fait, nos renseignements deviennent vagues dès qu'il s'agit des femmes de condition modeste, des affranchies (dont le nom, connu, prouve qu'elles existaient), voire des esclaves. Par exemple, il existait **des prostituées**, sans doute en liaison, comme à Rome, avec certaines catégories de musiciens, mais nous en ignorons tout. Il faut aussi poser la question de l'existence de prostituées sacrées et de collèges de femmes (par exemple au service du temple d'Astarté, à Pyrgi, ou à celui du culte de Dionysos...), sans qu'une réponse claire puisse être apportée.

Les femmes étrusques connaissent donc des destins divers suivant leur rôle et leur situation dans la société. Dans l'ensemble, il faut retenir que, à nos yeux modernes du moins, **elles ont été privilégiées dans le monde antique : apparemment plus libres et émancipées que leurs sœurs romaines et, surtout, grecques.** Certains y voient un héritage oriental lointain... En tout cas, Rome, qui a volontiers emprunté aux Étrusques dans ses premiers temps, n'a pas cru bon retenir les quelques libertés octroyées à la femme.

Sur un point, pourtant, elles n'ont pas été plus chanceuses que leurs voisines romaines : celui de la santé et, principalement, de la mortalité périnatale. Les statistiques effectuées sur les inscriptions funéraires montrent, comme partout dans l'Antiquité, que **les femmes sont moins nombreuses que les hommes (globalement 40 % contre 60 %).** Encore ne faut-il pas sous-estimer une autre réalité des civilisations antiques : l'infanticide concernant les filles, quand les pères préfèrent avoir des héritiers mâles. Et ceci quoi qu'en dise Théopompe. Mais là encore, ce ne sont que suppositions, atténuées peut-être par le fait qu'en Étrurie plus qu'ailleurs, la femme a joui d'une considération meilleure.

LE COSTUME ET LA PARURE

À lire les descriptions d'auteurs grecs – bienveillants ou non – et à voir, surtout, les étonnantes représentations que nous offrent les fresques des tombes, nous pourrions en retirer l'idée d'un costume étrusque riche et fourni. Les robes des danseuses, les manteaux des hommes paraissent avant tout colorés, ornés de subtiles décorations : bandes et motifs brodés de couleur vive, marron, rouge sombre, bleu roi, vert ou jaune pâle, surgissent de la nuit à la clarté de la lampe et semblent s'imprégner de lumière pour mieux irradier.

Encore convient-il d'entrée d'établir quelques nuances : **ces costumes reflètent généralement la réalité, mais il s'agit de ceux portés par les membres de l'aristocratie et à l'occasion de fêtes et de célébrations funéraires.** Ce ne sont pas ceux de la majorité des Étrusques, ni du quotidien. En outre, il faut aussi mettre à part les tenues spécifiques des personnages de théâtre, des danseurs (et, entre autres, par exemple, celui du *ι ersu* avec son masque. Cf. les jeux, et le *ι ersu*, chap. 9), voire les représentations qui relèvent d'une convention artistique.

Le costume a évidemment évolué avec le temps, et l'influence de la mode peut parfois être perceptible. Toutefois, **la quasi-nudité des hommes du peuple, des paysans et des esclaves dès qu'apparaissent les premières chaleurs peut être considérée comme une réalité**. Il ne devait guère y avoir de différences entre ces travailleurs ruraux et ceux du domaine de Caton qui labouraient, vêtus d'un simple pagne, et auxquels le grand homme lui-même se joignait, dès qu'il rentrait de la ville voisine, dans le même appareil, après avoir enlevé sa toge.

Quant aux esclaves, ils évoluent souvent nus ou en pagne sur les peintures mêmes, et rares devaient être les occasions où, dans les grandes familles, ils revêtaient les somptueuses parures que leur prête Posidonius, dans les propos rapportés par Diodore de Sicile (V, 40).

• **Le vêtement**

Trois pièces composent le vêtement à l'époque archaïque : le *perizoma*, la tunique et le manteau.

- **Le *perizoma* est un sous-vêtement**, une sorte de pagne qui, une fois mis en place, évoque un peu le caleçon moulant. Il apparaît, pour les hommes, dès le VIIe siècle. Son origine semble crétoise. Il est probablement arrivé en Étrurie via la Grèce.

- **La tunique constitue le vêtement de dessous** et n'existe probablement pas pour les hommes à l'origine. Ceux-ci portaient alors un pagne et jetaient un manteau sur leurs épaules pour se protéger du froid. Vers le milieu du VIe siècle apparaît la tunique de lin, pour les hommes comme pour les femmes, inspirée du *chiton* que les Étrusques empruntent à l'Ionie. Elle existe en version longue, portée par les femmes, mais aussi les hommes d'âge mûr et les vieillards. Sa version courte, plus commode et plus légère lorsqu'elle est en laine, est préférée par les jeunes gens.

- **Les manteaux se portent sur la tunique**. Les représentations figurées en montrent plusieurs modèles. Ils sont généralement épais, lourds, et en laine. Le manteau rectangulaire, de type grec, est le plus courant. Celui des femmes est toujours ample, et enveloppant. Cette version large évoque l'*himation* et se montre peu commode, surtout pour les hommes. Ceux-ci, dès la fin du VIe siècle, en adoptent une version de taille plus modeste inspirée d'une pièce de laine courte et étroite bien connue des guerriers grecs : la *chlaina*, d'où les Romains ont extrait le nom « *laena* », et que Stace nomme aussi « *angusta lacerna* » (le mot *lacerna*, d'origine étrusque, pourrait avoir désigné ce type de manteau).

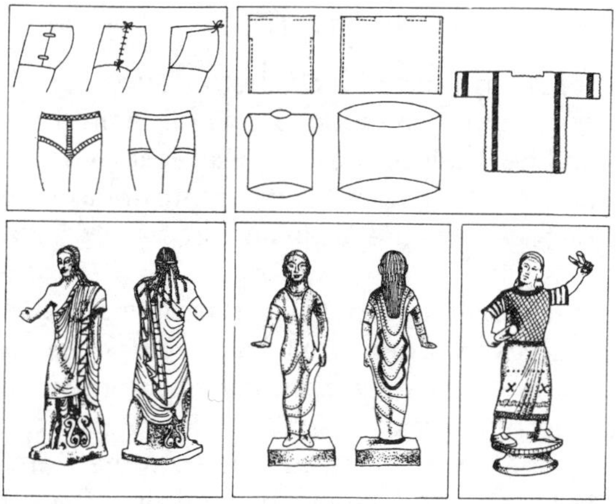

Exemples de perizoma, *de tuniques et de manteaux*

Ces pièces d'habillement ont, à l'évidence, subi **une forte influence orientale**. Il faut se souvenir du prestige dont jouissaient les chatoyantes laines teintes de Milet dont les habitants de Sybaris avaient porté la réputation jusqu'en Italie. Nous savons aussi quels liens unissaient les Étrusques aux Sybarites et il n'est pas étonnant que les Toscans aient adopté, puis développé la mode ionienne même au-delà de la chute de Sybaris, à la fin du VIe siècle. Broderies et teintures font partie du travail de la laine, alors que le lin est utilisé dans sa couleur naturelle.

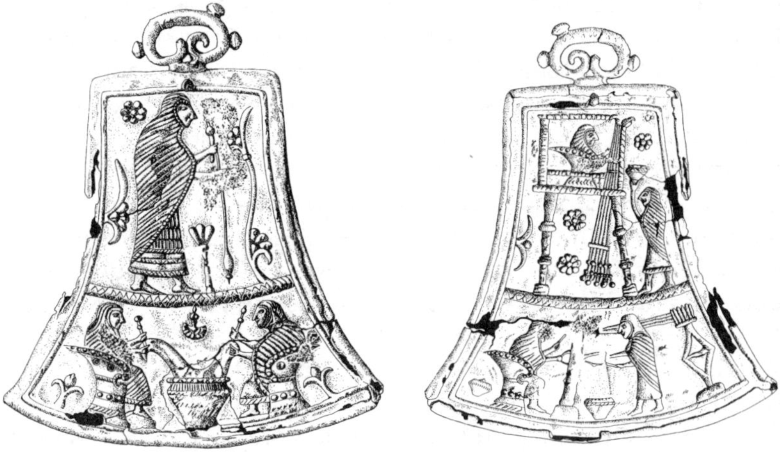

Le travail de la laine (pendentif en bronze, fin du VIIe siècle) : à gauche, en haut, le filage ; en bas, la laine cardée est enroulée sur des quenouilles. À droite, en haut, le tissage sur métier vertical ; en bas, préparation des écheveaux (?)

Un pendentif en bronze en forme de cloche retrouvé dans la tombe des Ors, à Bologne, montre la mode féminine à la fin du VIIe siècle et, surtout, **le travail de la laine**, attestant déjà à cette époque une tradition bien établie. On y observe les différentes phases du traitement de la laine depuis la filature jusqu'au tissage sur métier vertical et horizontal.

Parmi ces divers manteaux, un modèle va connaître une destinée particulière. Il s'agit de la tébenne, en latin *tebenna* : encore un mot d'origine étrusque. Les Grecs le définissaient comme « un manteau ou chlamyde porté par les Étrusques ». Plutôt courte à l'origine, elle fut confondue par certains auteurs (comme Denys d'Halicarnasse) avec la trabée, également inspirée du manteau étrusque primitif et qui, à Rome, devint le costume officiel des chevaliers, des chefs de l'armée (le *paludamentum* du général en chef, plus long, en dérive) et des membres de collèges sacerdotaux (comme les Saliens). Trabée et tébenne remontent sans doute, à l'origine, à la même pièce vestimentaire, mais leur évolution respective et leur usage diffèrent.

Alors que la trabée conserve les dimensions originelles, **la tébenne s'allonge progressivement et, de rectangulaire, s'arrondit en un presque demi-cercle pour devenir la toge romaine.** Rappelons qu'à l'origine, la toge, rectangulaire également, n'est que la couverture (en laine) du lit dont on se drape pour sortir de la maison. Sous l'influence de la tébenne, elle va prendre la forme de cette pièce de tissu à l'envergure démesurée (un Romain ne peut s'en vêtir seul) pour tenir lieu de costume officiel du citoyen romain. Il suffit d'observer l'évolution des représentations des tébennes/toges dans l'art étrusque et romain pour suivre celle de la mode. Celle de Vel Saties, au IVe siècle, n'est pas aussi longue que celle de l'Orateur, la célèbre statue de bronze, deux ou trois siècles plus tard. Celle-ci évoque parfaitement la toge romaine, mais le vêtement n'a pas encore l'ampleur de celui d'Auguste, par exemple, à l'aube de notre ère.

En outre, les peintures étrusques, et celles de la tombe François notamment, nous montrent que cette tébenne peut devenir une toge d'apparat (*toga picta*) avec des motifs brodés, des couleurs variées et des bandes pourpres dont les Romains conserveront la symbolique.

• **Les chaussures**

L'air de Toscane porte-t-il quelque effluve propre à inspirer les artisans de la mode ? Du temps des Étrusques déjà, la création de modèles de chaussures retenait toute l'attention des fabricants et les sandales tyrrhéniennes, avec leurs lanières dorées, faisaient fureur jusqu'en Grèce, au point qu'on les citait comme un exemple des mauvais effets du luxe étranger.

Hommes et femmes portaient les mêmes types de chaussures, avec des variantes. Nous pouvons les classer en **trois catégories principales** : les sandales, les *calcei repandi* et les brodequins.

- **Les sandales**, légères en général, à semelle de bois ou de cuir, sont fixées par des lanières. Il en existe de nombreuses variétés.

- **Les *calcei repandi*,** autrement dit recourbés, sont des sortes de pantoufles de drap colorées (rouges, vertes, marron...), dont le bout se relève comme les poulaines portées au Moyen Âge. On les remarque fréquemment, aux pieds du roi sur les plaques Campana, à ceux des divinités (Cicéron avait noté ceux de Junon Sospita à Lanuvium), à ceux de la femme allongée sur les célèbres sarcophages de Caere, à ceux de la danseuse dans la tombe des Lionnes, et encore dans la tombe des Augures, dans celle du Baron... C'est sans doute le modèle le plus répandu au VIe siècle.

Il en existe plusieurs variétés, ouvertes sur le devant, ou fermées par un lacet, montant plus ou moins haut au-dessus de la cheville. Leur origine (ionienne) est bien connue, mais elles sont rapidement devenues **une marque originale de la mode étrusque.**

- **Les brodequins (et les bottes),** comme ceux de l'Orateur, plus lourds et tenus par des bandelettes de cuir, ont peut-être connu moins de succès, mais ils ont surtout été portés par les membres de l'aristocratie. Les magistrats romains en ont conservé certains modèles, avec quelques variantes. Ce sont les ancêtres des souliers des sénateurs. Les plaques Campana nous livrent un exemple de ces bottes à courroies.

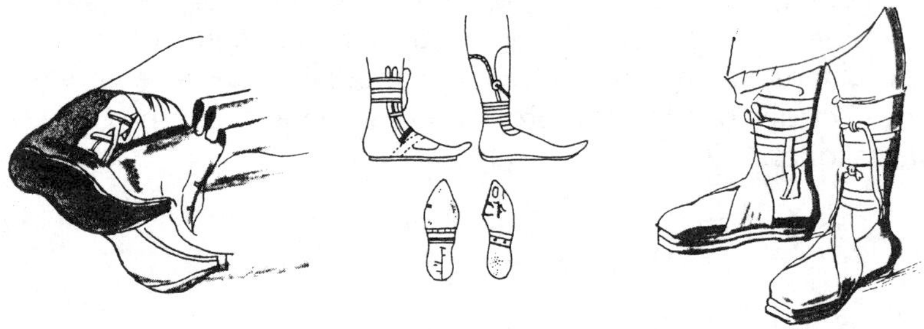

Modèles de calcei repandi *et de brodequins (statue de l'Orateur)*

• La coiffure

Les femmes et les hommes ont **l'habitude, en général, d'aller tête nue**, surtout à partir du Ve siècle. **La mode est au blond,** même pour les hommes à qui il peut arriver de porter, comme les femmes, une perruque blonde (également au Ve siècle). La barbe, portée par les hommes jusqu'au VIe, voire jusqu'au IVe siècle pour les personnages importants et les vieillards, est abandonnée à la fin du VIe siècle par les jeunes gens et disparaît totalement au IIIe siècle.

Aux VIIe et VIe siècles, les femmes portent les cheveux longs jusqu'aux reins, tressés ou non, noués dans le dos. Puis, du VIe au Ve siècle, elles laissent les boucles flotter sur leurs épaules quand elles ne les rassemblent pas sur la tête. Au IVe siècle, les cheveux, plus courts et frisés, encadrent volontiers le visage avant d'être noués en un chignon sur la nuque au siècle suivant. Mais il ne s'agit là que de grandes tendances constatées et qui peuvent connaître des variantes.

Deux têtes de femmes (terre cuite, -100 / -50)

Les chapeaux, comme ornements de mode, ont joué un rôle non négligeable au VIe siècle sous l'influence ionienne. Il en existe différents modèles dont certains, comme celui de l'haruspice, sont liés à l'exercice d'une fonction religieuse ou politique. C'est sans doute aussi le cas des « sombreros » pointus à larges bords que l'on voit représentés sur la tête des ancêtres au palais de Murlo. Le pétase grec (la coiffure d'Hermès) semble surtout répandu chez les travailleurs, dans le nord de l'Étrurie et dans la plaine du Pô, peut-être parce qu'il protège mieux du froid.

Le couvre-chef le plus caractéristique, d'inspiration ionienne, **porte le nom de «** ***tutulus*** **»** à Rome où son usage s'est maintenu pour le seul usage des flamines et des pontifes. Il s'agit d'un bonnet de forme conique, en tissu (le même que celui de la tunique), et coiffé aussi bien par les hommes que par les femmes qui semblent y enserrer leur chignon. On peut le voir par exemple sur la tête de la femme sur les sarcophages de Caere, ou sur celle des spectatrices dans les tribunes, lors des jeux, représentées dans la tombe des Biges.

• **Les bijoux**

La beauté et la finesse des bijoux retrouvés en abondance dans les tombes étrusques suffisent à montrer **l'importance qu'ils revêtaient pour parfaire une toilette féminine.** Plaques pectorales, bagues, bracelets, boucles d'oreilles, colliers, agrafes, fibules, peignes... En bronze, en argent, en or, sertis de pierre... La liste serait longue pour rendre hommage à l'inventivité des créateurs et à leur savoir-faire. Il s'agit de véritables œuvres d'art (cf. les matières précieuses, chap. 8). Et ils ne concernent pas que les femmes : à côté du diadème féminin, pensons à la couronne de feuilles d'or de Vel Saties (tombe François) qui ajoute un point d'orgue à sa tenue de triomphateur.

Vetulonia en fut un centre de production important, en raison de sa spécialisation dans le travail des métaux. Mais les artistes sont grecs et étrusques. Une fois encore l'essentiel de l'inspiration nous renvoie à la faune et à la flore, réelles ou imaginaires, de l'Orient : sphinx, sirènes, oiseaux, chimères, palmettes phéniciennes... naissent sous leurs doigts agiles au service de la beauté des femmes avec un art qui force encore l'admiration de nos artisans modernes.

Ces bijoux sont, à leur place, l'un des plus beaux fleurons du génie étrusque.

Une femme à sa parure. Le personnage de gauche tient un flacon de parfum (miroir de bronze)

LEXIQUE ÉTRUSQUE

Acale . . . . Juin
Avil (-s) . . . . Année
A}tre . . . . Partie d'un édifice (*atrium* ?)
Ais (plur. *Ais-er), eis* (*-er, -eras*) . . . . . . Dieu
Aisna, eisna . . . . Divin
Al (*-e, -ce, ice, -qu,…*) . . . . Donner
Alpan, alpnu . . . . Don
Am- (*-a, -e, -ce*) . . . . Être
Anpile . . . . Mai
Apa . . . . Père
Asil . . . . Lieu sacré
Ati, atiu, ativu . . . . Mère
Ati nacna . . . . Grand-mère

-c . . . . (enclitique = latin *–que*)
Ca (*cn, cal, cla cei…*), *-eca* (*ecn, ecs…*) Ceci, celui-ci
Cam} . . . . (titre de magistrature)
Capr . . . . Avril
Car- (*-u, -esri*), *cer-* (*-en, -ine…*) . . . . . Faire, constuire
Celi . . . . Septembre
Ces- . . . . Etre allongé, gésir
Cezp . . . . Huit
Cezpre . . . . Octobre
Cepen, cipen /cepen }aur{ . . . . Prêtre / sacerdoce funéraire
Ci / cial{ -, cela{ -/ ciz . . . . Trois / trente / trois fois
Clan (*clen, clen-s, clen-si* ; plur. *clen-ar*) . . Fils
Cleva . . . . (type d'offrande ou de sacrifice)
Cupe . . . . Coupe, vase

Eisnev(c) . . . . (titre sacerdotal)
Eleiva . . . . Olivier

LEXIQUE ÉTRUSQUE

Etera, eteri	Esclave, client (?) (position sociale), étranger
Etnam	Et, aussi
Valc, vacil	(acte sacré ?)
Velzna{	Volsinii
Vel}it(a)na	Mars
Zal / za}trum / eslz, zelv	Deux / vingt / deux fois
Ziva- (-s)	Morts
Zi{ / zi{ ne}srac	Livre / livre haruspicinal (?)
Zi{ -, zi{ - (-u, -ne, -unce…)	Écrire
Zil, zilc, zila}	Haut magistrat (*praetor* ?)
Zil{ -, zila} - (-nu, -nce...)	Exercer la magitrature de *zila}*
Zusle, zusleva	Offrande, victime animale (?)
Hermi	Août
Hu} (-s)	Quatre (six ?)
}am	Fonder
}aur-, }aura	Tombe
}aur{	Funéraire
}esan (-e), *}esn-s*	Aurore, jour, matin
}evru	Taureau
}u, }un / }unz	Un / une fois
}ui	Ici
}uva	Frère
Lautn, lavtn, lautun-, lavtun	Famille (au sens large)
Lautni, lavtni, lautuni	Affranchi, membre de la famille
Lautnita	Liberté
Lau}um, luc-, lu}um-	Lucumon, roi (?)
Leu	Lion
Lupu (-ce)	Mourir
Mac, ma{ (-s)	Cinq
Macstrev(c) (cf. *macstarna*)	(titre de magistrature : cf. *magister*)
Man, mani, manim	Morts, Mânes

LEXIQUE ÉTRUSQUE

Maru, marnu, marunu (- { , - { *va*) ..... (titre de magistrature)
Me} lum, me} ulum .... Nation (latin : *nomen*)
Me} l (*me} l rasnal*), *me{ l* .... Peuple (peuple étrusque)
Mi, me- .... Je, moi (pronom personnel 1ère pers.)
Mul- (*-a, -i, -u, -une, -veni,...*) .... Offrir, dédier
Murs .... Urne, sarcophage
Mutana, mutna, mutne .... Sarcophage

Nes- (*nesna*) .... Défunt
Netsvis / *ne} srac* .... Haruspice / haruspicine
Nefts, nefis .... Petit-fils
Nun} (*-en, -ene, eri...*) .... Faire un sacrifice
Nurı .... Neuf (le numéral)

Papa .... Grand-père
Papacs .... Neveu
Prumts, prumste, pruma} s .... Arrière-petit-fils
Pui, puia .... Épouse, femme mariée
Pur}, pur} ne .... (titre de magistrature)

Rasna .... Étrusque
Ruma{ (*Ruma-*) .... Romain (de Rome)

Sa (*sa-s*) .... Six (quatre ?)
Sar .... Dix
Sacni, (*-cn*) / *sac-* .... Sanctuaire / (sacré)
Sec, se{ .... Fille
Semı .... Sept
Sval- (*-ce, -as, -asi...*) .... Vivre
Spur- / *spurana, spureni* .... Cité, ville / de la cité, civique
Suplu .... Aulète (joueur de flûte)
Suti, su} i .... Tombe
Sutina, sutna, su} ina .... Sépulcre

Ta (*tn, tei, teis...*) .... Ceci
Tin (cf. *Tinia*) .... Jour
Tiu, tiv-, tivr .... Lune, mois
Tmia .... Lieu ou édifice sacré
Trin .... Supplier, invoquer (?)

LEXIQUE ÉTRUSQUE

Trut . . . . (verbe indiquant une action sacrée)
Trutnvt . . . . (titre de celui qui interprète les foudres)
Tular . . . . Borne, limite
Tur- (-a, -e, -u, ce, -ice ...) . . . . Donner
Turana . . . . Juillet

Usil . . . . Soleil

ι ersu (*phersu*) . . . . Masque, personnage (latin : *persona*)

Fanu . . . . Lieu sacré
Fler . . . . Offrande, sacrifice
Frontac . . . . Qui concerne la foudre

ORIENTATION BIBLIOGRAPHIQUE

Depuis longtemps, les Étrusques ont fait couler beaucoup d'encre. Nombreux sont les ouvrages généraux parus dans de luxueuses éditions dont les superbes photographies rendent justice à la beauté de la Toscane et aux richesses d'un art qui fascine, mais dont le texte se révèle parfois succinct et approximatif. Nombreux aussi sont les articles des savants et les actes de colloques qui travaillent patiemment à mieux connaître les arcanes de cette civilisation disparue, mais leur lecture s'adresse à des spécialistes ou à des amateurs avertis. Nous avons donc choisi de présenter les références généralement les plus accessibles dont les auteurs sont reconnus pour le sérieux et l'importance de leurs travaux en France et en Europe depuis une vingtaine d'années. La plupart des livres cités présentent en outre une bibliographie capable de répondre aux interrogations complémentaires sur les principaux thèmes abordés dans ce guide.

Ouvrages généraux

Bloch R., *Les Étrusques*, Paris, 1954, 7e éd. 1986 (« Que sais-je ? » 645).

Briquel D., *La Civilisation étrusque*, Paris, 1999 [synthèse récente et importante].

Cristofani M., *Dizionario della civiltà etrusca*, Florence, 1985 (2e ed. 1999).

Haynes S., *Etruscan civilization : A Cultural History*, Londres, 2000.

Hus A., *Les Étrusques*, coll. « Le temps qui court », Paris, 1959.

Hus A., *Les Étrusques et leur destin*, Paris, 1980 [demeure la synthèse la plus claire, précise et rigoureuse].

Jannot J.-R., *À la rencontre des Étrusques*, Rennes, 1987 [éclairage intéressant].

Pallottino M., *Etruscologia*, Milan, 1984, 7e éd.

Thuillier J.-P., *Les Étrusques, la fin d'un mystère*, coll. « Découvertes », 89, Gallimard, Paris, 1990.

Thuillier J.-P., *Les Étrusques, histoire d'un peuple*, Paris, 2003 [synthèse la plus récente, vivante, claire et agréable].

Catalogues d'expositions

De nombreuses expositions se sont tenues ces dernières années, notamment en Italie, dont les catalogues offrent généralement d'utiles pages de présentation sur divers sujets, et les notices explicatives des objets présentés. Retenons par exemple les catalogues suivants :

Scrivere etrusco, Pérouse, 1985.
Civiltà degli Etruschi, Florence, (Milan) 1985.
La Fortuna degli Etruschi, Florence, 1985.
Santuari d'Etruria, Arezzo, 1985.
Casa e Pallazzi d'Etruria, Sienne, 1985.
L'Etruria mineraria, Milan, 1985.
La Tomba François di Vulci, Cité du Vatican, 1987.
Les Étrusques et l'Europe, Paris, 1992.
Principi etruschi tra Mediterraneo ed Europa, Bologne, (Venise) 2000.
Gli Etruschi (ed. M. Torelli), Venise, (Milan) 2000.

L'histoire (politique, militaire...)

Adam A.-M. et Rouveret A. (dir.), *Guerre et société en Italie*, Paris, 1986.
Alföldi A., *Early Rome and the Latins*, Ann Arbor, 1965.
Bartoloni G., *La cultura villanoviana. All'inizio della storia etrusca*, Rome, 1989.
Briquel D., *Les Pélasges en Italie, recherches sur l'histoire de la légende*, Bibliothèque des Écoles fr. d'Athènes et de Rome, 252, 1984.
Briquel D., *L'Origine lydienne des Étrusques, histoire du thème dans la littérature antique*, coll. de l'École fr. de Rome, 139, 1991.
Briquel D., *Les Thyrrhènes, peuple de tours, l'autochtonie des Étrusques chez Denys d'Halicarnasse*, coll. de l'École fr. de Rome, 178, 1993.
Camporeale G., *Gli Etruschi. Storia e civiltà*, Turin, 2000.
Camporeale G., *Gli Etruschi fuori d'Etruria*, Vérone, 2001.
Gras M., « La piraterie tyrrhénienne en mer Egée : mythe ou réalité ? », in *Mélanges offerts à Jacques Heurgon*, coll. de l'École fr. de Rome, 27, Rome, 1976, p. 341-370.
Gras M., « Marseille, la bataille d'Alalia et Delphes », in *Dialogues d'histoire ancienne*, 13, 1987, p. 161-181.
Harris W. V., *Rome in Etruria and Umbria*, Oxford, 1970.
Heurgon J., « L'État étrusque », in *Historia*, 6, 1957, p.63-97.
Heurgon J., *Rome et la Méditerranée occidentale jusqu'aux guerres puniques*, Paris, 1969 [avec une abondante bibliographie].
Heurgon J., « Classes et ordres chez les Étrusques », in *Recherches sur les structures sociales de l'Antiquité classique*, ss. la dir. de C. Nicolet, Paris, 1970, p. 29-41.

Hus A., *Les Siècles d'or de l'histoire étrusque*, Latomus 146, Bruxelles, 1976.

Jannot J.-R., « Les cités étrusques et la guerre. Remarques sur la fonction militaire dans la cité étrusque », in *Ktèma*, 10, 1985, p. 127-141.

Lambrechts R., *Essai sur les magistratures des républiques étrusques*, Rome-Bruxelles, 1959.

Massa-Pairault F.-H., *La Cité des Étrusques*, Paris, 1996 [un ouvrage qui ouvre d'intéressantes perspectives].

Ogilvie R. M., *Early Rome and the Etruscans*, Hassocks, 1976.

Pallottino M., *Storia della prima Italia*, Rome, 1984 ; trad. fr. [une référence importante].

Torelli M., *Storia degli Etruschi*, Rome-Bari, 1981 [un classique].

L'économie

Ampolo C., « Le condizioni materiali della produzione. Agricoltura e paesaggio agrario », in *D.A.*, II, p. 15 *sqq*.

Gras M., *Trafics tyrrhéniens archaïques*, Bibliothèque des Ecoles fr. d'Athènes et de Rome, 258, Rome, 1985.

Le territoire des Étrusques

Coarelli F. (dir.), *Les Cités des Étrusques*, Paris-Bruxelles, 1975.

Heurgon J., *Recherche sur l'histoire, la religion et la civilisation de Capoue préromaine des origines à la deuxième guerre punique*, Bibliothèque des Écoles fr. d'Athènes et de Rome,154, Paris, 1942.

Jehasse J. et L., *La Nécropole préromaine d'Aléria*, Paris, 1973.

Johannowsky W., *Capua antica*, Rome, 1989.

Nicosi F., Melani F., Ciattini A., *Itinerari etruschi*, Pistoia, 1971.

Scullard H. H., *The Etruscan Cities and Rome*, Londres, 1967.

Les lettres étrusques

Agostiniani L. et Nicosia F., *Tabula Cortonensis*, Rome, 2000.

Cristofani M., *Introduzione allo studio dell'etrusco*, Florence, 1976.

Cristofani M., *Tabula capuana, un calendario festivo di età arcaica*, Biblioteca di Studi Etruschi, 29, Florence, 1995.

Ernout A., *Les Éléments étrusques du vocabulaire latin*, Paris, 1930.

Pallottino M., *La Langue étrusque, problèmes et perspectives*, (trad. J. Heurgon), Paris, 1978.

Pfiffig A.J., *Die etruskische Sprache*, Graz, 1969.

Rix H., « La scrittura e la lingua », in *Gli Etruschi, una nuova immagine*, ss. la dir. de M. Cristofani, Florence, 2e éd. 1993, p. 199-227.

STACCIOLI R.A., *La lingua degli Etruschi*, Rome, 1971.
TORELLI M., *Elogia Tarquiniensia*, Florence, 1975.

La religion

BLOCH R., « Origine étrusque des livres sibyllins », in *Mélanges Ernout*, Paris, 1940.
BLOCH R., *Les Prodiges dans l'Antiquité classique*, Paris, 1963.
BRIQUEL D. ET GAULTIER F. (dir.), *Les plus religieux des hommes, XIIe rencontres de L'École du Louvre*, Paris, 1992 (1997) [très riches et variées contributions].
BRIQUEL D., *Chrétiens et haruspices : la religion étrusque, dernier rempart du paganisme romain*, Paris, 1997.
BRIQUEL D., « La religion étrusque », in *Religions de l'Antiquité*, ss. la dir. de Y. Lehmann, Paris, 1999, p. 7-75.
CAPDEVILLE G., « Les livres sacrés des Étrusques », in *Oracles et prophéties dans l'Antiquité*, ss. la dir. de J.-G. Heintz, Strasbourg, 1995 (1997), p. 457-508.
DUMÉZIL G., *La Religion romaine archaïque* (avec un appendice sur la religion des Étrusques), Paris, 1966, 2e éd. 1974.
HEURGON J., « Les inscriptions de Pyrgi et l'alliance étrusco-punique vers 500 av. J.-C. », *Comptes Rendus de l'Académie des Inscriptions et belles lettres*, 1965.
JANNOT J.-R., *Dieux, devins et démons, regards sur la religion de l'Étrurie antique*, Paris, 1998.
MAGGIANI A., « Qualche osservatione sul fegato di Piacenza », in *Studi Etruschi*, 50, 1982, p. 53-88.
PALLOTTINO M., « Sulla lettura e sul contenuto della grande iscrizione di Capua », *Studi Etruschi,* XX, 1948-49, p.159-196.
PFIFFIG A.J., *Religio etrusca*, Graz, 1974 [la première synthèse sur le sujet].
TURCAN R., « Encore la prophétie de Vegoia », in *Mélanges Heurgon*, Rome, 1976, p. 1009-1019.
WEINSTOCK S., « Libri fulgurales », in *Papaers of the Britisch School at Rome*, 19, 1951, p. 122-153.

L'art étrusque

ADAM A.-M., *Bronzes étrusques et italiques*, Paris, 1984.
BIANCHI BANDINELLI R. ET GIULLIANO A., *Les Étrusques et l'Italie avant Rome*, Paris, 1973.
BOETHIUS A., *Etruscan and Early Roman architecture*, Harmondworth, 1970.
BRIGUET M.-F., *Le Sarcophage des époux de Cerveteri du musée du Louvre,* Monographies des Musées de France, Paris, 1988.

CRISTOFANI M., *L'arte degli Etruschi, produzione e consumo*, Turin, 1978.
CRISTOFANI M. ET MARTELLI M. (dir.), *L'Or des Étrusques*, Paris, 1987.
HULS Y., *Ivoires d'Étrurie*, Bruxelles-Rome, 1957.
HUS A., *Recherches sur la statuaire étrusque en pierre archaïque*, Paris, 1961.
HUS A., *Les Bronzes étrusques*, Latomus 139, Bruxelles, 1975.
JANNOT J.-R., *Les Reliefs archaïques de Chiusi*, Rome, 1984.
LAMBRECHTS R., « Pourquoi un *Corpus Speculorum Etruscorum*, ou l'originalité du miroir étrusque », in *Bulletin de la Classe de Lettres et des Sciences morales et politiques* (Académie royale des Sciences, des Lettres et des Beaux-Arts de Belgique), VI, 1995, p. 29-57.
MANSUELLI G. A., *Les Étrusques*, Paris, 1965.
MASSA-PAIRAULT F.-H., *L'Art et l'artisanat étrusco-italiques à l'époque hellénistique*, Rome, 1985.
PALLOTTINO M., *La Peinture étrusque*, Genève, 1952 [un grand classique].
TORELLI M., *L'arte degli Etruschi*, Bari, 1985.

Mœurs et vie quotidienne

BONFANTE L., *Etruscan Dress*, Londres-Baltimore, 1975.
HERES H. ET KUNZE M. (dir.), *Die Welt des Etrusquer*, Berlin, 1988 (1990).
HEURGON J., *La Vie quotidienne chez les Étrusques*, Paris, 1961, réimpression 1979 [une référence].
MACNAMARA E., *Everyday life of the Etruscans*, New York, 1973, réimpression 1987.
RALLO A. (dir.), *Le donne in Etruria*, Rome, 1989.
THUILLIER J.-P., *Les Jeux athlétiques dans la civilisation étrusque*, Rome, 1985.
THUILLIER J.-P. (dir.), *Spectacles sportifs et scéniques dans le monde étrusco-italique*, Colloque de Rome 1991, Bibl. École fr. de Rome, 172, Rome, 1993.
A paraître en 2005 : la publication de la thèse de Y. LIÉBERT sur la *truphè*, dans la collection de la Bibliothèque de l'École française de Rome.

Publication périodique spécialisée, de l'Institut d'Études étrusques de Florence : *Studi Etruschi*.

INDEX GÉNÉRAL

Cet index regroupe notamment les noms de peuples, de lieux et de divinités. Toutefois, pour la géographie du pays, on peut se reporter au chapitre 2, et pour les noms des dieux, à la rubrique correspondante, chapitre 6.Les noms en gras bénéficient d'une rubrique - cf. Sommaire.

INDEX GÉNÉRAL

INDEX GÉNÉRAL

INDEX DES NOMS DE PERSONNES

Ce volume,
le quinzième
de la collection « Guide Belles Lettres des Civilisations »
publié aux Éditions Les Belles Lettres
a été achevé d'imprimer
en novembre 2007
sur les presses rotatives
de JOUVE
11, bd de Sébastopol
75001 Paris

N° d'édition : 6597
N° d'impression : 443756H
Dépot légal : décembre 2007

Imprimé en France